本书系 2021 年度广西职业教育教学改革重点研究项目“‘双高’背景下高职院校‘双元驱动、多措并举’推进‘三教’改革的研究与实践——以建筑工程类专业为例”的成果之一

“双高”背景下高职院校推进“三教”改革的研究与实践

——以建筑工程类专业为例

陆盛武◎著

湘潭大学出版社
XIANGTAN UNIVERSITY PRESS

图书在版编目（CIP）数据

“双高”背景下高职院校推进“三教”改革的研究与实践 ：以建筑工程类专业为例 / 陆盛武著. -- 湘潭 ：湘潭大学出版社，2025. 8. -- ISBN 978-7-5687-1807-3
Ⅰ. G719.21
中国国家版本馆 CIP 数据核字第 2025W82P71 号

“双高”背景下高职院校推进“三教”改革的研究与实践
——以建筑工程类专业为例
“SHUANGGAO” BEIJING XIA GAOZHI YUANXIAO TUIJIN “SANJIAO” GAIGE DE YANJIU YU SHIJIAN
——YI JIANZHU GONGCHENG LEI ZHUANYE WEI LI
陆盛武 著

策划编辑：牛敬丹
责任编辑：牛敬丹
封面设计：李 平
出版发行：湘潭大学出版社
社 址：湖南省湘潭大学工程训练大楼
电 话：0731-58298960 0731-58298966（传真）
邮 编：411105
网 址：http://press.xtu.edu.cn/
印 刷：长沙创峰印务有限公司
经 销：湖南省新华书店
开 本：710 mm×1000 mm 1/16
印 张：18
字 数：302 千字
版 次：2025 年 8 月第 1 版
印 次：2025 年 8 月第 1 次印刷
书 号：ISBN 978-7-5687-1807-3
定 价：79.00 元

前　言

当前，国家正大力推动职业教育向高质量发展阶段迈进，“双高”计划的稳步深入推进为高职教育带来了前所未有的发展机遇，同时也带来了诸多挑战。作为高素质技术技能人才培养的关键力量，高职院校在这一背景下肩负着重要的使命。

随着经济社会的迅猛发展和产业结构的持续优化升级，市场对人才的需求愈发多元且高端化。这不仅对高职教育的教师队伍建设、教材内容更新及教学方法创新等层面提出了更高要求，也促使高职院校必须与时俱进，以适应新时代的教育需求。

然而，现阶段高职教育在教师、教材、教法（简称“三教”）领域仍存在诸多亟待解决的问题。如教师队伍结构不合理，部分教师的实践能力有待提升；教材内容滞后于行业快速发展的节奏，难以契合新时代人才培养的实际需求；教学方法单一，缺乏创新性与灵活性；等等。这些问题已然成为制约高职教育质量提升、阻碍人才培养目标达成的关键因素。

为有效破解这些难题，深入推进“三教”改革势在必行。本书正是在这样的背景下着手撰写的。基于作者多年深耕高职教育领域的实践经验与深入研究成果，本书全面且系统地剖析了高职院校“三教”改革的现状、存在的问题及面临的挑战。同时，紧密结合建筑工程类专业的实际特点与行业需求，提出了一系列具有前瞻性、针对性和可操作性的改革策略，旨在为高职院校的“三教”改革提供坚实的理论支撑和有效的实践指导。

本书致力于通过深入的理论探讨与实践探索，为高职院校推进“三教”改革构建一套全面且系统的改革方案。我们期望本书的出版能够为高职院校在师资队伍建设、教材内容优化及教学方法创新等方面提供有益的参考与借鉴，助力高职院校在“双高”计划的引领下，持续提升教育质量，培育出更多契合市场需求的高素质技术技能人才。

本书不仅充实了高职教育“三教”改革的理论研究体系，更为实践层面的改革提供了具体且可行的操作路径。通过翔实的案例分析、深入的实践调研及科学的理论阐述，为高职院校推进“三教”改革提供了宝贵的经验参考与实践指南。我们坚信，本书的出版将有力推动高职教育领域的改革与创新进程，为我国经济社会的发展与产业升级提供坚实的人才保障和智力支持。同时，我们也期待本书的研究成果能够激发更多教育工作者投身高职教育改革的热情，激发他们的探索精神，共同推动我国高职教育持续、健康发展，为经济社会发展注入新的活力与强劲动力。

注：本专著系2021年度广西职业教育教学改革重点研究项目“‘双高’背景下高职院校‘双元驱动、多措并举’推进‘三教’改革的研究与实践——以建筑工程类专业为例”（项目编号：GXGZJG2021A021，项目主持人：陆盛武）的重要研究成果之一，凝聚了项目团队在相关领域的深入探索与实践经验。

目　录

第一章　概　述

第一节　问题的提出

自改革开放以来，随着经济的快速发展，经济发达地区对高素质技术技能人才的需求日益迫切。为满足这一需求，国家持续加强对高职教育的投入与支持。经过 40 多年的不懈努力，高职教育蓬勃发展，取得了令人瞩目的成就。截至 2024 年底，全国普通及职业本专科招生总数已达 1160. 68 万人，其中高职（专科）招生人数达到 567. 94 万人，占比高达 48. 9%，充分展现了其庞大的规模。截至 2024 年底，全国高等学校总数达到 3119 所，其中高职（专科）院校数量达到 1562 所，占比超过半数，约 50. 1%，在高等教育领域占据了极为重要的地位。高职教育已然成为我国高等教育体系的重要支柱，为经济的持续增长和产业结构的优化升级提供了坚实的人才支撑。然而，由于多种因素的综合影响，职业教育的发展与社会发展的需求之间仍存在一定的差距，尚未完全满足社会多元化的人才需求。

一、经济快速发展与产业结构调整对职业教育提出新课题

伴随经济的持续飞跃和产业结构的深刻调整，职业教育正迈入一个充满挑战的全新时期。产业结构的优化升级不仅带来了技术的迅猛发展和产业链的广泛延伸，还催生了诸多新兴产业、技术革新、工艺升级和材料创新。现代产业

体系对具备精湛技艺、创新思维及快速适应能力的人才需求愈发迫切。然而，当前的职业教育在某些方面尚难以全面适应这些新兴需求。

第一，技能培养的深度与广度有待提升。产业升级后的工作岗位对技能的要求更加复杂且多元化。例如，在高端制造业领域，工人不仅需精通精密设备的操作，还需掌握数字化控制系统的维护、优化及升级。然而，职业教育的课程设置有时未能紧跟这一趋势，仍侧重于传统技能的传授，导致学生的技能水平难以完全满足产业实际需求。

第二，创新能力培养存在明显不足。在创新驱动的经济发展模式下，企业愈发需要员工能够持续提出创新性的见解、优化现有工艺流程并推动技术创新。然而，当前的职业教育在教学过程中往往过于注重理论知识的灌输和既定操作流程的训练，在培养学生创新思维和创新能力方面显得力不从心，缺乏有效的教育手段和实践平台。

第三，职业教育与市场需求信息不对称问题突出。市场环境瞬息万变，新兴行业不断涌现，传统行业也在转型升级，人才需求也随之不断变化。然而，职业教育机构往往难以迅速捕捉这些变化，导致人才培养与市场需求之间存在明显的时间差。这种信息不对称不仅体现在专业设置更新不及时，还表现在教学内容与实际工作需求脱节。比如，人工智能、大数据、云计算等新兴行业，对人才的技能要求特殊且更新迅速，但职业教育机构在这些领域的课程设置和教学资源相对匮乏，难以满足企业实际需求。

第四，职业教育在促进学生全面发展方面也面临挑战。当下产业高速发展，企业对员工的要求不再局限于扎实的专业技能，而是更看重综合素质，像团队协作、交流沟通能力、领导力以及过硬的心理素质等，都是不可或缺的要素。然而，当前的职业教育体系往往专注于技能培养，而忽视了学生综合素质的提升。这导致学生在进入职场后，虽然具备一定的专业技能，但在面对复杂多变的工作环境和人际关系时，往往力不从心，难以适应和融入。

第五，职业教育实习实训不足。实习实训是职业教育中不可或缺的一环，它不仅能够帮助学生将所学知识应用于实际，提高职业能力，还能提前适应职场环境，增强就业竞争力。然而，由于资源有限、合作企业数量不足、实习岗位质量参差不齐等，很多职业教育机构在实习实训环节上难以做到全面覆盖和高质量保障。这导致学生缺乏足够的实践锻炼机会，难以将所学技能转化为实际工作能力，进而影响了其就业质量和职业发展。

综上所述，职业教育在技能培养的深度与广度、创新能力培养、与市场需求的信息对称、促进学生全面发展以及实习实训环节等方面都面临着诸多挑战。为了破解这些难题，职业教育机构需要不断创新教育模式，加强与企业、行业以及国际社会的合作与交流，以提升职业教育的质量和水平，更好地服务于经济社会的发展。

二、职业教育面临的多元挑战亟待破解

除了上述提到的技能培养、创新能力、市场需求信息不对称、学生全面发展以及实习实训等挑战外，职业教育还面临着以下几个方面的多元挑战，这些挑战同样需要引起我们的高度重视并寻求破解之道。

第一，职业教育在师资队伍的建设上存在短板。职业教育师资队伍的结构和质量是制约职业教育质量提升的关键因素之一。当前，部分职业教育教师缺乏行业实践经验，难以将最新的行业技术和市场动态融入教学之中，这导致教学内容与实际需求脱节，学生难以获得与职场紧密相关的技能和知识。同时，部分教师的教学方法陈旧，难以激发学生的学习兴趣和创新思维。此外，教师培训体系尚不完善，缺乏针对性的行业实践培训和国际交流机会，限制了教师视野的拓宽和专业素养的提升。因此，加强师资队伍建设，提升教师的专业素养和实践能力，是职业教育面临的重要挑战之一。

第二，教材作为教学内容的重要载体，其质量和更新速度也直接影响着职业教育的质量。随着技术的迅猛发展和行业的快速变化，传统教材往往难以跟上这种节奏，导致教学内容陈旧、与实际需求脱节；教材内容往往侧重于理论知识的传授，而忽视了实践技能的培养。此外，教材的国际化程度不足，缺乏与国际先进职业教育理念的接轨。因此，加强教材的更新和研发，使教材内容更加贴近行业实际，提升教材的实用性和针对性，也是职业教育面临的重要挑战之一。

第三，教学方法的革新对于提高职业教育质量起着关键作用。传统那种以教师讲授为主的教学模式，常常忽略学生在学习中的主体地位和创造性，很难

点燃学生的学习热情，也无法有效培养他们的创新思维，已然无法契合当下职业教育的发展需求。所以，运用更为灵活多元的教学方法来增强教学效果、调动学生的学习积极性，成了高职教育亟待攻克的关键问题。

第四，产教融合是职业教育发展的关键路径，但目前两者融合的深度与广度尚显不足。当下，一些职业教育机构和企业的合作仅流于形式，没有形成深度的参与模式以及协同育人的有效机制。企业参与积极性欠缺，使得实践教学资源匮乏，学生难以接触到真实的职场环境与工作场景。所以，强化产教融合方面的政策引导，完善激励机制，推动职业教育机构与企业开展深度合作，是提高人才培养质量的关键举措。

第五，从学生角度出发，职业教育需进一步聚焦学生的个性化诉求及其全面发展。目前，部分职业教育机构把精力过度集中在技能训练上，对学生人文素养、创新思维以及综合素质的培养有所忽视。这致使学生在面对复杂多变的职场时，难以迅速适应。所以，强化职业教育的人文关怀与综合素质教育，为学生打造多元化的学习途径和成长空间，是满足学生个性化需求、推动其全面发展的重要着力点。

第六，实现人才培养质量的全方位提升是职业教育改革的核心追求。当下，职业教育在人才培养环节仍暴露出不少问题，像培养目标不够清晰、课程体系设置欠合理、评价体系存在漏洞等。这些问题使得学生难以掌握与行业需求相契合的知识与技能，进而对其就业质量以及职业发展造成阻碍。所以，强化人才培养的顶层规划，搭建科学合理的课程体系与评价体系，就成了提升人才培养质量的关键步骤。

综上所述，职业教育在教师专业发展、教材内容时效性、教学方法创新性、产教融合深度、学生个性化需求满足以及人才培养质量提升等方面均面临挑战。为了破解这些难题，职业教育机构需要不断创新教育模式，加强与企业、行业以及国际社会的合作与交流，构建多元化的教师成长平台、动态更新的教材体系、灵活多样的教学方法、深度融合的产教融合机制、满足学生个性化需求的学习路径以及科学合理的人才培养体系，以提升职业教育的质量和水平，更好地服务于经济社会的发展。

三、政策引导与支持体系的完善

为积极应对职业教育在当前多元化背景下的种种挑战，有效弥补其存在的短板，并推动职业教育稳步迈向高质量发展的新阶段，国家层面已采取了一系列强有力的政策措施，如颁布《国家职业教育改革实施方案》（以下简称“职教 20 条”）、《教育部、财政部关于实施中国特色高水平高职院校和专业建设计划的意见》（即“双高”计划），以及《职业教育提质培优行动计划（2020—2023 年）》（以下简称“行动计划”）等一系列具有明确导向性的政策文件。这些政策性文件不仅为职业教育的未来发展指明了方向，更将“三教”改革作为核心任务加以强调，并正式启动了旨在打造高水平高职院校与专业群的“双高”计划。

“三教”改革的提出与“双高”计划的深入实施，无疑为职业教育领域带来了前所未有的发展机遇。它们不仅为提升职业教育的教学质量和人才培养规格奠定了坚实基础，更在激发职业教育领域的创新潜能方面发挥了重要作用。通过“三教”改革，职业教育将在教师素养提升、教材内容优化及教学方法创新等多个维度迎来全面革新。这将有力促进职业教育与产业、企业的深度融合，推动职业教育由传统的外延式扩张向更加注重内涵式发展的新模式转型，从而实现人才培养的质的飞跃。

在此背景下，我们聚焦于建筑工程类专业，提出了“‘双高’背景下高职院校推进‘三教’改革的研究与实践”这一议题。该议题旨在通过深入细致的理论研究与广泛而丰富的实践探索，寻找并构建符合建筑工程类专业特点的“三教”改革新路径与新方法。这不仅有助于提升职业教育的整体教学质量，优化人才培养结构，更将为促进职业教育与产业发展的深度融合提供宝贵的实践经验与深刻启示，进一步推动我国职业教育事业的繁荣发展。

第二节 研究依据

一、理论依据

（一）“职教 20 条”奠定坚实基础

为积极响应国家教育改革号召，提升职业教育品质，并为经济结构优化与产业升级提供人才保障，国务院于 2019 年发布了“职教 20 条”。该方案作为职业教育发展的纲领性文件，不仅重申了职业教育在国家战略中的重要地位，还详细规划了全面改革职业教育的蓝图与路径。

在“三教”改革的关键领域，“职教 20 条”明确了改革的方向与策略，致力于构建完善的现代职业教育体系与制度框架。它着重强调打造高水平高职院校与特色专业群，倡导产教融合、校企协同育人的新型模式。具体而言，该方案对教师队伍的建设提出了具体目标，旨在引进与培养高水平“双师型”人才，构建数量充足、结构合理、专兼结合的师资队伍。这些措施为“三教”改革课题提供了清晰的框架与思路，并为其实际操作提供了坚实的政策支撑。

综上所述，“职教 20 条”不仅指明了职业教育的改革方向与目标，还为高职院校推进“三教”改革课题的研究与实践提供了全面的理论支撑与行动指南。

（二）“双高”计划引领课题研究的政策与实践方向

为深入实施“职教 20 条”，汇聚优质资源，着力培育一批引领潮流、支撑产业升级、展现中国特色并跻身世界前列的高职院校与专业集群，进而促进职业教育的全面改革，强化其内涵式发展动力，促进整体质量的大幅提升，教育部携手财政部于 2019 年共同推出了“双高”计划。该计划的问世，不仅为职业教育的未来发展设定了清晰的航向，也为高职院校在教师、教材、教法领域的改革提供了具体的政策导向与实践蓝图。

“双高”计划的核心在于其设定的改革目标与任务，涵盖人才培养高地建设、技术创新服务平台构建、高水平专业集群发展、双师团队建设及校企合作深化等多个方面。尤为重要的是，它强调了“三教”改革在提升高职教育质量中的核心作用，要求通过优化教师队伍结构、更新教材体系及创新教学方法，满足新时代对高素质技术技能人才的需求。

在“双高”计划的引领下，高职院校被赋予了更高的使命与责任，即要打破传统“千校一面”的同质化发展模式，探索有特色、高质量的发展路径。为实现这一目标，“双高”计划为高职院校提供了强有力的政策支持和资金保障，使得院校能够更有信心、更有动力地推进“三教”改革，不断提升教育教学质量和人才培养水平。

具体而言，高职院校在推进“三教”改革时，需注重教师队伍的多元化与专业化发展，引进和培养高水平“双师型”教师；在教材建设上，紧跟行业发展动态，开发创新性、实用性强的优质教材；在教学方法上，积极探索模块化、项目化等新型教学模式，培养学生的实践能力与创新精神。此外，“双高”计划还强调了校企合作在推动“三教”改革中的重要作用，通过资源共享与优势互补，共同培养符合市场需求的高素质技术技能人才。

（三）《关于推动现代职业教育高质量发展的意见》指引课题研究方向

为全面深化职业教育改革，破除制约其发展的体制机制障碍，推动现代职业教育高质量发展，中共中央办公厅、国务院办公厅于2021年联合发布了《关于推动现代职业教育高质量发展的意见》（以下简称《指导意见》）。《指导意见》为职业教育的发展设定了清晰的时间表和阶段性目标：到2025年，职业教育类型特色更加鲜明，现代职业教育体系基本建成，技能型社会建设全面推进。到2035年，职业教育整体水平进入世界前列，技能型社会基本建成，为经济社会发展提供更加坚实的人才和技能支撑。

在新时代背景下，职业教育被赋予了全新的使命与更高的要求，需提升整体质量与实力，在人才培养、技术技能传承与创新等方面取得显著突破。随着中国经济转型升级，职业教育也需紧跟时代步伐，实现自身转型。

在“双高”计划的有力驱动下，《指导意见》清晰界定了现代职业教育的前行路径，尤其在提高人才培养质量、推动技术技能传承与创新等领域给出了明确指引。这些指引为"三教"改革课题研究指明了政策方向与战略规划，确定了指导理念、执行标准、核心目标以及具体工作内容。

此外，《指导意见》还通过政策引导与资金扶持等方式，鼓励高职院校积极探索"三教"改革的新路径、新方法，以提升职业教育的质量和水平。这些支持举措与专业指导将显著助力"三教"改革课题研究迈向纵深发展，为现代职业教育迈向高质量发展新阶段提供坚实助力。

(四)《深化新时代职业教育"双师型"教师队伍建设改革实施方案》的理论指导意义

教师是教育教学的核心引领者，《深化新时代职业教育"双师型"教师队伍建设改革实施方案》（以下简称《实施方案》）为高职院校在新征程中的师资培育指明了方向。在"双高"计划的宏观指导下，该方案为高职院校的定向发展目标奠定了坚实的政策基础。它深刻阐述了职业教育教师队伍建设的战略意义，为"三教"改革中的师资优化提供了坚实的理论支撑。

锻造一支卓越的"双师型"师资队伍，对于推动高职教育质量飞跃式发展发挥着关键作用。在"双元驱动、多措并举"推进"三教"改革的战略框架下，该方案为教师队伍的培养、评价等体系的构建提供了政策层面的指导，为改革提供了坚实的框架支撑。方案中提出的对职业教育教师队伍的要求，与"双高"背景下高职院校致力于培养复合型、创新型、国际化、高素质技术技能人才的目标高度契合。通过教师队伍的改革，可以有效提升教师培养这类高端技术技能人才的能力。在"三教"改革的进程中，教师能力的提升至关重要。教师需要具备将理论知识与实践技能相结合的能力，才能更好地向学生传授知识与技能，以满足"双高"计划下对人才培养的高标准需求。

此外，《实施方案》还有助于全面提升职业教育的整体质量，这与"三教"改革的总体目标高度一致。在"双高"背景下，提高职业教育质量被置于重要位置。教师队伍质量的提升是提升教育质量的关键因素，教师队伍在实践教学能力、教学方法创新能力等方面的提升，可以进一步带动教材和教法的相应改革。例如，教师在实践能力增强后，能够更深入地参与教材编写工作，使其内容更加贴近实际工作需求；在教学方法上也能更多地引入实际案例教学等创新方式。

这种由教师队伍改革引领并带动“三教”整体改革的逻辑关系，为本书在教育质量提升方面的理论研究提供了坚实基础。通过深入理解并实施《实施方案》，高职院校可以更好地推动“三教”改革的深入进行，为新时代职业教育的高质量发展贡献力量。

（五）建构主义理论在高职“三教”改革中的实践应用

建构主义理论强调，学习是学习者在与周遭环境的积极互动中，通过同化与顺应机制，自主构建个人知识框架的过程。首先，建构主义理论凸显了实践在教学中的核心地位。它认为，学习是一个将新知融入既有认知架构的动态过程，这一过程需借助实践得以深化和巩固。因此，在“三教”改革的浪潮中，高职院校应强化实践教学环节，将课堂讲授与企业实践深度融合，通过校企合作、产教融合等模式，为学生提供真实的职业场景和实践平台。这一教学模式能够使学生在实践中深化理论认知，提升专业技能和综合素养，从而更好地满足产业对高技能人才的需求。

其次，建构主义理论倡导以学生为中心的教学理念，注重激发学生的求知欲和主动性。在“三教”改革的实践中，高职院校应吸纳建构主义的精髓，运用项目式学习、情境模拟、案例分析等教学策略，引导学生在实践中发现问题、探索解决方案，从而自主构建知识体系。这种以学生为中心的教学模式有助于培养学生的实践能力和创新思维，与“双高”计划中提升职业教育质量、培育高技能人才的目标高度契合。

此外，建构主义理论还强调学习情境的重要性。在“三教”改革中，高职院校可以借鉴建构主义理论，创设贴近职业岗位和工作过程的教学情境，使学生在模拟或真实的职业环境中学习。同时，建构主义鼓励互动学习，倡导学生间、师生间的交流与合作。这种互动学习方式有助于激发学生的思维火花，促进知识的共享和创新，提升教学效果。

最后，建构主义理论尊重学生的个性化和差异化需求。在“三教”改革中，高职院校可以运用建构主义理论，实施个性化教学和差异化教学策略。例如，通过模块化课程体系和自助式学习平台等方式，为学生提供多样化的学习路径和资源选择；同时，关注学生的学习进展和遇到的困难，给予个性化的指导和支持。这种个性化和差异化的教学方式有助于满足学生的不同需求，提升学生的学习效果和满意度。

综上所述，建构主义理论为高职院校在“双高”背景下推进“三教”改革提供了有力的理论支撑和实践指导。通过借鉴建构主义的理念和方法，高职院校可以通过构建以学生为中心的教学模式、加强实践教学环节、创设教学情境、实施个性化教学等策略，推动职业教育的高质量发展。

二、现实依据

（一）经济发展与技术进步对高技能人才的需求激增

当前，我国经济已步入高质量发展的关键时期，产业升级和技术创新进程不断提速，这直接导致市场对高技能人才的需求愈发旺盛。据统计，我国年均培养的技术技能人才数量已超过千万。然而，尽管培养规模宏大，技能型人才的整体数量仍未能充分满足经济发展的迫切需求。特别是在高技能人才领域，其供应状况与产业转型升级的实际需求之间，存在着显著的结构性缺口。当前这一局面提醒我们，在技术技能人才培育工作方面仍需持续努力、不断精进。具体而言，优化师资结构、提升教材内容的实用性与贴合度，以及积极探寻新颖的教学模式，是提高人才培养质量、实现人才供给与市场需求无缝对接的关键举措。高职院校采取这些措施，能够更高效地培养出契合经济发展与技术演进需求的高技能人才，从而为产业升级和技术创新筑牢坚实的人才根基。

（二）高职教育发展现状与面临的挑战

（1）教师队伍结构亟待优化。当前，我国高职院校教师队伍存在结构失衡、素质差异较大的问题。部分教师偏重理论教学，忽视了实践操作的重要性，与企业实际需求存在明显脱节，这不仅制约了教学质量的提升，也影响了实践教学效果的发挥。为此，高职院校不仅要积极引进具有丰富实践经验的企业专家，还要加强对现有教师的培训和实践锻炼，以提升教师队伍的整体素质。

（2）教材建设亟待加速与更新。一方面，教材更新周期较长，内容滞后于企业实际需要，难以满足新时代职业教育的快速发展需求。特别是针对新技术、新产业的教材开发明显不足，这在一定程度上影响了学生专业技能的掌握和实践能力的培养。另一方面，随着技术的持续演进和产业结构的不断优化，教材内容必须与时俱进，紧密贴合行业前沿趋势和技术革新动态。为此，高职教育机构需与行业保持紧密合作，共同开发适应市场需求、具有时效性和实用性的新教材。

（3）教学方法的创新成为改革的重要方向。传统的高职教育模式偏重于教师单向讲授，忽视了课堂互动与实践操作的重要性，这不仅难以激发学生的学习热情与自主探索的意愿，同时也束缚了学生创新思维与能力的提升。因此，革新教学方式、拓展教学手段成为高职教育改革的重要方向。教师应当积极投身于项目导向学习、工学紧密结合、产学研协同合作等新型教学模式的探索与实践，运用实践操作训练、实际案例剖析、小组合作互动等多样化方法，提升学生的课堂互动热情与动手实践能力，致力于培育既具备创新思维又拥有扎实实践技能的高素质技能型人才。

（三）技术革新与产业升级的迫切需求

技术革新与产业升级正以前所未有的速度重塑全球经济格局，对职业教育提出了新的迫切要求。为了保持与经济社会的同步发展，职业教育必须紧密跟随产业发展趋势，灵活调整专业设置，确保所培养的人才能够无缝对接新技术和新产业的需求。如在先进制造业领域，新增的专业点数量位居前列，特别是人工智能技术应用专业，其新增备案点数量更是遥遥领先。这一现象不仅反映了市场对人工智能领域人才的巨大需求，也凸显了职业教育在培养新技术人才方面的紧迫性和重要性。因此，职业教育机构需要建立更加灵活和敏捷的响应机制，及时捕捉市场变化，预测未来人才需求趋势，并据此调整和优化专业设置。同时，还需要加强与行业企业的深度合作，共同开发适应市场需求的教学内容和课程体系，确保培育的人才既拥有坚实的理论基础，又兼备卓越的实践技能与创新素养，以满足技术迭代与产业升级对高质量技术技能人才的迫切渴求。

（四）国际职业教育发展趋势的引领

在国际职业教育领域，产教融合、校企合作以及国际化办学已成为主流趋势。这些趋势不仅为职业教育的发展提供了新视角，也为我国高职院校的“三教”改革提供了宝贵借鉴。通过借鉴国际先进经验，我国高职院校可以进一步深化与企业、行业的协同合作，实现教育链、人才链同产业链、创新链的深度对接，进而全方位增强职业教育在全球范围内的竞争力与影响力。

与此同时，推进职业教育国际化是提升教育质量的关键一环，它能够有效拓宽学生的国际认知边界，并锤炼他们的跨文化沟通本领与全球思维。借助参与国际协作项目、共同科研探索、海外实践锻炼等多元化途径，学生能在实战中精进专业技能，强化国际舞台上的竞争力，为成长为具备国际视角的高素质技术技能人才打下坚实基础。

综上所述，在“双高”背景下，高职院校推进“三教”改革的研究与实践，不仅具有坚实的现实依据，也是顺应国际职业教育发展趋势的必然选择。面对经济社会发展对高素质技术技能人才的需求、高职教育发展现状与挑战、技术革新与产业升级的迫切需求，以及国际职业教育发展趋势的引领，高职院校应当矢志不渝地推进改革，勇于开辟创新实践的新篇章，为社会经济的蓬勃发展培养出一大批具有国际竞争力的顶尖技术技能人才。

第三节　研究内容与方法

一、研究内容

本书主要围绕“双高”背景下高职院校建筑工程类专业的“三教”改革展开，通过深入探究，力求解答高职院校“三教”改革的核心问题，即“谁来教、教什么、如何教”。具体包括以下几个方面：

首先，调查高职院校“三教”改革的现状及存在的问题。通过实地调研、问卷调查、查阅文献资料等方式，分析高职院校校企合作的现状，确定在校企双元协同推进下，“三教”改革研究的目标方向和视角；通过编制调查问卷和访谈提纲，拟定调查单位，通过实证研究、问卷调查等方式，厘清我国高职院校“三教”改革的现状以及现有制度存在的不足；了解建筑企业目前的工作情况、工作岗位、工作内容以及对学生的期望，摸清企业参与职业教育的意愿、方式、关注点；系统地阐述教师、教材、教法三者的关系。

其次，详细解析“三教”改革的理论基础，探索高职院校产教融合、校企合作的策略，重点关注教师、教材、教法三方面的改革路径。在教师方面，研究“双师型”教师培养路径，分析教师聘任与激励机制创新，探讨教师实践能力提升策略。在教材方面，研究教材改革的内容、形态、组织和合作模式，探索校企合作编写教材模式，提出立体化教材建设方案，建立教材内容与产业需求对接机制。在教法方面，创新教学方法，探索新型教学模式，如情境式教学、混合式教学等，研究教学评价模式，构建智慧学习环境，推动教学方法与手段的现代化。

再次，构建改革成效评估体系，研究评估指标，选择科学合理的评估方法与工具，分析评估结果。基于评估结果，找出现今高职院校“三教”改革存在的主要问题及其原因并提出改进措施与建议，建立持续改进机制，确保“三教”改革的长效性和持续性。

接着，结合研究成果，提出对策建议与政策呼吁。包括政策、学校、教师等层面的建议，通过系统的对策建议，为各级教育管理部门、职业院校和相关企业提供决策参考，推动“三教”改革的深入开展。

最后，进行研究总结，概括研究的主要发现和成果，深入探讨这些成果在实际应用中的广阔前景，并指明后续研究的导向与愿景，旨在为教育决策者及实践工作者提供富有洞见的启示。

二、研究方法

研究方法是科学探索旅程中的关键引擎，对于确保本书的科学性与可靠性起着决定性作用。为此，本书在方法论的选择与设计上进行了审慎而周密的考量，综合运用了以下多种研究方法，以全面、深入地探讨相关议题：

（一）文献综合分析法

本书对国内外关于“双高”计划及“三教”改革的文献资料进行了全面而系统的检索与审阅。通过细致的梳理与深入的总结，我们明确了已有研究的不足，精准识别了研究的空白领域与亟待解决的难题。通过深入剖析政策文件、学术论文、专题报告等多类型文献，我们构建了坚实的理论基础，为“双高”计划的政策背景及“三教”改革的理论依据提供了全面而有力的支撑。

（二）实证调研法

为获取真实、可靠的数据，我们设计了一套科学合理的问卷，针对高职院校的教师、学生以及校企合作企业等多元对象展开了大规模的调查活动。通过广泛搜集他们对于“三教”改革的看法、需求及改进建议，我们直观了解了改革的实际成效与现存问题。通过对问卷数据的严谨统计分析，我们为提出“三教”改革的优化策略提供了翔实的数据支撑。

（三）案例深度剖析法

本书聚焦于建筑工程类专业，深入剖析了在“双高”计划的推动下，高职院校推进“三教”改革的实践路径与成效。我们精心挑选了广西地区具有代表性的高职院校作为实证案例，综合运用实地调研、深度访谈及问卷调查等多种研究手段，直接获取第一手数据。通过细致探究各院校在教师团队建设、教材内容革新及教学方法创意升级等方面的独特实践与宝贵经验，为其他高职院校提供了可借鉴的范例。

（四）教学对比实验法

为验证改革后教学法的有效性，本书创新性地采用了教学对比实验的方式。在教学活动中，我们分别实施了传统教学法与改革后的教学法，并系统对比了两者的实际效果。通过教学实践的直接反馈，我们不断调整与优化研究成果，最终提炼出了具有实际应用价值的课题研究成果。

（五）深度访谈法

为全面了解各方对于“双高”计划及“三教”改革的看法与建议，课题组对部分教育领域的专家、学者、校企合作企业代表、高职院校管理者及一线教师进行了深入的访谈交流。通过质性分析的精细挖掘，我们揭示了深层次的问题与成因，获取了丰富多样的研究素材，为研究的深入开展提供了有力的支持。

（六）经验归纳提升法

通过在教学与管理实践中的不断探索，以及开展“1+X”证书培训、职业技能竞赛、创新创业大赛等多元活动，我们持续总结经验，深入挖掘经验材料中的价值点，并将这些宝贵经验提炼升华至教育理论的高度，以更好地引领“三教”改革的深入推进，并为教师成长、教学方法及教材内容的改进提供实际指导。

（七）数据科学分析法

为确保研究的科学性与准确性，本书充分利用 SPSS 等先进的数据分析软件，对调研阶段所收集的数据进行了科学严谨的分析处理。通过描述性统计、相关性分析、回归分析等多元方法，我们揭示了数据背后的深层规律与趋势，为研究结论提供了强有力的数据支持。

通过以上多种研究方法的综合应用，本书力求全面、深入地探讨“双高”背景下高职院校推进“三教”改革的路径、方法和策略。我们期望通过本书为相关政策制定及实践提供科学依据与参考，推动职业教育的蓬勃发展。

第四节 研究目的与意义

一、研究目的

（一）提升教学水平与人才培养质量

（1）优化教师团队建设。本书致力于深化教师与企业之间的合作机制，切实提升教师的实践指导能力与职业素养，从而在教学水平上实现全方位提升。本书特别注重建设兼具理论与实践能力的“双师型”师资队伍，以响应职业教育对高端师资的迫切需求，为社会输送更多优秀的技术技能人才。

（2）革新教材内容与形式。本书将积极推动教材内容与企业实际需求的紧密对接，确保教材既保持前沿性又具备实用性。同时，将探索并开发新型数字化教材资源，以满足学生多样化的学习需求，进一步促进人才培养质量的提升。

（3）变革教学方法与手段。本书将积极引入项目式学习、情境式教学等先进教学理念与方法，推动教学方法的革新。同时，将充分利用云计算、大数据分析、人工智能等现代信息技术，优化教学流程，提升教学效果，为学生提供更加丰富、直观且生动的学习体验。

（二）推动职业教育与产业深度融合

（1）深化产教融合。本书旨在通过"双元驱动"模式，进一步强化学校与企业的合作关系，推动职业教育与产业的深度融合。在此模式下，学校将紧密围绕企业实际需求，灵活调整专业设置与课程内容，确保所培养的高素质技术技能人才能够精准对接产业发展需求，为产业升级提供坚实的人才支撑。

（2）强化服务地方经济能力。本书将探索"三教"改革进一步提升高职院校服务地方经济能力的方法。通过优化专业结构、提升教学质量、创新技术技能人才培养策略等手段，为地方经济发展输送高素质技术技能人才，并提供智力支持与咨询服务，为地方经济的可持续发展注入新活力。

（三）提升高职院校的核心竞争力

（1）打造品牌效应。本书聚焦于深化"三教"改革，探索具有鲜明职业教育特色的办学模式，以增强高职院校的核心竞争力与社会影响力，使其在同类教育机构中脱颖而出，成为行业标杆。

（2）拓宽国际合作与交流空间。本书旨在深入探索在"双高"计划引领下，高职院校如何拓宽国际合作与交流的新渠道。通过积极借鉴并融合国际先进教育理念、教学策略与管理智慧，全面提升教育质量与国际视野，为培养具有国际竞争力的高素质人才奠定坚实基础。

（四）满足学生全面发展的需要

（1）提升学生综合素养。本书致力于通过深化"三教"改革，为学生提供更加丰富多元的教学资源与科学合理的教学策略，提升学生的综合素养水平、激发其创新思维以及强化其实践能力，为其未来职业生涯的持续发展筑牢稳固基石。

（2）促进学生个性化发展。本书将关注学生的个性化发展需求，通过“双元驱动、多措并举”的方式，提供多样化的学习路径和选择空间，激发学生的内在潜能，促进其全面发展，满足其个性化成长的需要。

综上所述，本书旨在研究“双高”背景下高职院校推进“三教”改革的实践，全面提升教学质量与人才培养水平，推动职业教育与产业深度融合，提升高职院校的核心竞争力，并满足学生全面发展的需要，为培养更多高素质、高技能、具有国际竞争力的人才贡献力量。

二、研究的意义

（一）理论意义

（1）深化职业教育理论体系。本书旨在深化对职业教育发展规律的认知，探索并构建适应新时代要求的职业教育理论体系。通过全面剖析“三教”改革的内涵、目标、实施路径及其成效，可以进一步丰富和完善职业教育的理论体系，为职业教育的长远发展提供坚实的理论支撑。

（2）创新教育教学模式。本书将积极探索如何有效整合学校与企业的资源，以实现理论与实践的深度融合，进而推动教育教学模式的创新。这将有助于构建更加符合职业教育特点、更加高效的教学模式，提升教育教学效果，为职业教育的改革与发展提供新的思路和方法。

（3）完善职业教育研究方法。在研究过程中，本书将综合运用文献分析、实证研究、案例分析等多种方法，全面、深入地探讨“三教”改革的实施路径和效果。这将有助于促进职业教育研究方法的多样化和科学化，提高研究的准确性和有效性，为深入研究职业教育提供方法论的借鉴。

（二）现实意义

（1）提升教学质量与人才培养水平。通过推行“三教”改革，高职院校能够有效优化师资配置，增强教师的专业素养与实践教学能力。同时，不断更新教学内容，确保教材紧贴时代脉搏，兼具时效性与实用性；革新教学方法，充分激发学生的求知欲与主动性。这将直接推动教学质量的飞跃与人才培养层次的提升，使毕业生更加契合市场需求与社会发展潮流，为经济社会发展输送高质量人才。

（2）深化产教融合与校企合作。本书将积极探索高职院校与企业间的深度合作机制，携手制定人才培养方案、共创教学资源、优化课程设置等。这种深度的产教融合和校企合作模式有助于教育资源与产业资源的有效整合，促进教育与产业的协同发展。同时，企业的积极参与及实时反馈，将使高职院校的人才培养更加精准对接市场需求与行业前沿，为高质量人才培养提供坚实基础。

（3）增强高职院校的社会服务能力。“三教”改革将促使高职院校不断提升自身的社会服务功能。一方面，通过培养具有扎实专业技能和良好职业素养的毕业生，为区域经济社会发展持续注入人才活力；另一方面，高职院校可携手企业，在技术研发、成果转化等创新领域展开深度合作，为产业升级与技术革新注入强劲动力。这些举措将大幅提升高职院校的社会影响力与贡献值，推动其向更高层次迈进。

综上所述，本书具有重要的理论意义和现实意义，不仅有助于丰富职业教育理论体系、开创教育教学模式的新篇章，并优化职业教育研究方法，而且在提升教学质量、深化产教深度融合、加强社会服务效能及推动职业教育国际化进程等方面，展现出了显著的实践成效与应用价值。

第五节　创新点

本书在高职院校“三教”改革的深化推进中，紧密贴合“双高”计划的时代脉搏，精准对接建筑工程类专业的实际需求与困境，开创性地提出了一系列前瞻性强、实用性足的改革策略。这些创新性策略旨在为建筑工程类专业的转型升级与高质量发展提供有力支撑：

一、“双师型”师资队伍建设的革新路径

（一）灵活聘任与教师成长平台的搭建

本书深度推进教师聘任制度的革新，构建了灵活多元的聘任体系，通过引入行业精英、能工巧匠担任客座讲师，有效破解了高职教师能力结构单一的问题。同时，打造了多元化、高精尖的教师成长平台，强化教师的数字化技能培训，提升其数字素养，并创造性地实施新教师三级入职培训体系，助力新教师迅速融入教学环境。

（二）多元化评价体系与激励机制的构建

本书颠覆了传统的教师评价观念，推动评价主体多元化，将企业生产实践成果、业绩等纳入职称晋升与年度考核范畴，促进了企业技术骨干与学校教师之间的双向流通。同时，设计了多维度的教师激励机制，通过绩效考核、岗位津贴、职业发展路径等多种方式，建立了与教龄、教学贡献相匹配的薪资增长体系，以激发教师投身改革的热情与动力。

二、教材建设的创新实践

（一）新形态教材体系与动态更新机制

本书开创性地提出了新型教材建设方案，通过整合校企优质资源，共同打造符合现代职业教育需求的新型教材。这些教材不仅包含传统纸质教材，还融入了数字化教材、微课视频等多种形式，构建了全方位、立体化的教材体系。同时，建立了教材内容与产业需求紧密衔接的动态更新机制，确保教材内容紧跟产业发展步伐，保持其前瞻性和实用性。

（二）教材编写主体多元化与跨区域评审机制的实施

在教材编写方面，本书推动了高职院校教材编写主体的多元化改革，吸纳了一批行业专家、大师工匠、企业技术人员等实践经验丰富、专业知识深厚的

人士参与教材编写。此外，提出了跨区域优质教材与精品课程评审的倡议，通过建立全国或区域性的评审平台，邀请行业专家、教育学者等共同参与评审，推动优质教材的广泛传播与应用。

三、教法改革的深度探索

（一）新型教学模式与课堂教学理念的更新

本书在保留传统课堂教学优势的基础上，主动融合项目式教学、混合式教学等新型教学模式，力求强化学生的实践操作技能与问题应对能力。与此同时，致力于构建以能力培育为核心、强调创新能力提升的教育理念，确立以学生为中心的学生发展观，树立以实践为引领的课堂教学观，并推行多元化、多维度、多主体参与的教学评价体系。这些理念与体系的革新，旨在培育学生的自主学习意识与探索精神，进而提升整体教学质量与成效。

（二）实践教学比重的提升与智慧学习环境的打造

本书着重于提升实践教学在整体课堂教学架构中的占比，有力促进教学理论与实际操作实践的紧密结合。借助校企合作、开展生产性实训等途径，促使学生于实践操作中深化对理论知识的理解，切实提高其技能熟练度。此外，本书还积极运用现代信息技术手段，搭建起智能化教学平台与学习管理系统，达成了教学资源的优化共享以及对个性化学习需求的精准支持，从而进一步优化了教学质量与教学效率。

（三）综合育人机制与技能竞赛平台搭建

本书聚焦于学生的全面发展，涵盖品德、智力、体质、审美与劳动技能等多个维度，构建了跨课程、跨专业的协同培养体系。通过精心策划并开展多样化的课外活动、社团组织运营以及志愿服务项目，有效培育了学生的社会担当意识、团队协作精神以及创新创造能力。此外，本书提出了构建省级及以上技能竞赛题库与评委专家资源库的倡议，旨在提升学生的专业技能水准与综合竞争力，推动技能竞赛朝着更加规范化、专业化的方向迈进。

四、评价体系的创新突破

本书创造性地构建了“四结合六维度多指标”的综合评价模式，以全面、客观、科学地评估学生的学习成效和综合素质。该模式融合了线上与线下考核、过程性与终结性考核、质性与量化考核、同学评价与教师及专家评价等多种方式。同时，从学习态度、学习习惯、学习方式、学业成绩、综合素质和发展潜力等六个维度进行综合考量，并涵盖了到课率、作业完成情况、线上学习数据、课堂积分、考试成绩以及综合素质评价等多项具体指标。这一评价体系的创新不仅有助于提升教学质量和效率，还能够促进学生的全面发展和专业技能的提升。

综合来看，本书立足于“双高”计划的整体框架，围绕高职院校“三教”改革中教师团队打造、教材体系构建、教学方法革新以及评价机制完善等核心环节，提出了一系列富有创新性的改革举措。这些创新策略不仅有助于职业教育实现内涵式提升，还加速了职业教育向高质量发展的转型进程，为培育大批高素质技术技能人才筑牢了根基。

第二章 “双高”背景下“三教”改革的理论基础

第一节 “双高”计划与“三教”改革的内涵

一、“双高”计划的内涵与特征

（一）“双高”计划的定义与概述

“双高”计划，全称为“中国特色高水平高职学校和专业建设计划”，是中国教育部和财政部于 2019 年联合启动的一项重要教育改革项目。该计划旨在集中力量建设一批引领改革、支撑发展、中国特色、世界水平的高职学校和专业群。它具有聚焦重点、扶优扶强、周期实施（分轮次建设）、动态管理、注重绩效等鲜明特征。

（二）“双高”计划的核心内涵

“双高”计划的核心内涵在于集中力量建设一批高水平高职学校和专业群，以此引领新时代职业教育实现高质量发展。其建设聚焦于“一加强、四打造、五提升”，即：

1. 一加强

加强党的建设，把牢办学方向。

2. 四打造

（1）打造技术技能人才培养高地：培养适应高端产业和产业高端需要的高素质技术技能人才。

（2）打造技术技能创新服务平台：提升应用技术研发与成果转化能力，服务区域中小微企业技术升级和产品研发。

（3）打造高水平专业群：建设对接区域主导产业、支柱产业和战略性新兴产业，引领行业发展的专业群。

（4）打造高水平双师队伍：建设一支师德高尚、技艺精湛、专兼结合、充满活力的高素质“双师型”教师队伍。

3. 五提升

（1）提升校企合作水平：形成校企命运共同体，实现人才共育、过程共管、成果共享、责任共担。

（2）提升服务发展水平：精准对接区域经济社会发展需求，提供高质量的技术技能培训和社会服务。

（3）提升学校治理水平：建立完善现代职业学校制度，提升治理能力现代化。

（4）提升信息化水平：运用信息技术重塑教学、管理和服务模式，建设智慧校园。

（5）提升国际化水平：深化国际交流合作，培养具有国际视野的技术技能人才，推动中国职业教育标准“走出去”。

通过系统推进这十大任务，“双高”计划旨在将入选学校建设成为支撑国家重点产业和区域支柱产业发展不可或缺的力量，最终引领带动中国职业教育整体提质培优、增值赋能，实现高质量发展。

（三）“双高”计划的主要特征

（1）明确的目标导向性。“双高”计划紧密围绕国家战略需求、经济社会发展趋势和产业转型升级的迫切要求，明确提出了建设目标。通过重点支持建设一批高水平高职院校和高水平专业群（首批56所高职学校入选高水平学校建设，141所高职学校入选高水平专业群建设），形成示范引领效应，全面提升高职教育的整体质量和水平，为经济社会发展提供坚实的人才支撑和智力支持。

（2）注重内涵式发展，提升教育质量。“双高”计划深刻聚焦内涵式发展，强调通过优化专业结构、提升教学水平、强化实践教学等关键举措，全面推动教育质量与教学水平的显著提升。在专业建设层面，紧密对接产业需求，打造特色鲜明的专业体系；在师资队伍建设上，加大培训与引进力度，提升教师队伍的整体素养；在课程与教学改革方面，注重创新与实践，推动教育教学改革迈向更深层次、更广领域。

（3）深化产教融合，推动校企合作。产教融合、校企合作是“双高”计划的重要特征之一。“双高”计划明确提出创新高职教育与产业融合发展的运行模式，精准对接区域人才需求，提升高职院校服务产业转型升级的能力，推动高职院校和行业企业形成命运共同体，具有鲜明的产业属性。

（4）创新驱动，促进持续发展。“双高”计划鼓励高职院校在办学模式、管理机制和教育教学方法上进行创新。特别是在现代信息技术的应用方面，积极探索“互联网+”背景下的新型教育模式，如线上线下混合式教学、智慧课堂等，推动教育教学改革向更深层次、更宽领域拓展，不断提升教育质量、办学效益与核心竞争力，赋能职业教育高质量发展。

二、“三教”改革的内涵

“三教”是对职业教育里教师、教材以及教法这三者的统称，它们分别精准回应了职业教育教学活动里的三大核心命题——“谁来教”“教什么”以及“如何教”。这三个要素宛如职业教育人才培养体系的坚实支柱，贯穿于人才培养的全流程，对职业教育教学质量的提升发挥着至关重要的影响。在职业教育范畴内，“三教”改革是一项意义重大且影响深远的关键行动，其核心要义在于围绕教师、教材、教法这三个关键维度展开改革与创新，全方位提升职业教育的人才培养质量，引领职业教育步入高质量发展的全新征程。

（一）教师改革：锻造高素质“双师型”师资队伍

（1）厚植专业素养，强化实践能力。在职业教育领域，教师不仅要拥有深厚扎实的专业理论知识储备，为学生的知识大厦筑牢根基，更要具备丰富的行业实践经验，为学生打开一扇通往实际工作场景的窗户。唯有如此，教师才能将实际工作中鲜活的案例、实用的技能巧妙融入教学过程，使学生所学知识与行业实际需求实现无缝对接。例如，在电子信息专业教学中，具备企业实践经验的教师能够将当下流行的电子芯片应用案例、电子产品生产工艺等融入课堂，让学生在学习过程中就能接触到行业前沿，毕业后能迅速适应工作岗位。

（2）革新教育理念，优化教学方法。随着时代不断演进和教育观念的持续更新，教师应当树立起以学生为主体的教育理念，将学生置于学习活动的核心位置，高度关注并尊重学生的个性特征与学习需求。与此同时，教师还需积极学习并熟练运用现代教学方法和技术手段，例如项目式教学、线上线下混合式教学等。项目式教学通过引导学生参与实际项目的完成过程，有效锤炼学生的团队协作能力、问题解决能力以及创新思维；而线上线下混合式教学则突破了传统教学的时空局限，为学生提供了更为灵活便捷、形式多样的学习途径。通过灵活运用这些现代教学方法，能够充分激发学生的学习热情与主观能动性，着力培养学生的创新思维与实践操作能力，促使学生从传统的知识被动接受者转变为主动探索者。

（3）加强团队协作，提升整体实力。教师之间的合作与交流是提高教学质量和科研水平的重要途径。学校应鼓励教师组建教学团队和科研团队，共同开展教学改革。在教学团队中，教师可以相互分享教学经验和资源，共同设计教学方案和课程，提高教学效果；在科研团队中，教师可以围绕行业前沿技术和热点问题开展研究，将科研成果转化为教学内容，提升教学的深度和广度。通过团队协作，教师能够相互学习、相互促进，提高整体教学水平和科研能力，为职业教育的发展注入强大动力。

（二）教材改革：构建契合时代需求的新形态教材体系

（1）追踪产业趋势，契合行业规范。教材作为教学活动的核心支撑，其内容务必与行业规范及岗位实际需求紧密贴合。职业教育教材应如同行业的晴雨表，精准且及时地映射出行业的最新技术进展、工艺革新以及规范变化。以信息技术专业教材为例，需迅速吸纳编程语言的最新版本、软件开发工具的迭代升级等内容，助力学生掌握行业前沿动态与知识。此外，教材编写团队应持续追踪行业发展趋势，与行业协会、企业建立并维护紧密的合作关系，确保教材内容能够与行业实际需求保持同步更新，从而使学生所学的知识与行业需求高度契合，为其未来的职业发展构筑起坚实的基石。

（2）突出实践导向，培养应用能力。职业教育的核心宗旨在于培育兼具实践能力与解决问题能力的高水平技术技能人才。鉴于此，教材应当以实践项目作为知识传递的媒介，实现理论知识与实践操作的深度融合。在教材编撰过程中，应嵌入丰富的案例剖析、实践训练项目以及课后练习任务，促使学生于实践情境中汲取知识、掌握技能。举例而言，在护理专业教材中，可精心设计模拟病房环境的实践训练项目，让学生身临其境，熟练掌握护理技巧与沟通艺术。借助此类教学方式，学生能够将所学知识有效运用于实际工作场景，进而提升自身的职业修养与就业竞争力。

（3）融合数字技术，拓展教学资源维度。在信息技术日新月异的当下，数字化与信息化浪潮正深刻影响着教育领域的发展走向。职业教育教材应积极顺应这一趋势，深度运用数字化技术，开发诸如电子教材、线上精品课程、虚拟仿真实验平台等多元化教学资源。电子教材以其便携性强、更新快速等特性，使学生能够突破时空限制，随时随地开启学习之旅；线上精品课程则汇聚了海量的优质教学资源，为学生呈现更为丰富多元的学习素材；虚拟仿真实验平台则为学生打造了一个安全、低成本的实践操作空间，让他们在虚拟环境中也能积累宝贵的实践经验。这些数字化教学资源的融合运用，为学生搭建了更为便捷、高效的学习桥梁，精准对接了学生的个性化学习需求。

（三）教法改革：推行以学生为中心的多元化教学模式

（1）以学生为本，设计个性化教学。传统的以教师为主导的教学模式，已逐渐难以契合现代职业教育的发展需求。教法改革需着重凸显学生的主体地位，依据学生的学习需求与个性特征，精心设计个性化的教学规划与活动安排。教师需深入了解每位学生的学习风格、兴趣倾向及职业愿景，为他们提供精准适配的学习指引。例如，针对基础扎实的学生，可布置一些具有挑战性的拓展任务与项目，充分挖掘其学习潜能；而对于学习存在困难的学生，则应给予更多关注与扶持，运用更为直观、形象的教学方法，助力他们扎实掌握知识与技能。通过实施个性化教学，能让每位学生在学习过程中收获乐趣与成就感，进而提升学习成效。

（2）深化实践教学，培育职业综合素养。实践不仅是检验知识的试金石，更是职业教育不可或缺的关键环节。为此，需适当提高实践教学在课程体系中的占比，借助校内实训、企业实习、项目式教学等多种形式，引领学生在实践中学习并精进知识与技能。校内实训为学生构建了一个仿真度高的工作环境，使其在教师的悉心指导下进行实操演练，从而熟悉工作流程、掌握操作规范；企业实习则让学生有机会深入企业，亲身体验生产运作与管理模式，洞悉行业动态与企业文化，进而提升自身的职业素养与就业竞争力；项目式教学则鼓励学生以小组形式协作完成实际项目，以此锤炼他们的团队协作能力与创新思维。通过强化实践教学，学生能够更好地将所学知识运用于实际工作场景，显著提升实践操作能力与问题解决能力。

（3）依托信息技术，革新教学模式。互联网、大数据、人工智能等现代信息技术的蓬勃发展，既为职业教育教学带来了前所未有的机遇，也对其提出了新的挑战。教师应积极拥抱这些技术变革，探索并创新教学方法与工具，例如，推行线上线下混合式教学、引入虚拟现实（VR）教学、使用智能辅导系统等。线上线下混合式教学能够巧妙结合线上资源的海量性与线下教学的即时互动性，为学生打造更为优质、高效的教学体验；VR 教学则能构建一个高度逼真的虚拟环境，让学生在其中进行沉浸式实践操作，从而增强学习的趣味性和实效性；智能辅导系统则能基于学生的学习数据，为他们提供量身定制的学习建议与辅导，助力学生攻克学习难题。通过深度应用现代信息技术手段，可以有效提升教学效率与质量，加速职业教育教学的现代化进程。

第二节 "双高"背景下高职院校推进"三教"改革的核心范畴

一、"双高"背景下高职院校"三教"改革的基本原则

（一）坚持以培养高素质技术技能人才为核心指向的原则

"双高"计划的总体目标包括打造技术技能人才培养高地等，社会的发展迫切需要复合型、创新型等高素质技术技能人才，这就要求"三教"改革围绕这一人才培养核心展开。例如，教师的教学要注重培养学生解决复杂技术问题和团队协作等多方面的能力，教材内容要适应新型人才的知识需求，教法也要能有效传授多种能力，培养相关的知识和技能。

（二）坚持以产业需求为导向的原则

（1）对接产业发展趋势。在"双高"背景下，产业发展迅速，新产业、新业态、新模式不断涌现。高职院校的"三教"改革需要紧密围绕产业需求，确保培养出的人才能够适应产业的信息化、数字化、智能化改造升级。例如，随着智能制造产业的发展，教师应具备相关知识和技能，教材应纳入智能制造的新技术、新工艺，教法也应适应智能制造人才培养的需求。

（2）立足岗位能力要求。经济和社会领域岗位职责的变化使得技术技能人才的专业界限模糊，岗位能力要求复合化。"三教"改革要以岗位能力需求为依据，培养学生解决复杂技术问题、团队协作、沟通交流等多种能力。这就要求教师了解岗位实际需求，教材内容结合岗位工作过程编写，教法要有助于提升学生的岗位适应能力。

（三）坚持产教融合的原则

企业与学校作为产教融合的"双元驱动"核心主体，应紧密合作，共同参

与人才培养的每一个环节。

（1）教师队伍建设。通过深度合作，使企业与学校之间实现师资的双向交流与提升。企业技术骨干可以走进校园，以其丰富的实践经验为学生授课，同时，学校教师也能深入企业，通过挂职锻炼等方式，提升自身的实践能力。

（2）教材建设。校企双方应共同参与教材的编写与修订，将企业的实际案例、工作流程等真实场景融入教材内容，使教材更具实用性和前瞻性，从而更好地服务于人才培养。

（3）教学方法探索。校企双方应共同探索适合工学交替、现代学徒制等模式的教学方法。例如，项目式教学法在企业真实项目中的应用，不仅能够让学生在实践中学习，还能提升他们的团队协作和问题解决能力。

（四）坚持以学生为中心的原则

1. 凸显学生主体地位，加速个性化学习进程

在“三教”改革的持续推进过程中，学生始终是教学活动的核心与关键。鉴于此，高职教师必须充分重视并强化学生的主体地位，围绕学生的实际需求、兴趣爱好以及能力层次来开展教学设计、实施教学活动并进行教学评价。

（1）个性化教学设计。教师要深入探究学生的个体差异，精心打造契合学生学习特点与需求的教学方案。通过灵活把控教学进度与方式，确保每位学生都能在契合自身的学习路径上收获最佳学习成效。

（2）多样化教材编写。教材作为学生学习的重要依托，其编写需充分考量学生的认知规律与学习能力。可采用活页式、工作手册式等灵活多变的呈现形式，方便学生自主学习与随时查阅，进而提升学习效率与质量。

（3）多元化教学方法。教学方法应着重激发学生的内在学习动力与热情。借助分层教学、小组合作学习等多元化策略，满足不同层次与类型学生的学习需求，推动每个学生的个性化成长与全面发展。

2. 聚焦学生全面发展，培育优质技术技能人才

在“三教”改革的进程中，高职教师不仅要聚焦于学生专业技能的锤炼，更要高度重视其综合素质的全面提升。

（1）职业道德与素养的塑造。教师应在教学过程中融入社会主义核心价值观、劳动精神以及工匠精神的教育，引导学生树立正确的价值观与职业观，培养其良好的职业道德与职业素养，为未来的职业生涯筑牢坚实的道德根基。

（2）综合素质全面提升。教材内容应广泛涵盖企业文化、职业规划、团队协作、创新思维等多维度内容，以培养学生的非专业能力，如沟通能力、团队协作能力、问题解决能力等，使其成为具备全面素质的技术技能人才。

（3）国际化视野拓展。在教学方式上，应注重培养学生的国际视野与跨文化交流能力。通过引入国际前沿的教学理念与方法，鼓励学生参与国际交流与合作项目，使其能够适应全球化背景下的职业发展需求，成为复合型、创新型、国际化的高素质技术技能人才。

（五）坚持质量提升与持续改进的原则

1. 强化教学质量提升

"三教"改革的根本目标在于提升教学质量，确保教育成果与行业需求的高度契合。

（1）教师能力提升。教师应不断提升自身能力，包括教学能力、实践能力、教学资源开发能力等，以打造高质量、高效率的课堂教学和实践教学。

（2）教材内容优化。教材需确保内容的准确性、前沿性和实用性，形态要便于学生学习，同时配套资源要丰富有效，共同为教学质量的提升提供坚实保障。

（3）教法创新高效。采用高效、适用的教学方法，如信息化教学手段，增强教学的互动性和趣味性，从而有效提升学生的学习效果和学习效率。

2. 建立持续改进机制

"三教"改革是一个持续优化的过程，需要建立完善的教学质量监控与评价机制。

（1）定期评估。对教师的教学表现、教材的使用效果以及教法的实施成效进行定期评估，确保教学质量的稳步提升。

（2）反馈与调整。根据评估结果，及时给予教师反馈，指导其改进教学行为；同时，根据产业发展趋势和学生需求变化，不断优化教材内容，更新教学方法，确保“三教”改革始终与时代发展同步。

（3）持续迭代。将持续改进与优化作为“三教”改革的常态，不断迭代升级，以适应快速变化的产业需求和学生发展需求，推动教育质量的持续提升。

二、“双高”背景下进行“三教”改革的指导思想

在“双高”计划深入推进的关键时期，职业教育面临着提升质量、增强适应性、实现内涵式发展的重大使命。“三教”改革作为职业教育改革的核心内容，其指导思想的确立对于改革的成效至关重要。以下将从政策遵循、育人使命、战略服务、融合路径以及保障体系五个维度阐述“三教”改革的指导思想。

（一）贯彻国家职教政策导向

国家出台的一系列职业教育政策法规为职业教育发展绘制了蓝图，“三教”改革必须紧密围绕政策要求，确保改革方向正确、路径清晰。以《中华人民共和国职业教育法》《关于深化现代职业教育体系建设改革的意见》等政策法规为依据，“三教”改革需精准锚定以下方向：

明确职业教育作为类型教育的定位，强化其与普通教育同等重要且分类发展的特性，突出职业教育的实践性与职业性；落实产教融合相关激励政策，推动校企共建共享机制，促进教育链、人才链与产业链、创新链的有机衔接；对接职业教育数字化转型要求，推动教师、教材、教法的智能化升级，以适应信息技术快速发展对职业教育带来的变革。通过贯彻这些政策导向，“三教”改革将更好地融入国家职业教育发展大局，为职业教育高质量发展提供坚实支撑。

（二）坚持立德树人为根本任务

立德树人是教育的根本任务，“三教”改革必须将这一任务贯穿始终，致力于培养德智体美劳全面发展的社会主义建设者和接班人。

1. 构建德技并修育人体系

（1）教师思政能力建设。实施“师德考核一票否决制”，将课程思政纳入

教师绩效考核体系，强化教师的思政责任意识。建立"双导师制"（企业工匠+学校教师）协同育人模式，明确企业导师承担实践课程的比例不低于40%，充分发挥企业工匠的榜样作用，将职业道德、工匠精神等思政元素融入实践教学，实现言传身教。

（2）教材价值引领功能。开发"专业+思政"模块化教材，每个专业群建设3—5门课程思政示范课，将思政教育与专业教育有机融合。引入大国工匠案例库，职业道德教育课时占比不低于10%，通过真实案例激发学生的学习兴趣和职业认同感，引导学生树立正确的价值观和职业观。

（3）教法浸润式改革。推广"项目+思政"教学法，在实训项目中嵌入职业规范、工匠精神培养，让学生在完成项目的过程中潜移默化地接受思政教育，实现知识传授、能力培养与价值引领的有机统一。

2. 实施综合素养提升工程

（1）1+X证书制度衔接。将职业技能等级标准融入课程，实现"课证融通"覆盖率100%，使学生在完成学业的同时能够获得相应的职业技能证书，提高就业竞争力。

（2）建立职业发展追踪系统。建立毕业生5年成长档案，通过跟踪毕业生的职业发展情况，了解市场对人才的需求变化，动态优化培养方案，使人才培养更加符合社会需求。

（3）加强数字素养培育。增设人工智能应用、工业互联网等通识课程，并纳入必修学分，提升学生的数字素养和适应数字化时代的能力，为学生的未来发展奠定坚实基础。

（三）服务国家战略，彰显职教担当

职业教育要紧密围绕国家战略需求，培养符合国家发展需要的高素质技术技能人才，"三教"改革应以此为导向，积极调整改革方向和重点，为国家的经济社会发展提供有力的人才支撑。

1. 产业适配型人才培养

（1）建立专业动态调整机制。"三教"改革要紧密对接国家产业布局和发

展战略，根据不同产业对人才的需求，调整专业设置和人才培养方案。加强与重点产业、新兴产业的合作，了解企业对人才规格、知识和技能的要求，共同制定人才培养标准。教师要深入企业调研，将企业的新技术、新工艺、新规范融入教学内容，使教材及时反映产业最新动态，教学方法更加贴近企业实际生产过程，提高人才培养与产业需求的适配性，为国家产业发展提供有力的人才支撑。

（2）构建人才需求预警系统。应用产业大数据分析技术，建立紧缺人才目录，及时掌握产业人才需求动态，为人才培养提供科学依据，提前做好人才储备。

2. 探索数字化转型实践路径

（1）提升教师数字能力。面对国家数字化转型战略，“三教”改革要积极探索数字化转型实践路径。教师要加强信息技术应用能力培训，掌握数字化教学工具和方法，能够运用在线教学平台、虚拟仿真软件等开展教学活动。

（2）革新教材形态。要加快新形态教材、立体化资源建设，整合文字、图片、音频、视频等多种媒体资源，实现教材的交互性和动态更新，为学生提供更加直观、生动的学习体验，提高学习效果。

（3）创新智慧教学方法。教学方法上，推广线上线下混合式教学、虚拟仿真教学等新型教学模式，充分利用大数据、人工智能等现代信息技术，实现个性化教学和精准辅导，提高教学效率和质量，提升学生的数字化素养和适应数字化转型的能力。

（四）深化产教融合，实现协同育人

产教融合是职业教育的基本办学模式，“三教”改革要深化产教融合，构建跨界协同育人机制和校企合作长效机制，实现教育与产业的深度融合。

1. 构建跨界协同育人机制

（1）建设混编教学团队。建立学校、行业、企业等多方参与的跨界协同育人机制。加强学校与企业之间的深度合作，共同开展人才培养、技术研发、社会服务等活动。实行“固定岗+流动岗”师资配置，行业、企业技术骨干深入

教学课堂以充实教学团队力量，年授课量不低于160学时。建立教师企业实践制度，要求专业教师每5年累计在企业实践不低于6个月，提高教师的实践能力和教学水平。

（2）打造生产性实训基地。校企共建兼具教学与生产功能的“教学工厂”，设备更新率年均不低于15%，为学生提供真实的生产环境，让学生在实践中提高技能水平和职业素养。

2. 建立校企合作长效机制

（1）推进资源共建。校企共同制定人才培养方案，共建实训基地，联合开发新技术标准课程包，实现校企资源共享，优势互补。建立校企人员双向流动机制，鼓励企业技术骨干和管理人员到学校兼职任教，学校教师到企业挂职锻炼，提高教师的实践能力和企业的技术创新能力。

（2）促进成果共享。实施“专利反哺”计划，校企联合技术攻关成果优先用于教学，促进科研成果转化。建立校企人才双向流动机制，促使教师赴企业挂职、企业专家驻校任教常态化，加强校企之间的人才交流与合作，共同推动职业教育的发展。

（3）构建校企合作长效机制。明确校企双方的权利和义务，完善校企合作利益分配机制，保障校企双方的合法权益，激发校企合作的积极性和主动性，推动校企合作持续深入发展。

（五）构建协同育人保障体系

为确保“三教”改革顺利推进并取得实效，需要构建完善的协同育人保障体系，从制度、质量监控和资源等方面为“三教”改革提供有力支持。

（1）完善制度保障。建立健全“三教”改革相关制度，明确改革的目标、任务、责任和流程。制定教师培养培训制度、教材编写审核制度、教学方法改革创新制度等，为“三教”改革提供制度依据和规范指导。加强制度执行力度，确保各项制度落到实处，针对改革过程中出现的问题及时进行调整和完善，保障“三教”改革有序进行。

（2）强化质量监控。建立科学合理的“三教”改革质量监控体系，对教师教学质量、教材建设质量、教学方法实施效果等进行全面监控。制定教学质量评价标准，建立四位一体评价体系，包括学校评价、学生评价、同行评价、企业评价等，学校实施教学质量诊断与改进制度，企业建立实习质量第三方评估机制，提升行业对接职业技能等级证书通过率（目标不低于 90%），社会关注毕业生就业对口率（目标不低于 85%）、企业满意度（目标不低于 95%），全面保障人才培养质量。

（3）加强资源保障。设立产教融合专项基金，建议不低于学费收入的 20%，为“三教”改革提供资金支持。建设区域性共享型实训基地，辐射 5 所以上职业院校，提高资源利用效率，促进职业教育的均衡发展。

在“双高”背景下，“三教”改革要以科学的指导思想为引领，紧跟政策导向，坚持立德树人，服务国家战略，深化产教融合，构建保障体系。通过全面推进“三教”改革，提升职业教育的质量和适应性，为培养更多适应新时代需求的高素质技术技能人才作出积极贡献。

第三节 “双高”背景下高职院校推进“三教”改革的必要性

强化内涵建设以推动高质量发展，是“双高”计划的核心目标。教师、教材、教法作为人才培养的三大支柱，贯穿于整个教育过程，直接关系到高职教育“谁来教”“教什么”以及“如何教”的核心问题，进而影响高职院校的教育教学质量。在“双高”计划的引领下，高职院校推进“三教”改革，不仅是强化内涵建设、构建现代职业教育体系的关键举措，更是提升人才培养质量、服务经济社会发展的重要途径。

职业教育改革的最终目标是培养产业急需、技艺高超的高素质技术技能人才。“三教”改革作为职业教育改革的突破口，必须紧密围绕这一目标展开。具体而言，“三教”改革要坚持产教融合、校企合作的原则，从社会经济发展、产业转型升级需求和学生全面发展需要出发，构建适应新时代需求的职业教育体系。同时，要满足社会对高素质技术技能人才的需求，并为学生创造出彩机会，助力其实现个人价值和社会贡献。

一、“三教”改革是职业教育发展的必由之路

在“双高”计划的推动下，职业教育正面临提升教学质量与创新发展模式的双重考验。“三教”改革在高职教育改革进程中占据着不可替代的重要地位，是决定改革成效的重要因素。“三教”改革聚焦于优化教师队伍建设、完善教材内容体系以及创新教学方法，旨在顺应职业教育发展的新态势。在职业教育的教学活动中，教师处于核心引领位置，教材承担着知识传播载体的功能，教学方法则是达成教学目标的重要桥梁。这三者相互依存、相互影响，共同构成一个有机的整体。例如，教师的专业能力与教学水平直接影响教学方法的运用效果，同时也对教材内容的讲解深度与传授方式产生了关键作用。在职业教育从注重规模扩张向强调质量提升转变的关键节点，“三教”改革能够从教学要素的核心层面切入，为职业教育的发展增添新的生机与动力。

二、“三教”改革是响应国家职教政策的必然选择

（一）“三教”改革与国家职教政策的紧密对接

近年来，国家已出台多项职业教育政策，如《职业教育提质培优行动计划（2020—2023年）》《关于推动现代职业教育高质量发展的意见》等，均明确将“三教”改革纳入任务范畴并作出要求。这些政策所设定的目标与“三教”改革的核心理念高度一致，都致力于推动职业教育向现代化迈进，构建适应时代需求的职业教育体系。在“三教”改革中，教师改革是关键一环，其目标是打造一支规模适度、结构优化、专兼融合的高水平“双师型”师资队伍，从而提升职业教育师资队伍的整体素质。通过完善师资培养制度、开展卓越教师培养工程等途径，能够培养出更多能够满足现代职业教育发展需要的新型教师。教材改革方面，强调要编写具有突出职业教育特征的教材，把行业企业的技术标准、操作规范、实际项目案例等内容融入课程教学中。这与国家倡导的深化产教融合、促进职业教育与企业实际需求深度契合的政策方向一致。例如，通过校企携手共同开发教材，能够保证教材内容及时反映行业的最新技术、工艺

和标准，精准对接企业岗位对人才知识技能的要求。教法改革则以提高职业教育的实效性和创新性为落脚点，旨在落实国家政策中提升职业教育教学质量的要求。

（二）政策指引下的“三教”改革实施路径

在国家政策的导向下，“三教”改革正沿着清晰的路径稳步推进。以教师队伍建设为例，国家鼓励从具有丰富企业实践经验的高技术技能人才中选拔专业教师，这一举措打破了传统的教师招聘模式，为教师队伍增添了更多的实践智慧与行业前沿视野。与此同时，政策还推动构建涵盖企业评价、家长评价以及校内评价在内的多元化评价体系，并制定科学、合理的绩效考核制度。这充分彰显了政策对教师队伍建设质量与绩效的高度重视。

在教材建设领域，国家大力推动信息化教学资源的协同开发，致力于构建动态更新、形式多样且数字化的教材与教学资源体系。这一举措旨在更好地契合“互联网+”时代职业教育发展的新要求，是对国家加强职业教育信息化建设政策的有力回应。

在教法改革方面，国家鼓励推进“课堂革命”，以实用性、创新性为指引，对教学方法进行大胆创新。这与国家增强职业教育适应性、提升人才培养质量的政策目标高度契合。

三、“三教”改革是破解职业教育供给侧改革难题的关键路径

（一）优化教育供给侧结构的核心：“三教”改革的主导性

职业教育供给侧改革的核心在于优化教育供给结构，促进职业教育与产业之间的良性互动。“三教”改革在其中起主导性作用。在教师层面，“双师型”教师作为“三教”改革中的重要师资力量，其具备的理论和实践双重能力，能有效对接企业与学校的需求。例如，教师既能传授专业知识，又能指导学生进行实际的产业操作，像在智能制造相关专业中，“双师型”教师可以带领学生操作工业机器人等智能设备，实现教育与产业实践的紧密衔接。这有助于解决职业教育培训体系建设中教学质量参差不齐的问题，满足多样化的产业需求。

（二）解决人才供需匹配的关键：“三教”改革的实效性

人才供需匹配是职业教育供给侧改革的难点之一。从教材的角度来看，“三教”改革强调编写符合岗位需求的教材。例如，针对新兴的人工智能产业岗位，教材可以纳入人工智能编程、机器学习等实践内容，使人才培养更精准地对接市场需求。在教法层面，推进项目式教学等，让学生在项目实践中学习知识与技能，更贴近职业岗位的实际工作方式，高效培养出符合企业需求的高素质技术人才。通过“三教”改革，能够显著提升职业教育对产业需求的适应性，破解人才供需不匹配的问题。

四、“三教”改革是增强职业教育教学品质的内在动力

（一）教师素养奠定教学品质提升根基

教师是职业院校教学品质的核心影响因素。在职业教育领域，教师不仅要掌握扎实的理论知识，更要积累丰富的实践经验。借助“三教”改革中教师队伍建设的契机，通过一系列举措来提升教师队伍整体水平。如制定获得政府、行业、企业三方认可的“双师型”教师标准，组建兼具教学能力与实践能力的“双师双能”混编教师团队等。例如，某职业院校引入企业技术能手作为兼职教师，将实际工作中的项目案例、最新技术融入教学，使授课内容更加丰富、真实，进而提升教学品质。同时，加强师德师风建设，增强教师的育人责任感，积极影响学生的学习态度与效果。

（二）教材质量关乎知识传递成效

教材是知识传递的关键媒介，具备职业教育鲜明特色的教材更能契合岗位的实际需求。这类教材将新技术、新工艺、新标准以及行业企业的真实项目案例融入其中，相较于传统教材，更能紧跟时代步伐，有助于学生掌握实用知识和技能，防止理论与实践出现割裂。以建筑工程类专业教材为例，引入新的建筑规范、新型建筑材料应用案例等内容，能让学生更好地应对职业实践中的各类问题，缩短学生进入企业后的再培训周期，进而提升教学质量。

（三）教法创新激发学生学习动力

恰当的教学方法能够调动学生的学习热情和主动性。传统教学方法有时会使学生陷入被动学习的状态，而创新教法则能改善这一局面。比如，秉持实用性、创造性原则进行教法改革，采用项目驱动、情境模拟、案例剖析等新型教学模式。在旅游管理专业课程教学中运用模拟导游情境教学法，让学生扮演导游角色模拟带团，这极大地提高了学生的参与度和实践操作能力。此外，借助现代信息技术开展的教法创新，如线上线下融合教学、VR 教学等，能够满足不同学习风格学生的需求，让学习过程更具趣味性和高效性，从而提升教学效果。

五、“三教”改革为达成“双高”计划目标提供坚实支撑

（一）“三教”改革助力人才培养高地建设

“双高”计划的目标之一是建设技术技能人才培养高地。“三教”改革中的教师队伍建设为培养高素质技术技能人才提供了坚实的师资保障。高水平的“双师型”教师团队能够传授高水平的知识与技能，为学生提供全面深入的教育指导。例如，一个具备国际视野、掌握行业前沿知识的教师团队，能够培养出适应全球化竞争和高端产业需求的学生。从教材角度看，具有先进性、实用性的教材内容是确保人才培养质量的重要基础。通过校企合作编写和修订教材，确保教材与热门产业、新兴技术紧密结合，使学生所学知识与未来就业岗位的要求相契合。在教法方面，高效性、创新性的教学方法有助于提高人才培养的效果和效率。如采用分层教学、个性化教学等方法，根据学生的个体差异进行针对性教育，挖掘每个学生的最大潜力，为人才培养高地建设贡献力量。

（二）“三教”改革推动技术技能创新服务平台构建

“双高”计划强调构建技术技能创新服务平台。在这个过程中，教师的专业实践能力和科研能力发挥着重要作用。通过“三教”改革，教师的教学资源开发能力能得到增强，如开发基于企业实际项目的教学资源，有助于推动产学研深度融合。同时，在教法上鼓励创新，培养学生的创新思维和创新能力，使

学生能在技术技能创新服务平台中发挥作用。教材中融入的创新元素和思维引导内容，能够拓宽学生的创新视野，为技术技能创新服务平台的长效运作提供必要的支撑。

六、推动职业教育内涵式发展的必由之路

（一）内涵式发展对职业教育质量的深层次要求

职业教育内涵式发展强调的是教育质量的提升和育人功能的优化。不再仅仅关注规模的扩张，而是着重于提高人才培养质量、增强教育与产业的适配性等深层次内容。“三教”改革聚焦于教师的素质提升、教材的优化完善、教法的创新改进，从教学的核心要素入手，深入挖掘职业教育的内涵潜力。例如，教师通过参与行业实践和培训不断更新知识结构、提高育人能力，有助于提升职业教育的整体质量水平。

（二）“三教”改革下的职业教育新内涵

“三教”改革为职业教育带来了新的内涵。教师的多元化发展，如从单纯的知识传授者向技术能手、创新导师转变，丰富了职业教育的育人内涵。教材的工学结合特色、立体化建设彰显了职业教育的职业性和现代性。例如，活页式教材的推广使用，可根据技术发展和岗位需求灵活调整内容，反映了职业教育对产业变化快速响应的能力。教法的个性化、多元化创新体现了职业教育以人为本的教育观念更新，这些都推动着职业教育朝着内涵式、高质量方向发展。

第三章　教师改革：“双师型”队伍建设与数字素养提升

教师改革作为“三教”改革的核心构成部分，是一项深度且全面的教师队伍革新举措。其核心目标在于优化教师结构，提升教师能力，完善教师管理体系，以此积极应对新时代职业教育发展带来的各项挑战，推动职业教育质量持续稳步提高。在职业教育活动中，教师发挥着至关重要的作用，是“三教”改革能否有效推进并取得成效的关键因素。他们不仅是知识的传播者、学生求知的引领者与助推者，更是学生情感与价值观的培育者、教学方法的革新者与实施者、教育氛围的营造者与呵护者，以及社会文化的传承者与创新推动者。

首先，教师不仅是学科知识与技能的传授者，更是学生探索未知与解决问题的启发者。在“三教”改革背景下，教师凭借深厚的专业知识和丰富的实践经验，引领学生探索新知、破解难题，培养学生的批判性思维和解决问题的能力。尤其在高职教育领域，教师更是学生职业生涯的引路人。他们将行业前沿知识、精湛技能与实践智慧融入教学过程，确保学生具备步入职场所需的全面能力。

其次，教师在学生情感培育与价值观塑造方面发挥着重要作用。他们以身作则，通过言传身教，深刻影响着学生的道德品质、行为方式及习惯养成。教师们不仅致力于培养学生的自信心与责任感，还激发学生的求知热情与积极性，为学生铺设一条充满阳光与希望的成长之路。和谐的师生关系如同春风化雨，能对学生的全面发展产生深远影响，引导他们树立积极向上的世界观、人生观、价值观，为未来的生活与事业打下坚实基础。

再者，在“三教”改革的进程中，教师不仅是知识的传递者，更是教学方法的创新者与实施者。随着教育理念的不断更新和技术的快速发展，教师勇于探索、勤于实践，精心设计多样化的教学活动。例如，采用项目式教学、案例教学、线上线下混合教学等创新方法，以激发学生的学习兴趣，提高学习效果。教师应该关注学生的全面发展，根据学生的个体差异和学习需求，调整教学策略，为学生的未来职业生涯奠定坚实基础。通过教学方法的创新与实施，教师能够更好地落实“三教”改革中“教法”改革的要求，提升教学质量。

再次，教师在构建与维护教育环境方面发挥着关键作用，良好的教育环境是“三教”改革顺利推进的重要保障。他们致力于营造一个和谐、积极且充满活力的教育氛围，为学生提供理想的学习环境和成长空间。教师关注学生的心理健康状态，及时给予关爱与支持，帮助他们克服学习与生活中的困难。同时，教师与教育同行保持密切联系，共同促进学生的全面发展。在“三教”改革中，教师通过与企业的合作交流，将企业文化和职业氛围引入校园，使学生提前感受职场环境，增强学生的职业适应能力。

最后，教师作为社会文化的传承者与创新者，肩负着将人类文明的精华传递给下一代的神圣使命。在“三教”改革中，教师通过精心策划的教学活动，引导学生认识并珍视自己的文化传统，培养民族自豪感和文化自信。同时，教师鼓励学生开放包容，吸收并借鉴其他文化的优秀成果，推动文化的交流与融合，为构建多元共存、和谐发展的社会文化环境贡献力量。例如，在课程教学中融入文化元素，开展文化实践活动，培养学生的文化素养和创新能力，使“三教”改革不仅关注学生的职业技能培养，还注重学生的人文素养提升。

综上所述，教师在职业教育活动中占据着核心地位，是“三教”改革成功的关键。高职院校必须深刻认识到加强教师队伍建设的重要性，努力为教师创造更加优越的发展机会与保障条件，不断优化教师队伍结构，全面提升教师的综合素质，并逐步完善教师管理制度，从而打造出新时代职业教育发展的强大引擎，为职业教育的高质量发展奠定坚实基础。

第一节　高职教师队伍的现状与挑战

作为国家不可或缺的技术技能人才培养摇篮，高职院校承载着培育兼具高技能与创新精神人才的重大使命。然而，当前高职教师队伍建设却面临着一系列挑战，这些问题在很大程度上阻碍了高职教育教学质量的提升。

一、教师结构不合理

高职院校教师结构，系指一所高职院校内部教师队伍的组成状况，其涵盖多维度要素，诸如教师数量配比、年龄层次分布、职称等级构成、学历水平分布、学缘背景多样性及"双师型"（即同时具备理论教学与实践教学能力）教师占比等。近年来，我国高职教育步入了一个蓬勃发展的崭新阶段，教师队伍的数量显著提高，满足了高职教育规模日益扩大的现实需求。与此同时，教师队伍的学历层次与职称水平亦在持续优化之中，众多高学历人才纷纷投身高职教育事业，高职院校中拥有博士学历的教师比例正逐步攀升，高级职称教师的数量亦在稳步上扬。然而，尽管已取得上述诸多进展，面对教育规模的快速扩张，高职教师结构仍面临诸多亟待解决的挑战，这一现实状况不容忽视。

（一）教师数量不足

教师规模直接关乎教学活动的广度与深度，以及教学质量的优劣。近年来，尽管我国高职教师队伍持续扩大，但面对急剧膨胀的教育规模，数量仍然偏少。截至 2024 年底，全国高职（专科）学校 1562 所，在校生 1764.66 万人，高职（专科）学校生师比 18.49∶1。特别是在一些热门及新兴学科领域，生师比例失衡的问题尤为凸显，教师资源匮乏的现象更为严重。过高的生师比不仅加剧了教师的教学压力，严重阻碍了教学质量的提升，也限制了教师个人能力与专业素养的进一步发展。因此，高职教育中教师数量短缺的问题已成为亟待解决的重大课题。

（二）年龄结构不合理

依据2022年度《中国教育统计年鉴》，全国高职院校专任教师年龄结构的详尽面貌已在表3-1中得以清晰展现。透过表3-1的数据透视，可以直观洞察到2022年高职院校教师队伍的年龄分布格局：青年教师群体（40岁以下）占据了教师队伍的半壁江山，比例高达56.609%，其中尤为引人注目的是35岁以下教师，占比37.338%；处于40至49岁这一年龄段的教师，占比为26.845%；而50岁及以上年龄段的教师，则仅占教师总数的16.546%。这一数据揭示了一个鲜明的趋势：中青年教师已成为当下高职院校教师队伍的中坚力量，而老年教师的数量则相对处于较低水平。

这一年龄结构的形成与我国职业教育发展历程相对较短有着密切关联。青年教师凭借其思想开放、接纳新知能力强、精力旺盛且充满活力的特质，为教学领域引入了新颖的理念与方式。他们更擅长捕捉学生的新需求，与学生建立起积极的互动桥梁，为学校的教学改革进程增添了新的活力与驱动力。这无疑对高职教育的创新发展产生了积极的推动作用。然而，这一年龄结构同时也揭示了一些潜在挑战。青年教师因相对缺乏深厚的教学经验和充分的实践锻炼，在面对复杂多变的教学场景时，可能会感到应对起来较为吃力。相比之下，老年教师虽然在体力与精力上可能稍逊一筹，但他们长期积累的教育与教学智慧却是一笔珍贵的资源。老年教师不仅能够为青年教师的成长提供指导，还能传承卓越的教学传统，对青年教师的职业发展具有深远影响。

表3-1 高职教师年龄分布情况

年龄/岁	<30	30~34	35~39	40~44	45~49	50~54	55~59	≥60	小计	权重
正高级/人	2	19	415	2859	5193	8645	11125	1462	29720	4.797%
副高级/人	76	2291	20678	40998	29047	28901	26152	1871	150014	24.214%
中级/人	8949	54135	71468	53465	20386	13827	7417	213	229860	37.103%
初级/人	43870	41184	17872	6755	2645	1092	606	16	114040	18.408%
未定级/人	57393	23401	8952	3503	1461	602	465	110	95887	15.478%
小计/人	110290	121030	119385	107580	58732	53067	45765	3672	619521	1
权重	17.802%	19.536%	19.271%	17.365%	9.480%	8.566%	7.387%	0.593%	1	

注：本数据参考2022年度《中国教育统计年鉴》所得。

（三）学历结构分析

教师队伍的学历构成是衡量其学术造诣与专业知识积淀的关键要素，直接映射出教师队伍的整体素质及教学能力的高低。教师的学历层次不仅直接关系到其专业素养与教学能力的强弱，更在深层次上影响着学生的学习成效及整体教学质量的塑造。

拥有高学历的教师，往往具备更为深厚的专业理论功底与更为宽广的知识领域，能够为学生提供更为深刻、全面的知识传授，进而提升学生的学习成效。同时，这类教师在科研探索与教学创新方面通常展现出更大的潜力与更为广阔的发展空间，是推动学校教学改革与科研前行的重要驱动力。

依据 2022 年我国高职教师学历和职称分布情况统计（本级人数包括接受过本级教育但未取得学位证书的教师）数据，我国高职教育领域的教师队伍在学历结构上展现出了以下鲜明特征：本科及以上学历的专任教师占据了极高的比例，达到了 99.0%，其中，博士学历教师占比为 2.6%，硕士学历教师则占比 54.0%。这一数据有力地证明，高职院校专任教师学历水平不达标的问题已经得到了显著改善，教师队伍的整体素质显著提升。

然而，尽管高职院校教师队伍的学历结构整体表现良好，但仍存在某些不足之处。具体而言，博士学历的教师数量相对较少，这在某种程度上制约了学校在高端科研领域与教学创新方面的发展潜力。此外，根据《中华人民共和国教师法》的相关规定，取得高等学校教师资格，应当具备研究生或者大学本科毕业学历，但值得注意的是，高职教师队伍中仍有少数专任教师尚未达到这一法定要求（从表 3-2 中可以看出）。

表 3-2 高职教师分学历、分职称统计情况

职称	人数及比例	博士	硕士	本科	专科	高中	小计
正高级/人	人数/人	3491	14719	11406	98	6	29720
	比例	0.0056	0.0238	0.0184	0.0002	0.0000	0.048
副高级/人	人数/人	5955	80280	62985	763	31	150014
	比例	0.0096	0.1296	0.1017	0.0012	0.0001	0.242

续表

职称	人数及比例	博士	硕士	本科	专科	高中	小计
中级/人	人数/人	5150	136056	86870	1708	76	229860
	比例	0.0083	0.2196	0.1402	0.0028	0.0001	0.371
初级/人	人数/人	237	56692	55597	1474	40	114040
	比例	0.0004	0.0915	0.0897	0.0024	0.0001	0.184
未定级/人	人数/人	1267	46947	45810	1783	80	95887
	比例	0.0020	0.0758	0.0739	0.0029	0.0001	0.155
小计	人数/人	16100	334694	262668	5826	233	619521
	比例	0.026	0.540	0.424	0.0094	0.0004	1.0000

注：本数据参考2022年度《中国教育统计年鉴》所得。

（四）职称结构分析

在高等职业院校中，教师队伍的职称构成是衡量其教学实力与学术造诣的重要标尺，它凸显了教师队伍的层次分明与专业性特色。一个科学合理的职称构成能够激发教师不断精进教学与科研技能的动力，从而带动教师队伍整体素质的跃升。确保各级职称教师保持恰当的比例至关重要，这有利于维护教师队伍的稳定性与蓬勃活力，并确保每个职称层级的教师都能获得应有的关注与成长机遇。

当前，我国高职院校专任教师职称结构的概况呈现如下特征：高职院校中正高级职称教师的数量相对偏少，相比之下，中级职称教师群体则显得较为庞大。

职称结构的不合理性已成为制约高职院校教师队伍整体素质提升的关键因素。在教师队伍中，高级职称教师，尤其是正高级教师，扮演着至关重要的示范与引领角色，他们凭借丰富的教学经验和卓越的学术成就，能够有效激发其他教师的成长动力和专业追求。然而，当前高职院校面临的一个突出问题是正高级教师比例相对较低，这一现状削弱了教师队伍的引领力量，不利于整体教学水平和科研能力的提升。与此同时，中级职称教师在教师队伍中占据了较大比例，这在一定程度上反映了这部分教师在职业生涯发展和学术深造上面临的困境与挑战。中级职称教师可能处于职业发展的关键阶段，亟须更多的资源支持、发展机会和激励机制，以帮助他们突破现有的瓶颈，实现向更高职称层次的跃升。

因此，调整并优化职称结构，成为提升高职院校教师队伍整体素质、激活教师队伍潜能的关键一环。为达成这一目标，高职院校应采取以下策略：首要任务是加大对高级职称教师的吸纳与培育力度，致力于提升正高级教师在教师队伍中的占比；其次，应强化对中级职称教师的专业发展与指导，助力他们在教学与科研领域取得更大进步，以期获得更高职称的晋升；再者，完善职称评审体系，确保评审流程公正无私、透明公开，为教师的职业进阶营造公平的竞争舞台；最后，加强对尚未获得职称教师的关注与管理，激励他们积极投身于教学与科研实践，不断提升自我。这些举措的落实，将有力推动高职院校教师队伍整体素质的跃升，为学校的可持续发展提供坚实的人才支撑。

二、教师能力与素质差异显著

高职教师作为职业教育体系的中坚力量，其能力素质的高低直接影响着教学质量和学生的职业发展前景。尽管高职教师队伍中不乏佼佼者，但总体来看，教师素质参差不齐，教学能力尤其是实践教学能力有待提升。这一问题主要体现在以下几个方面：

（一）教学思想老化，缺乏时代适应性

部分高职教师依然固守着"教师为主导"的传统教学思想，将自己视为知识的单方面传递者，而未能充分认识到学生是学习活动的核心主体。他们在开展教学活动时，过度依赖传统的讲授方式，有时仅仅是对教材内容进行机械式的复述，却忽略了对学生独立思考能力和问题解决技巧的培育。这种陈旧的教学思想不仅制约了学生实践技能的成长和创新精神的激发，也对其综合素养的全面提升构成了障碍。

（二）教学手段刻板，欠缺新颖互动策略

部分高职教师在教学手段的运用上显得颇为单调，全程采取讲授模式几乎

成了固定流程，与学生的实质性互动极为匮乏。他们未能深入挖掘并有效运用诸如案例教学、项目式教学等更贴合高职学生特性的教学策略，致使课堂氛围显得压抑，难以有效地点燃学生的学习激情。此外，互动环节的缺失也让学生难以真正融入教学过程之中，进而对教学效果的实现构成了严重阻碍。因此，亟须强化教师在教学手段上的创新与多元化，提升与学生的互动质量，以应对这一问题。

（三）实操经历缺失，专业技能有待提升

高职教育始终秉持着理论与实践并重的教育理念，然而，部分高职教师在实践经验的积累上存在着显著的不足。例如，有的教师直接从学术环境过渡到教育岗位，即大学毕业后直接迈上讲台，缺乏在企业或相关行业中的实际工作经历。以建筑工程类专业为例，如果教师未曾亲临工地一线进行实践锻炼，那么他们在传授实际操作技巧及注意事项时便难以做到精准无误，这无疑会影响到学生实践能力的培养。学生在校期间若无法获得足够的技能训练，其就业竞争力也会相应地被削弱。

（四）整合现代教育技术能力有待提升

在高职教育领域，现代教育技术等已得到广泛应用，然而，许多高职教师在运用这些技术时仍显得不够熟练，难以充分发挥这些技术在提升教学效果方面的潜力。尽管网络上充斥着大量高质量的课程视频、虚拟仿真实验资源等优质教学资源，但教师在实际教学中整合这些资源的频率并不高，导致教学内容相对单一，缺乏多样性。在多媒体教学层面，部分教师仅仅将 PPT 视为一种文字展示手段，未能深入挖掘其在动画演示、交互设计等方面的丰富功能。至于虚拟现实（VR）、增强现实（AR）等前沿教育技术在教学中的实际应用，他们更是了解有限，难以为学生提供更具沉浸感和互动性的学习体验，从而在一定程度上影响了教学效果的进一步提升。

（五）专业知识更新缓慢，持续学习能力需强化

随着科技的迅猛发展，知识更新的速度日益加速，高职教育领域也不断涌

现出新的知识和技术。然而，部分教师，尤其是年长的教师，学习动力稍显不足，难以紧跟时代步伐，及时更新自己的专业知识。在教学过程中，他们往往依赖于旧有的知识储备，难以将最新的行业动态和技术进展融入课程内容之中。这不仅削弱了学生的学习兴趣，也对其未来的职场竞争力产生了不利影响。

（六）科研实力有待增强

高职教师的科研实力是衡量其专业素养的关键指标之一。然而，部分教师缺乏科研热情、科研经验不足，导致其在科研项目中的参与度不高，科研成果也相对匮乏。即使有教师涉足科研领域，也往往与教学实践相脱节，难以实现科研成果向教学资源的有效转化。例如，一些教师过于偏重理论层面的研究，而忽视了将科研成果融入课程内容与教学案例，未能充分利用科研成果来反哺教学，这不仅阻碍了教师自身的学术进步，也限制了他们在教学领域的创新与探索空间。

（七）教育创新潜能亟待挖掘

面对社会多元化发展的迫切需求，高职教育亟须注入持续的创新活力。然而，部分教师在创新领域的表现略显乏力，难以与时代同步。在教学模式的探索道路上，他们拘泥于传统的课堂讲授模式，对项目式教学、翻转课堂等创新教学模式持观望态度，即便偶有涉猎，也因创新潜能未能充分释放，难以针对课程特色和学生实际进行精准的教学设计，导致这些创新教学模式的优势未能得到应有的彰显。在教育评价体系的构建上，他们往往仅依赖考试成绩这一单一片面的指标来评判学生的学习成效，未能构建出一个多元化、多维度的评价体系来对学生进行全面、客观且科学的评估。

（八）职业发展规划意识淡薄

很多高职教师缺乏对自己职业生涯的系统规划。例如，一些教师没有明确的职业发展目标，在教学和科研工作中随波逐流，不注重自身能力的持续提升。他们往往没有制定短期和长期的发展计划，如在提升学历、参加专业培训、获取相关职业资格证书等方面缺乏主动性，导致工作动力不足、职业倦怠感增强。

这不仅影响了教师个人的职业成长，也影响了教学质量的提升和学校的整体发展。

（九）团队协作与沟通能力不足

在高职教育中，很多项目和课程需要教师团队共同协作完成，如课程体系的构建、综合实训项目的设计等。然而部分高职教师缺乏团队协作与沟通能力，具体表现为：在课程开发时，不能很好地与其他教师进行课程内容的衔接与整合，各自为政，导致课程体系缺乏连贯性和系统性。例如，在一些跨专业的实训课程开发中，不同专业背景的教师难以达成共识，无法有效融合不同专业知识与技能，影响实训课程的教学效果。在团队教研活动中，不能够积极主动地分享自己的教学经验和见解，也不愿意倾听他人的意见，使得教研活动流于形式，无法达到提升整体教学质量的目的。

（十）国际化视野不足

随着经济全球化和教育国际化的加速推进，高职教育的国际化已成为提升教育质量和竞争力的重要方向。然而，许多高职教师在国际化视野方面存在明显短板：一是国际化理念薄弱。在学校积极倡导教育国际化、制定国际化发展战略的背景下，部分教师参与度低，缺乏积极态度和行动，制约了高职教育国际化的顺利开展。二是有留学背景的教师占比低。与国内外著名大学相比，高职教师的国际化比例明显偏低，尽管近年来高职院校加大了教师出国培养的力度，但仍存在较大差距。三是对国际职业教育标准和发展趋势了解不足。部分教师难以将国际先进的职业教育理念、课程标准和教学方法引入教学中，导致在与国际企业合作办学时，难以培养出符合国际标准的技术技能人才。四是国际化教学能力不足，特别是在双语及国际课程教授方面。自身语言能力受限和国际教学实践经验缺乏，导致部分教师在用外语流利传授专业知识及进行有效交流上存在困难，这在一定程度上阻碍了学生国际化视野的拓展及国际竞争力的增强。因此，当前高职教育改革的重要一环便是强化教师的国际化素养培育，拓宽他们的国际化视野，从而提升其教学能力。

三、教师评价机制尚待完善

教师评价是教育体系中一个至关重要的组成部分，对于提升教师管理水平、构建高质量的教师队伍具有举足轻重的作用。然而，当前高职教师评价体系存在诸多亟待完善之处，这对教师质量的提升及教学质量的改进构成了不小的阻碍。

（一）评价主体多元化不足

在现有的高职教师评价体系中，评价主体主要集中于学校管理层、学生和同行，而企业等其他关键利益相关者的参与度明显不足。学校管理层往往从行政管理的角度出发进行评价，可能因缺乏对教学一线的深入了解而导致评价结果与实际情况产生偏差。学生评价虽然能在一定程度上反映教学效果，但受限于自身知识水平和评价能力，往往带有一定的主观性和片面性。例如，过分关注教师的教学风格而忽视教学内容的深度和广度。同行评价虽然有其独特的价值，但受到评价管理机制不合理、同行间竞争关系等因素的影响，往往难以实现真实、全面的评价。更为关键的是，企业作为高职教育的直接受益者和市场需求方，在教师评价中的缺失使得教师难以准确把握市场对人才培养的具体要求，从而导致教学内容和方法与市场需求严重脱节。

（二）评价指标体系不健全

传统的高职教师评价体系过度偏重于教学成果的某些具体且显性的方面，如学生的考试成绩、论文发表的数量等硬性指标，而严重忽略了高职教育本身所具备的特殊性，以及它对职业技能培养的重要性。这种单一化、片面化的评价指标体系，常常将教师束缚在既定的统一教学模式和科研框架内，难以充分展现和发挥他们各自独特的专业特长，以及宝贵的创新能力，从而在一定程度上抑制了教育教学的多样性和创新性。

（三）评价方法缺乏科学性

当前高职教师的评价方法在科学性方面存在显著的不足，具体表现为过分强调最终的结果而严重忽视了过程中的细节和变化，同时缺乏必要的动态性和灵活性。这些问题不仅导致评价结果无法全面、准确地反映教师的实际教学质量和专业能力，还使得教师在教学过程中的努力和付出得不到应有的认可和肯定，进而影响了他们的工作积极性和职业成就感。

第二节　高职院校“双师型”师资队伍建设的实践分析

在职业教育体系内，教师承担着教学活动组织与实施的重要职责，是达成人才培养目标、提升教育质量的关键要素。高职院校作为培育高素质技术技能人才的核心基地，其教育质量的高低，直接决定了能否为区域经济发展提供足够数量且符合要求的技术技能人才，进而对产业升级和社会进步产生深远影响。而在高职教育中，“双师型”教师这一兼具深厚理论教学能力与丰富实践指导能力的特殊群体，发挥着不可替代的重要作用。

从理论教学层面来讲，“双师型”教师凭借丰富的行业实践经验，能够将专业理论与实际案例结合，以具象化的方式解析抽象知识，帮助学生理解理论的应用场景，同时根据岗位需求动态调整教学内容，为实践技能培养提供针对性支撑。他们凭借深厚的理论功底，引导学生深入探究专业原理，提高学生分析问题与解决问题的能力，让学生不仅掌握知识的表面内容，更能深入理解其内在逻辑，做到既“知其然”又“知其所以然”。在实践教学环节，“双师型”教师凭借在企业或行业一线积累的丰富实践经验，将实际工作场景与项目案例引入教学过程，指导学生开展技能操作训练。学生在实际操作过程中，能够熟悉行业规范、掌握关键技术要领，从而实现理论知识与实践操作的无缝衔接。这种理论与实践深度融合的教学模式，有助于全面提升学生的综合职业能力，使学生毕业后能够迅速适应工作岗位的要求，成长为企业所青睐的高素质技术技能人才。

当下，我国职业教育迎来了快速发展的关键阶段，一系列政策文件的陆续颁布，为职业教育的发展明确了道路，同时也突出了“双师型”师资队伍建设的紧迫性。"职教20条"清晰规定，到2022年，"双师型"教师在专业课教师群体中的占比要超过50%。随着我国经济结构的深度调整与产业升级进程的加快，新兴产业持续涌现，传统产业也在加速变革。在此形势下，市场对技术技能人才的需求愈发呈现出多元化、高层次的特点。高职院校作为技术技能人才培养的核心力量，必须紧密贴合产业发展趋势，及时调整专业布局，优化人才培养方案。而要达成这一目标，建设一支高素质的"双师型"师资队伍是关键所在。只有"双师型"教师能够精准掌握行业动态与企业需求，将新技术、新工艺、新规范融入教学体系，从而培养出契合市场需求的创新型、复合型技术技能人才。

然而，教师来源途径相对狭窄、企业实践经验欠缺、教师培养培训机制不够健全、激励机制不完善等问题极大地限制了"双师型"师资队伍的发展与壮大。所以，深入探究高职院校"双师型"师资队伍建设的策略，对于提升高职教育质量、推动职业教育实现高质量发展具有重要的现实意义。

一、"双师型"教师的定义与重要性

（一）"双师型"教师的定义

"双师型"教师是职业教育领域中一类兼具独特素质与能力的教育者群体。从内涵上看，他们不仅拥有深厚的专业理论功底，在所教授学科领域具备系统、扎实的专业知识体系，能够精准把握专业理论的前沿动态与核心要点，为学生构建起坚实的理论大厦，使学生深入理解专业知识的内在逻辑与原理，而且还具备丰富的实战经验，长期参与企业生产、管理、技术服务等一线工作，熟悉行业实际运作流程、技术标准与规范，能够敏锐捕捉行业发展的最新趋势与需求变化。

在资质层面，"双师型"教师往往具有高学历背景，经过系统、规范的学术训练，具备较高的学术素养与研究能力，这为他们在专业理论层面的深入钻研与创新提供了坚实支撑。同时，他们持有相关行业的职业资格认证，这些认证是对其专业技能水平与职业能力的高度认可，标志着他们在特定行业领域具备独立开展工作、解决实际问题的能力。

在教学实践中，“双师型”教师最为突出的特质是能够将理论与实践紧密结合。他们善于将抽象的专业理论知识转化为生动、具体的实践案例，借助项目式教学、案例教学、现场教学等多元教学方法，引导学生把所学理论知识运用到实际问题的解决中，达成知识的内化与灵活迁移，进而培育出既有深厚专业根基又有较强实践能力的复合型技术技能人才。

（二）“双师型”教师的重要性

（1）紧密追踪行业态势，保障教学内容的实时性与前瞻性。当下科技发展日新月异，产业更新换代不断加快，行业动态时刻处于变化之中，新技术、新工艺、新规范持续涌现。“双师型”教师依托自身丰富的企业实践经历及广泛的行业人脉，能够迅速且精准地捕捉这些动态变化，并将其巧妙融入教学内容。他们把企业的实际项目、真实发生的案例引入课堂，让学生接触到行业最先进的技术与理念，洞悉行业发展走向与市场需求，防止教学内容与实际状况相脱离，确保学生所学的知识与技能能够切实契合行业实际需求，为学生的未来职业发展筑牢根基。

（2）提升学生实践能力与创新素养，培育高水平技术技能人才。“双师型”教师在开展教学活动时，重视实践教学环节的规划与实施。通过模拟企业生产环境、组织项目实训、开展校企合作等方式，为学生提供大量亲自动手操作、解决实际问题的机会。在实践教学环节里，他们既能指导学生精准掌握正确的操作技巧与方法，又能引领学生运用所学理论知识分析问题、解决问题，培养学生的实践操作能力、团队协作意识及问题处理能力。与此同时，“双师型”教师依托自身创新思维与丰富实践经验，激励学生挣脱传统思维束缚，大胆探索新技术、新方法，唤醒学生的创新意识并提升其创新能力，从而培育出兼具创新精神与实践能力的高水平技术技能人才，以契合企业对创新型人才的急切需求。

（3）推动校企合作，促进产教深度融合。“双师型”教师是高职院校与企业之间的桥梁与纽带。他们凭借在企业的工作经历与行业影响力，能够深入了解企业的技术需求、人才需求与发展战略，为企业提供技术研发、员工培训、管理咨询等方面的服务，帮助企业解决实际生产中的技术难题，提升企业的核心竞争力。

在技术研发方面，"双师型"教师结合学校专业优势和企业实际需求，与企业联合开展科研项目攻关，将学校的科研成果转化为实际生产力，推动企业技术创新和产品升级。例如，某高职院校的"双师型"电子信息专业教师与当地一家电子企业合作，共同研发新型智能家居控制系统，教师将学校在物联网技术、人工智能算法等方面的科研成果应用于项目中，企业提供生产场地、设备和资金支持，双方优势互补，成功开发出具有市场竞争力的新产品，实现了产学研深度融合。

在员工培训方面，"双师型"教师根据企业的岗位需求和员工技能水平，为企业量身定制培训课程，开展针对性的技能培训和管理培训，提高企业员工的业务能力和综合素质。他们将学校的教学资源和企业实践经验相结合，采用案例教学、现场教学等灵活多样的教学方法，使员工在培训过程中能够快速掌握实用的技能和知识，为企业的发展提供人才保障。

同时，"双师型"教师积极将企业的生产项目、技术需求引入学校教学与科研工作中，推动学校专业设置与产业需求对接、课程内容与职业标准对接、教学过程与生产过程对接。他们参与学校专业人才培养方案的制定与修订，根据企业岗位需求调整课程设置和教学内容，使学校的专业教学更加贴近企业实际。通过校企合作共建实训基地、开展订单式培养等方式，促进校企合作从浅层次的实习实训合作向深层次的产学研合作转变，实现产教深度融合，为职业教育高质量发展营造良好的外部环境。

"双师型"教师以其全面而卓越的素质与能力，在职业教育领域发挥着不可替代的作用，是职业教育紧跟行业发展、提升人才培养质量、促进产教融合的核心动力，对于实现职业教育高质量发展、服务国家经济社会发展战略具有重大且深远的意义。

二、高职院校"双师型"师资队伍建设面临的挑战

近年来，国家对职业教育的扶持力度持续加大，促使高职院校在"双师型"师资队伍的建设上迈出了坚实步伐。统计数据显示，高职院校的"双师型"教师已超过60%，更有部分高职院校"双师型"教师的比例已突破85%大

关。师资队伍的结构日益优化，中青年教师正逐步成为教学的核心力量，拥有高级职称的教师比例亦在稳步上升。此外，高职院校广泛采纳专兼职结合的教师配置模式，这一举措极大地激发了师资队伍的活力与创新潜能。然而，尽管“双师型”师资队伍的建设已初见成效，但仍需直面诸多亟待解决的难题与挑战。

（一）认定标准问题

“双师型”教师认定标准作为衡量教师是否具备“双师”素质的关键依据，其科学性与合理性直接关系到师资队伍建设的成效。然而，当前高职院校“双师型”教师认定标准在多个方面存在不足，给师资队伍的规范化、专业化建设带来了诸多阻碍。

1. 缺乏统一规范，各地方和学校标准差异大

目前，我国尚未出台全国统一的“双师型”教师认定标准，尽管教育部在2022年已颁布了《职业教育“双师型”教师基本标准（试行）》，但这一标准仅作为认定工作的指导性框架，并未进一步细化成统一且正式的“双师型”教师认定规范。各地方教育主管部门和高职院校在这一基本标准的基础上，根据自身理解与实际需求，各自制定认定办法。这种分散式的认定模式导致不同地区、不同学校之间的认定标准存在显著差异。

从地域层面看，经济发达地区与欠发达地区在认定标准上呈现出不同的侧重点。经济发达地区由于产业升级快、技术更新频繁，对“双师型”教师的实践能力要求更高，在认定标准中可能更加强调教师的企业项目经验、行业技术认证及技术创新成果。例如，在长三角、珠三角等地区的部分高职院校，要求“双师型”教师近三年内必须参与过至少一项企业实际研发项目，并取得一定的经济效益或社会效益。而经济欠发达地区受产业结构和经济发展水平限制，在认定标准上可能更侧重于教师的学历背景和基本职业资格证书，对实践能力的考核相对宽松。

在学校层面，不同类型、不同层次的高职院校也有着各自独特的认定标准。示范性高职院校为了提升自身的核心竞争力，往往在认定标准上设定更高的门

槛，不仅要求教师具备扎实的专业理论知识和丰富的企业实践经验，还对教师的科研能力、社会服务能力等方面提出了严格要求。例如，一些国家级示范性高职院校规定，"双师型"教师必须在核心期刊上发表一定数量的专业论文，或主持省级以上科研项目。而一些普通高职院校由于师资力量相对薄弱，在认定标准上可能更注重教师的实际教学效果和学生的满意度，对教师的科研和实践能力要求相对较低。这种认定标准的差异，使得"双师型"教师的认定结果缺乏可比性，不利于师资队伍的整体质量提升和区域间的均衡发展。

2. 专业类别划分不够精细，难以准确反映教师专业特长

职业教育涵盖众多专业领域，不同专业对教师的专业理论和实践能力要求存在明显差异。这些差异不仅体现在不同专业大类之间，同一大类下的细分专业也各有特色。然而，当前"双师型"教师认定标准在专业类别划分上较为粗放，难以适应职业教育专业多样性的需求。

在专业大类划分上，通常只是按照教育部颁布的专业目录进行大致分类，缺乏对细分专业领域的深入研究和精准定位。这种粗放的分类方式使得认定标准无法精准反映各专业的独特要求，从而影响了对"双师型"教师的准确评价。

例如，建筑工程、建筑电气、城乡规划等专业虽然同属一个专业大类，但在具体的教学内容、实践技能要求和企业用人标准上却存在很大不同。建筑工程专业更注重建筑结构设计、施工技术、工程管理等方面的知识和技能。该专业的教师需要具备扎实的力学基础，能够熟练运用建筑设计软件进行结构建模和分析，同时还需掌握施工现场的组织与管理流程，了解工程质量控制和安全管理的要点。在实践方面，教师应具备丰富的施工经验，能够指导学生进行实际的工程测量、施工工艺操作等实践活动。建筑电气专业则侧重于电气系统设计、智能建筑技术、电气设备安装与调试等专业技能。教师需要熟悉电气原理、电路设计和自动化控制技术，掌握智能建筑系统的集成与管理方法。在实践教学中，教师要能够引导学生进行电气设备的选型、安装和调试，培养学生解决实际电气问题的能力。

但现有的认定标准往往将这类专业笼统地归为一类，采用相同的认定指标

和考核方式。这种"一刀切"的做法忽略了不同专业的本质差异，难以准确衡量不同专业教师的真实素质。建筑工程专业教师可能在施工实践经验和工程管理能力方面有突出表现，但按照统一标准考核时，其优势可能无法得到充分体现；而建筑电气专业教师在电气技术和智能建筑领域的专长，也可能因考核指标缺乏针对性而被忽视。

综上所述，当前"双师型"教师认定标准在专业类别划分上的不足，制约了职业教育教师队伍的专业化发展。为了提高认定标准的科学性和精准性，有必要对细分专业领域进行深入研究，制定更加符合各专业特点的认定指标和考核方式，以充分发挥"双师型"教师在职业教育中的重要作用。

3. 认定标准模糊，与"双师型"教师特质不匹配

"双师型"教师的核心特质在于兼具深厚的专业理论功底和丰富的实践经验，能够将理论与实践紧密结合。但目前部分认定标准在内容设定上过于笼统、模糊，未能准确把握"双师型"教师的这一本质特征。

在理论素养方面，认定标准虽然对教师的学历、学位、专业课程学习成绩等方面有一定要求，但这些指标难以全面、深入、准确地反映教师专业理论知识的深度和广度。例如，一些学校仅以学历和学位作为衡量教师理论水平的标准，忽略了教师在实际教学过程中对专业理论的深入理解和灵活运用能力。一些学校要求申报教师"具有扎实的理论基础"，但在实际操作中却没有衡量"扎实的理论基础"的具体措施；一些教师虽然拥有较高的学历，但在教学中却无法将复杂的理论知识以通俗易懂的方式传授给学生，导致教学效果不佳。

在实践能力方面，认定标准对教师企业实践经历、职业资格证书等方面的规定存在诸多漏洞。部分地区和学校将教师是否持有相关职业资格证书作为认定"双师型"教师的唯一或主要依据，而忽视了证书的获取方式、有效期限以及与所教专业的关联性。一些教师通过短期培训或考试突击获得职业资格证书，但并未真正掌握相应的实践技能，无法将证书所代表的职业能力应用到教学中。一些学校将"参与学校实验实训（基地）的日常管理工作"作为实践经历。据调查，很多高职院校的实训室日常管理工作人员只是简单地管理工作，并不参与学生的实训过程指导。此外，对于教师企业实践经历的考核，往往只注重实

践时间的累积，而缺乏对实践内容、实践效果，以及实践与教学结合程度的深入评估，导致一些教师虽然有企业实践经历，但在教学中仍无法有效地将实践经验传授给学生。

4. 认定程序不科学，缺乏有效的实践能力考察

科学合理的认定程序是确保"双师型"教师认定结果公平、公正、公开的重要保障。然而，当前"双师型"教师认定程序在实践能力考查环节存在明显不足，影响了认定结果的准确性和权威性。

在实践能力考查方式上，多数认定程序主要依赖教师提交的书面材料，如企业实践报告、项目成果证明等，缺乏对教师实践操作能力的现场考核。这种考查方式存在一定的片面性，可能导致一些实践能力不足的教师也能通过审核进入教师队伍。教师提交的书面材料可能存在夸大、虚假等情况，仅通过材料审核难以判断教师实践能力的真实水平。例如，一些教师在企业实践报告中声称参与了某大型项目，但在实际考查中却无法清晰阐述自己在项目中的具体职责、所运用的技术方法及取得的成果，这反映出书面材料审核方式的局限性。

在实践能力考查主体方面，缺乏企业行业专家的深度参与。认定工作通常由学校内部的教育专家和行政人员主导，他们对行业实际需求和企业用人标准的了解相对有限，难以从专业角度准确评估教师的实践能力是否符合企业要求。行业专家作为实践领域的权威代表，对行业技术发展动态、企业生产流程和岗位技能需求有着深入的了解，他们的参与能够使实践能力考查更加贴近实际、更具针对性。然而，目前认定程序中企业行业专家的参与程度较低，导致实践能力考查结果与行业实际需求脱节。

此外，认定程序缺乏有效的动态跟踪和反馈机制。"双师型"教师的素质和能力是一个不断发展变化的过程，需要定期进行复审和评估。但目前的认定程序大多是一次性的，认定通过后缺乏对教师后续实践能力提升情况的持续关注和考核。即使教师在认定后实践能力出现下滑或无法满足教学需求，也缺乏相应的退出机制，导致"双师型"师资队伍的整体质量难以得到有效保障。

高职院校"双师型"师资队伍构建在认定标准方面面临着诸多挑战，亟待

建立全国统一、科学合理、精细专业、注重实践能力的认定标准体系，以推动“双师型”师资队伍建设的规范化、专业化和可持续发展。

（二）教师实践经验和技能不足

在高职教育致力于培养高素质技术技能人才的大背景下，“双师型”教师作为核心力量，其实践经验和技能水平直接影响着人才培养的质量。然而，当前高职院校“双师型”师资队伍在实践经验和技能方面存在诸多亟待解决的问题。

1. 教学模式固化单调，缺乏创新意识

部分高职教师长期受传统教育观念和教学模式的束缚，在教学过程中习惯于采用“满堂灌”的方式，以教师为中心，注重理论知识的单向传授，忽视了学生的主体地位和实践能力的培养。在实践教学中，这种固化模式表现为按部就班地按照既定步骤进行操作演示，学生机械地模仿练习，缺乏自主探索和创新实践的空间。例如，在一些工科专业的实践课程中，教师只是按照教材上的实验步骤，详细讲解每一个操作环节，然后让学生按照示范进行重复操作。学生虽然在实验过程中能够完成既定的任务，但往往对实验原理的理解不够深入，缺乏独立思考和解决问题的能力。这种单调的教学模式使得课堂氛围沉闷，学生的学习积极性和主动性受到严重抑制，难以培养出具有创新精神和创新能力的技术技能人才。同时，教师缺乏对新的教学模式和方法的研究与应用。随着信息技术的飞速发展，线上线下混合式教学、项目式教学、案例式教学等创新教学模式不断涌现，这些模式能够有效激发学生的学习兴趣，提高学生的实践能力和创新能力。但许多高职教师由于缺乏创新意识和学习动力，对这些新的教学模式了解甚少，更谈不上在实际教学中加以应用，导致教学方法滞后于时代发展，无法满足现代职业教育对人才培养的要求。

2. 专业技能与教学理论失衡，来源多样导致差异

高职教师的来源渠道较为广泛，包括从高校应届毕业生中直接招聘、从企业引进技术骨干等。这种多元化的来源使得教师在专业技能和教学理论方面存在明显的失衡现象。

从高校毕业的年轻教师，通常具有扎实的专业理论知识，接受了系统的高等教育，在学科前沿知识方面具有一定的优势。然而，他们大多缺乏企业实践经历，对行业实际需求和生产工艺流程了解不足，在教学过程中容易出现理论与实践脱节的情况。例如，在讲解一些抽象的专业概念和理论时，他们往往只能从书本上进行解释，无法结合实际案例进行深入剖析，导致学生难以理解和掌握。相反，从企业引进的技术骨干虽然具备丰富的实践经验和精湛的专业技能，熟悉行业最新技术和企业生产实际，但他们在教育教学理论和方法方面相对薄弱。由于缺乏系统的师范教育训练，他们在教学设计、课堂组织、学生评价等方面存在诸多不足，难以将自身的实践经验有效地传授给学生。此外，由于教学任务与企业工作在时间安排和要求上存在差异，部分企业引进的教师可能难以适应学校的教学节奏和管理模式，影响教学效果。这种专业技能与教学理论的不平衡，导致教师在教学过程中难以实现两者的有机融合。部分教师要么过于注重理论知识的传授，忽视了学生的实践操作能力培养；要么过于强调实践技能训练，缺乏对专业理论的深入讲解，使得学生无法构建起完整的知识体系，影响了学生的综合素质提升和职业发展潜力。

3. 实践教学指导能力不足，课程规划不合理

实践教学是高职教育培养学生实践能力和职业素养的关键环节，而教师的实践教学指导能力直接影响着实践教学的质量。然而，目前部分高职教师在实践教学指导方面存在明显的能力短板。一些教师缺乏对实践教学的系统研究和深入理解，在实践教学过程中，不能根据教学目标和学生的实际情况，制定科学合理的教学计划和指导方案。在指导学生进行实践操作时，往往只是简单地告知学生操作步骤和注意事项，缺乏对操作原理、技术要点和常见问题的详细讲解，导致学生在实践过程中遇到问题不知如何解决，只能依赖教师的直接帮助，无法真正掌握实践技能。此外，教师在实践教学方法的选择上也较为单一，大多采用传统的示范-模仿教学法，缺乏对学生自主学习能力和创新能力的培养。例如，在一些电子工艺实训课程中，教师只是按照既定的电路板焊接流程进行示范，然后让学生按照示范进行焊接，没有引导学生思考如何优化焊接工艺、提高焊接质量，也没有鼓励学生尝试不同的焊接方法和技巧，限制了学生

的创新思维和实践能力的发展。

在课程规划方面，部分高职教师未能充分考虑实践教学与理论教学的有机衔接，以及实践教学体系的整体性。实践教学课程与理论教学课程之间缺乏有效的配合与呼应，导致学生在学习过程中出现知识断层。例如，在机械制造专业中，理论课程先讲解了机械制图、机械原理等基础知识，但实践教学课程却没有及时跟进相关的制图软件操作和机械零件加工实训，使得学生在学习理论时缺乏直观的认识，在实践时又无法将所学理论知识应用到实际操作中。同时，实践教学课程之间也缺乏层次性和递进性，内容安排不合理，存在重复或脱节现象，无法满足学生实践能力逐步提升的需求。

4. 缺乏企业实践经验，对行业实际了解不够深入

企业实践经验是“双师型”教师的重要特质之一，但当前许多高职教师由于缺乏在企业实际工作的经历，对行业发展的最新动态、企业的生产流程、岗位技能需求及行业规范和标准等方面了解不够深入。

部分教师长期脱离企业生产一线，仅仅通过一些短期的企业参观、调研活动来了解行业情况，这种走马观花式的了解方式难以让教师真正掌握企业的实际需求和技术发展趋势。例如，在一些新兴产业领域，技术更新换代迅速，企业的生产模式和岗位技能要求也在不断变化。如果教师不能及时深入企业进行实践锻炼，就无法将行业最新的技术、工艺和管理理念融入教学中，导致教学内容与行业实际严重脱节。

由于对行业实际了解不足，教师在教学过程中难以提供与行业接轨的实践项目和案例。学生所学知识和技能无法满足企业的实际用人需求，毕业后进入企业需要花费大量的时间和精力进行二次培训，增加了企业的用人成本，也降低了学生的竞争力。同时，教师缺乏企业实践经验，也使得他们在指导学生进行职业规划和就业指导时缺乏针对性和实用性，无法为学生提供有效的职业发展建议。

5. 行业动态认知滞后，难以及时更新教学内容

在科技飞速发展、产业不断升级的时代背景下，行业动态日新月异，新技术、新工艺、新材料、新设备层出不穷。然而，部分高职教师由于缺乏对行业

动态的持续关注和深入研究，认知存在明显滞后，导致教学内容更新不及时，无法适应行业发展的需求。

一些教师习惯于按照既定的教材和教学大纲进行教学，对行业发展的新趋势、新变化反应迟钝。教材内容往往存在一定的滞后性，而教师未能及时补充和更新相关的新知识、新技术。例如，在计算机专业教学中，软件开发技术、网络安全技术等领域发展迅速，新的编程语言、开发框架和安全防护技术不断涌现。但部分教师仍然按照几年前的教材进行教学，讲解的内容与当前行业实际应用的差距越来越大，使得学生毕业后所学知识已经过时，无法满足企业的岗位需求。

此外，教师获取行业动态信息的渠道有限，缺乏与行业企业的深度合作与交流。虽然学校会组织一些教师参加行业研讨会、培训讲座等活动，但这些活动往往频率较低、参与人数有限，无法让所有教师及时了解行业最新动态。同时，教师在教学过程中也缺乏主动收集行业信息、更新教学内容的意识和动力，影响了高职教育的人才培养质量和社会服务能力。

高职院校"双师型"师资队伍在实践经验和技能方面面临着教学模式固化、专业技能与教学理论失衡、实践教学指导能力不足、缺乏企业实践经验及行业动态认知滞后等诸多挑战。这些问题严重制约了高职院校"双师型"师资队伍的建设和发展，亟待采取有效措施加以解决，以提升"双师型"教师的整体素质和实践能力，为高职教育培养更多适应行业需求的高素质技术技能人才提供有力保障。

（三）培养与发展机制不健全

高职院校"双师型"教师的培养与发展是一个系统工程，需要科学、系统且具有针对性的机制来支撑。然而，当前高职院校"双师型"师资队伍在培养与发展机制方面存在诸多不完善之处，严重制约了教师队伍整体素质的提升。

1. 缺乏系统的培养体系，目标不明确，过程不规范

目前，许多高职院校尚未建立起一套完整、系统的"双师型"教师培养体系。在培养目标设定上，存在模糊不清的问题。部分学校对"双师型"教师的

具体内涵和应具备的能力素质缺乏深入研究和明确界定，导致培养目标过于宽泛或与学校实际需求脱节。例如，有的学校仅将“双师型”教师简单定义为“既具有教师资格证，又具有职业资格证”的教师，却未进一步明确教师在理论教学、实践教学、技术研发等方面应达到的具体能力标准。这种模糊的培养目标使得培养工作缺乏明确的方向，难以有针对性地提升教师的综合素质。

在培养过程中，缺乏规范化的流程和标准。从培养计划的制定到实施，再到考核评价，各个环节都存在随意性较大的问题。培养计划的制定往往缺乏对教师个体差异和学校专业特色的充分考虑，采用“一刀切”的方式，无法满足不同教师的发展需求。在实施过程中，缺乏有效的监督和管理机制，培养活动的开展缺乏连贯性和系统性，常常出现虎头蛇尾的情况。考核评价环节更是流于形式，评价指标单一，多以教师是否取得相关证书作为主要依据，而忽视了教师在实际教学过程中“双师”能力的体现和提升，导致培养工作难以达到预期效果。

2. 培训内容与实际需求脱节，过于理论化

培训内容是“双师型”教师培养的核心要素。当前高职教师培训内容过于注重理论知识的传授，忽视了实践技能的培养。在理论培训方面，课程内容陈旧，更新不及时，无法跟上行业技术发展的步伐。许多培训课程仍然围绕传统的基础理论知识展开，缺乏对新兴技术、新工艺、新方法的介绍和应用。例如，在电子信息类专业培训中，仍然大量涉及过时的电路原理和编程语言，而对当下热门的物联网技术、人工智能算法等内容涉及甚少。这种与行业实际发展脱节的理论培训，使得教师在学习后难以将所学知识应用到实际教学中，无法满足学生对新知识、新技能的学习需求。

同时，培训内容缺乏与实际教学场景的结合。培训过程中，往往只是单纯地讲解理论知识，缺乏对如何将这些知识有效融入教学实践的指导。教师在接受培训后，虽然掌握了一定的理论知识，但在实际教学中仍然不知道如何设计实践教学环节、如何引导学生进行实践操作，导致理论与实践“两张皮”，无法真正实现“双师型”教师理论与实践相结合的教学目标。

3. 培训方式僵化，缺乏实践操作

培训方式对于培训效果有着至关重要的影响。然而，当前高职院校“双师

型"教师培训方式普遍较为僵化，主要以传统的课堂讲授为主，缺乏多样化的培训手段和实践操作环节。

在培训过程中，教师往往处于被动接受知识的地位，培训讲师采用"满堂灌"的教学方式，缺乏与教师的互动和交流。教师只能机械地听讲和记录，无法真正参与到培训活动中，难以激发学习兴趣和主动性。例如，在一些关于教学方法的培训中，讲师只是照本宣科地讲解各种教学方法的理论概念，而没有安排教师进行实际的教学演练和案例分析，导致教师在培训结束后仍然不知道如何在实际教学中运用这些方法。

此外，培训缺乏实践操作平台和机会。实践操作是"双师型"教师培养的关键环节，只有通过亲身实践，教师才能真正掌握实践技能，提高解决实际问题的能力。但目前的培训大多停留在理论层面，很少提供实践操作的场地、设备和指导。即使有部分培训安排了实践环节，也往往由于时间短、指导不足等原因，无法让教师得到充分的锻炼和提升。这种缺乏实践操作的培训方式，使得教师在培训后仍然难以胜任实践教学任务，无法真正成长为"双师型"教师。

4. 校企合作机制不健全，教师企业实践机会有限

校企合作是培养"双师型"教师的重要途径，通过教师到企业实践锻炼，能够使教师深入了解行业实际需求和企业生产流程，掌握最新的技术和工艺，提高实践教学能力。然而，当前高职院校校企合作机制存在诸多不完善之处，导致教师实践机会有限，严重影响了"双师型"教师的培养质量。

从学校层面来看，与企业的合作缺乏深度和广度。许多学校与企业之间的合作仅仅停留在表面，如签订一些合作协议、举办几场招聘会或讲座，没有建立起长期稳定、互利共赢的合作机制。学校在寻求企业合作时，往往缺乏主动性和针对性，对企业的需求了解不够深入，无法为企业提供有效的技术支持和人才服务，导致企业参与合作的积极性不高。

在企业层面，由于受到自身生产经营任务和经济效益的影响，对接收教师实践锻炼的积极性不高。企业担心教师到企业实践会影响正常的生产秩序，增加管理成本和安全风险，因此往往对教师的实践申请持谨慎态度。即使同意接

收教师到本公司实践，大多也只是安排一些简单的观摩活动，很少让教师真正参与到企业的实际生产和技术研发工作中，使得教师难以获得深入的实践体验和技能提升。

此外，校企合作缺乏有效的制度保障和监督机制。在教师企业实践的安排、考核、待遇等方面，没有明确的制度规定，导致实践过程缺乏规范性和严肃性。学校和企业之间在教师实践管理上存在职责不清、沟通不畅等问题，无法对教师的实践效果进行有效监督和评价，使得教师的企业实践往往流于形式，无法达到预期的培养目标。

高职院校“双师型”师资队伍的构建面临着培养与发展机制不健全的严峻挑战。缺乏系统的培养体系、培训内容与实际需求脱节、培训方式僵化及校企合作机制不完善等问题，严重制约了“双师型”师资队伍的建设和发展。要解决这些问题，需要学校、企业和社会各方共同努力，构建科学合理的“双师型”教师培养与发展机制，为高职教育培养更多高素质的“双师型”教师。

（四）缺乏健全的评价机制

“双师型”师资队伍是高职教育高质量发展的核心力量，科学合理的评价与激励机制对于激发教师积极性、提升教师素质、促进师资队伍整体优化具有关键作用。然而，当前高职院校“双师型”师资队伍在评价与激励机制方面存在诸多亟待解决的问题，严重制约了“双师型”师资队伍的建设成效。

1. 缺乏全国统一评价标准，各地各校标准不一致

目前，我国尚未建立起全国统一、权威的“双师型”教师评价标准，这导致各地各高职院校在评价“双师型”教师时，标准各异、参差不齐。不同地区由于经济发展水平、产业结构及教育资源的差异，对“双师型”教师的认知和要求存在明显不同。经济发达地区可能更注重教师在行业前沿技术、企业项目经验等方面的能力，而经济欠发达地区则可能更侧重于教师的基本教学能力和传统专业技能。

各高职院校在制定自身评价标准时，也缺乏统一的规范和指导。一些学校过度强调教师的职业资格证书获取，将持有特定职业资格证书作为认定“双师

型"教师的唯一或主要依据，而忽视了教师在实际教学中的实践指导能力、技术创新能力和职业素养等方面的表现。另一些学校则可能过于看重教师的科研成果，将论文发表数量、科研项目级别等作为重要评价指标，导致教师为了满足评价要求，将大量精力投入到科研工作中，而忽视了实践教学和"双师"能力的培养。这种标准的不一致性，使得"双师型"教师的认定结果缺乏可比性和权威性，也难以在全国范围内形成统一的"双师型"教师培养导向和发展方向。

2. "双师型"教师评价体系的局限性：实践能力与职业素养的缺失

"双师型"教师的核心特质在于其兼具扎实的理论教学能力和丰富的实践操作能力，能够紧密联系行业实际，培养出适应社会需求的高素质技术技能人才。然而，在实际的评价过程中，评价内容往往不够全面，过于侧重理论教学方面，而忽视了教师实践能力的评价。

在理论教学评价方面，虽然涵盖了教学态度、教学方法、教学效果等多个维度，但评价指标往往较为笼统和形式化。例如，对于教学效果的评价，大多依赖于学生的课程成绩、教学评价问卷等表面数据，难以深入考察教师在教学过程中对学生知识体系构建、思维能力培养等方面的实际成效。而在实践能力评价方面，则存在明显的短板。许多学校的评价内容仅停留在教师是否具有企业工作经历、是否持有职业资格证书等表面指标上，缺乏对教师实际动手操作能力、解决实际生产问题能力、指导学生实践项目能力等方面的深入考察。教师即使持有高级职业资格证书，在实际教学中也可能无法将证书所代表的技能有效传授给学生，也无法根据行业动态及时更新教学内容和方法。但由于评价内容缺失，这些问题难以被发现和纠正。

此外，评价内容还往往忽视了教师的职业素养、团队协作能力、社会服务能力等重要方面。在当今的职业教育环境中，教师不仅需要具备专业知识和技能，还需要具备良好的职业道德、沟通能力、创新精神和团队协作意识，能够积极参与社会服务，为行业发展提供技术支持和智力保障。然而，现有的评价体系未能充分体现这些要素，导致教师在发展过程中出现"偏科"现象，无法全面成长为适应职业教育发展需求的"双师型"教师。

3. 评价过程缺乏动态性，一次性评价难以持续激励

有效的教师评价应该是动态的、持续的过程，能够及时反馈教师的工作表现和发展情况，为教师的职业成长提供有针对性的指导和激励。然而，当前高职院校“双师型”教师的评价过程大多为一次性评价，缺乏动态跟踪和反馈机制。

在评价周期上，许多学校采用年度评价或定期评价的方式，但评价过程往往集中在某一特定时间段内完成，评价结果一旦确定，便会在较长时间内保持不变。这种静态的评价方式无法及时反映教师在不同阶段的工作进展和能力提升情况。例如，一位教师在某一年度内可能由于参与企业重大项目实践，在实践能力和教学水平上取得了显著进步，但由于评价周期的限制，这些进步可能无法在当年的评价中得到充分体现，导致教师的积极性受到打击。

同时，评价过程中缺乏有效的反馈和沟通机制。评价结束后，学校往往只是将评价结果以简单的方式告知教师，而没有针对评价中发现的问题与教师进行深入交流和指导。教师不清楚自己在哪些方面存在不足，也不知道如何改进和提升，无法从评价中获得成长的动力和方向。这种一次性、缺乏反馈的评价方式，难以形成对教师的持续激励，无法充分发挥评价在促进教师发展方面的作用。

4. “双师型”教师激励机制的多维度缺失

激励机制是激发“双师型”教师工作积极性和创造力的重要手段，但目前高职院校“双师型”教师的激励机制在多个方面存在明显不足。

在长效激励方面，缺乏对教师持续成长和职业发展的长远规划。许多学校在激励教师时，往往只关注短期的教学任务完成情况和科研成果产出，而忽视了教师在“双师”能力提升、行业影响力扩大等方面的长期积累。教师为了获得短期激励，可能会选择追求一些短平快的项目，而放弃那些需要长期投入但更有利于自身“双师”素质培养和企业深度合作的项目，导致教师的职业发展方向出现偏差，难以实现可持续的职业成长。

物质激励方面，待遇水平与教师的劳动付出和贡献不相匹配。“双师型”教师需要承担更多的教学任务、实践指导任务及企业合作项目，其工作强度和

压力往往大于普通教师。然而，在薪酬待遇、津贴补贴等方面，并没有充分体现出"双师型"教师的特殊价值。一些学校虽然设立了"双师型"教师专项津贴，但津贴标准较低，无法对教师形成有效的物质激励。此外，在教师参与企业实践、技术研发等方面的收入分配机制也不够完善，教师难以从为企业服务中获得合理的经济回报，进一步削弱了教师参与"双师"能力培养和企业实践的积极性。

职业发展激励方面，晋升渠道不畅，职业发展空间有限。在职称评定方面，现有的职称评定标准仍然以理论教学和科研成果为主要依据，对教师的实践能力、企业工作经历等方面重视不足。这使得"双师型"教师在职称晋升过程中面临较大困难，往往需要花费更多的时间和精力去迎合传统的职称评定要求，而无法专注于自身"双师"能力的提升。在岗位晋升方面，学校的行政管理岗位数量有限，竞争激烈，许多优秀的"双师型"教师由于缺乏行政管理经验和背景，难以获得晋升机会，导致其职业发展陷入瓶颈。

精神激励方面，对教师的职业成就感和荣誉感关注不够。学校在激励教师时，往往更注重物质奖励，而忽视了精神层面的激励。对于在实践教学、企业合作、社会服务等方面取得突出成绩的"双师型"教师，缺乏及时、有效的表彰和宣传，教师的辛勤付出和优秀成果得不到应有的认可和尊重，难以激发教师的职业自豪感和归属感。

高职院校"双师型"师资队伍构建面临着评价与激励机制不完善的严峻挑战。缺乏统一评价标准、评价内容不全面、评价过程缺乏动态性及激励机制不健全等问题，严重制约了"双师型"师资队伍的建设和发展。要解决这些问题，需要从国家层面加强顶层设计，制定统一的评价标准；学校要完善评价内容和过程，建立健全多元化的激励机制，为"双师型"教师的成长和发展创造良好的制度环境。

（五）兼职教师管理与融合问题

在高职教育致力于培养契合产业发展需求的高素质技术技能人才的进程中，兼职教师作为"双师型"师资队伍的重要组成部分，能够凭借其丰富的企业实践经验、精湛的专业技能和前沿的行业知识，为学校实践教学注入鲜活力量，有效弥补专职教师在实践环节的不足。然而，当前高职院校在兼职教师管理与专兼职教师融合方面面临诸多挑战，严重制约了"双师型"师资队伍整体效能的发挥。

1. 管理不规范

(1) 聘用制度不完善。许多高职院校在兼职教师聘用过程中，缺乏严谨规范的流程和科学合理的标准。在选拔环节，往往过于注重候选人的职称、学历或企业职位等表面因素，而对其实际教学能力、沟通表达能力，以及与学校专业课程的契合度考察不足。例如，部分学校仅依据企业推荐或个人简历就匆忙确定兼职教师人选，未组织专业的教学能力测试或试讲环节，导致一些虽有丰富实践经验但缺乏教学技巧的人员进入课堂，影响教学质量。

在聘用期限方面，缺乏灵活性和稳定性。部分学校对兼职教师的聘用期限设定过于僵化，或过短导致教师难以深入了解学校教学要求和学生学习特点，无法充分投入教学工作；或过长使得学校在应对行业变化和课程调整时缺乏灵活性，难以及时更换不符合教学需求的兼职教师。此外，聘用合同条款不够细致明确，在双方的权利义务、工作要求、薪酬待遇、违约责任等方面规定模糊，容易引发后续的纠纷和矛盾。

(2) 培训支持不足。兼职教师大多来自企业一线，虽然具备扎实的专业技能和实践经验，但在教学方法、教育心理学、课程设计等方面往往缺乏系统的培训。然而，目前高职院校对兼职教师的培训投入严重不足。一方面，培训机会有限，许多学校一年仅组织一两次针对兼职教师的集中培训，且培训内容多侧重于学校规章制度、教学纪律等通用知识，缺乏对专业教学技能、课程思政融入、信息化教学手段应用等实用内容的深入培训。

另一方面，培训方式单一，多以集中授课、讲座等传统形式为主，缺乏针对性和互动性，难以满足兼职教师多样化的学习需求。培训过程中也缺乏实践操作和案例分析环节，兼职教师难以将所学理论知识与实际教学相结合，导致培训效果不佳，无法有效提升兼职教师的教学水平。

(3) 考核评价体系缺失或不健全。科学合理的考核评价体系是激励兼职教师积极工作、提高教学质量的重要手段。但当前高职院校对兼职教师的考核评价存在诸多问题。考核指标设置不合理，过于侧重教学任务完成情况，如授课课时、出勤率等，而忽视了教学质量、教学效果、学生评价等关键指标。例如，在评价兼职教师教学质量时，仅参考学生的课堂签到情况和作业提交率，而未深入考查学生对知识的掌握程度、实践技能的提升情况，以及对教师教学方法的满意度。

考核方式单一，多采用期末学生评教和学校教学管理部门检查的方式，缺乏过程性考核和多元化评价主体。学生评教往往存在主观性和片面性，部分学生可能因个人喜好或对教师要求过高而给出不客观的评价；学校教学管理部门的检查也大多停留在教学文件检查和课堂巡视层面，难以全面、准确地评价兼职教师的教学能力和工作态度。此外，考核结果的应用不充分，未与兼职教师的薪酬待遇、续聘、评优等挂钩，无法形成有效的激励和约束机制。

2. 专兼职教师融合度不高

（1）教学协作困难。在教学计划制定和课程设计方面，专兼职教师之间缺乏有效的沟通与协作。专职教师往往从学校的教学大纲和课程体系出发，注重理论知识的系统性和连贯性；而兼职教师则基于企业实际需求和岗位技能标准，强调实践操作的实用性和针对性。由于双方在教学理念和方法上存在差异，且缺乏深入的交流平台和机制，导致在教学计划和课程设计过程中难以达成共识，容易出现教学内容重复、脱节或与行业实际需求不符等问题。

在教学过程中，专兼职教师的配合也不够默契。专职教师通常负责理论教学部分，兼职教师承担实践教学环节，但双方在教学过程中缺乏有效的衔接和过渡。例如，在理论教学与实践教学的时间安排上，存在冲突或间隔过长的情况，导致学生在理论学习后无法及时进行实践操作巩固，影响学习效果。同时，专兼职教师在教学方法的选择和应用上也缺乏协同，各自为政，未能充分发挥各自的优势，形成教学合力。

（2）教研活动参与度低。兼职教师由于本职工作繁忙，往往对学校组织的教研活动参与积极性不高。学校在开展教研活动时，大多围绕专职教师的教学问题、科研课题展开，缺乏对兼职教师关注的企业实践问题、行业技术发展趋势等方面的研究，导致兼职教师认为教研活动与自身工作关联不大，缺乏参与的动力。

此外，学校在组织教研活动时，也未充分考虑兼职教师的时间安排和工作特点，活动时间往往与兼职教师的企业工作任务冲突，使得兼职教师难以抽出时间参加。即使部分兼职教师参与了教研活动，也因缺乏有效的引导和激励机制，在活动中发言不积极，参与度不高，无法实现专兼职教师在教学研究方面的深度融合和共同提升。

（3）教学资源共享不畅。在教学资源方面，专兼职教师之间存在明显的壁垒。专职教师长期在学校工作，拥有丰富的教学资料、教学设备使用权限及学校内部的教学资源平台，但部分专职教师缺乏与兼职教师共享教学资源的意识，担心与兼职教师分享资源后会影响自身的教学优势。兼职教师则掌握着大量企业实际案例、行业最新技术资料和实践项目资源，但由于缺乏有效的共享渠道和机制，这些宝贵资源难以进入学校教学体系，无法为全体学生所用。

同时，学校在建设教学资源库时，也未充分考虑专兼职教师的资源整合需求，缺乏统一的教学资源共享平台和管理规范。不同专业、不同课程的教学资源存储分散，格式不统一，检索困难，导致专兼职教师在获取和使用教学资源时效率低下，无法实现教学资源的优化配置和高效利用。

（4）文化理念存在隔阂。专兼职教师由于工作背景不同，在文化理念方面存在较大差异。专职教师长期处于学校的教育文化氛围中，注重学术研究、教学规范和学生综合素质培养，形成了相对稳定的教学价值观和教育理念。兼职教师则深受企业文化的影响，强调工作效率、实践成果和团队协作，其工作目标和价值取向更侧重于为企业创造实际效益。这种文化理念的差异导致专兼职教师在教学过程中难以形成共同的教育追求和价值认同。例如，在对待学生的评价标准上，专职教师可能更注重学生的学习态度、理论考试成绩和综合素质发展；兼职教师则更关注学生的实践操作能力、问题解决能力和职业素养。在教学管理方面，专职教师习惯于学校严格的教学规章制度和流程，而兼职教师可能对一些烦琐的教学手续和行政要求感到不适应。这些文化理念上的隔阂，增加了专兼职教师之间的沟通成本和合作难度，不利于“双师型”师资队伍的团结协作和整体发展。

高职院校“双师型”师资队伍构建面临着兼职教师管理与融合的严峻挑

战。管理不规范问题体现在聘用制度、培训支持和考核评价体系等方面，而专兼职教师融合度不高则体现在教学协作、教研活动参与、教学资源共享和文化理念等方面。要解决这些问题，需要高职院校从制度建设、平台搭建、文化培育等多方面入手，加强兼职教师管理，促进专兼职教师深度融合，打造一支高素质、高水平的"双师型"师资队伍。

三、加强"双师型"师资队伍建设的策略

（一）优化"双师型"教师认证标准

"双师型"教师认证标准是衡量教师是否具备"双师"素质的重要依据，其科学性与合理性直接关系到"双师型"师资队伍的质量和发展方向。为打造一支真正符合职业教育需求的高素质"双师型"师资队伍，需从多个维度对认证标准进行优化。

1. 确立素质能力结构的全面要求

"双师型"教师不仅要具备扎实的专业知识和教学能力，还需拥有良好的政治素养、师德师风及职业素养。在政治立场方面，教师应坚决拥护中国共产党的领导，贯彻党的教育方针，将思想政治教育贯穿于教育教学全过程，培养学生的家国情怀和社会责任感，使学生成为有理想、有道德、有文化、有纪律的社会主义建设者和接班人。

师德师风是教师立身之本，教师应秉持敬业爱生、教书育人、为人师表、终身学习的职业道德规范，关爱每一位学生的成长，尊重学生的个性差异，以高尚的道德情操和人格魅力感染学生，引导学生树立正确的世界观、人生观、价值观。

教育素质是教师有效开展教学活动的基础，包括教学设计能力、课堂教学组织能力、教学方法运用能力、教学评价与反馈能力等。教师应能够根据职业教育特点和学生的认知规律，设计出科学合理的教学方案，灵活运用多种教学方法和手段，激发学生的学习兴趣和主动性，提高课堂教学效果。

职业素养体现了教师对企业生产实际和行业发展趋势的了解与把握，教师

应熟悉企业的工作流程、技术标准和岗位需求，具备较强的实践操作能力、问题解决能力和团队协作能力，能够将企业实际案例融入教学中，培养学生的职业素养和就业竞争力。

专业素养则是教师在专业领域内的知识深度和广度，教师应不断更新专业知识，跟踪学科前沿动态，掌握本专业的新技术、新工艺、新方法，为学生提供前沿、实用的专业知识和技能培训。

2. 分类制定差异化标准

不同课程类型和教师身份对“双师型”教师的能力要求存在差异，因此需要分类制定具体的认证标准。对于理论性较强的课程，如专业基础课程，教师应侧重于对专业理论知识的系统传授，同时具备一定的实践教学指导能力，能够将理论与实践相结合，帮助学生构建完整的专业知识体系。而对于实践性课程，如专业实训课程、顶岗实习课程等，教师则应具备丰富的企业实践经验和精湛的实践操作技能，能够熟练指导学生进行实际操作，解决学生在实践过程中遇到的问题，培养学生的动手能力和创新能力。

在专兼职教师方面，专职教师长期从事教学工作，教学经验丰富，但在企业实践经验方面可能相对不足。因此，对专职教师的认证标准应适当侧重于企业实践经历和实践教学能力的提升，鼓励专职教师到企业挂职锻炼、参与企业项目研发，积累实践经验，并将企业实际需求融入教学中。兼职教师大多来自企业一线，实践经验丰富，但教学能力和教育理论知识可能相对欠缺，因此，兼职教师的认证标准应着重考察其教学能力、教学方法的运用以及对职业教育规律的理解。通过组织教学培训、教学观摩等活动，提高兼职教师的教学水平，使其能够更好地将企业实践技能传授给学生。

3. 明确层级化要求

为激励教师不断提升自身素质和能力，促进“双师型”师资队伍的可持续发展，应明确初级、中级、高级“双师型”教师的层级化标准。

初级“双师型”教师应具备基本的“双师”素质，能够胜任专业基础课程的教学和实践指导工作。在政治立场和师德师风方面，应遵守教师职业道德规范，热爱教育事业；在教育素质上，应掌握基本的教学方法和技能，能够完成教学任务；在职业素养方面，应了解企业基本工作流程和岗位需求，具备一定的实践操作能力；在专业素养上，应掌握本专业的基本理论知识和技能。

中级"双师型"教师应在初级的基础上，在教学、实践和科研等方面取得更突出的成绩。在教学方面，应能够独立承担专业核心课程的教学任务，并能够根据行业发展和学生需求，对教学内容和教学方法进行创新和改进；在实践方面，应具有较丰富的企业实践经验和较强的实践指导能力，能够带领学生参与企业实际项目，解决企业生产中的实际问题；在科研方面，应能够结合企业实际开展一定的教学研究和科研工作，取得一定的科研成果。

高级"双师型"教师是"双师型"师资队伍的领军人物，应在行业内具有较高的知名度和影响力。在教学方面，应能够引领本专业的教学改革和发展，构建具有特色的课程体系和教学模式；在实践方面，应是企业技术骨干或行业专家，能够为企业提供技术支持和解决方案，推动企业技术创新和产业升级；在科研方面，应主持或参与重要的科研项目，取得具有较高水平的科研成果，并能够将科研成果转化为教学内容，培养学生的创新能力和创业精神。

4. 强化标准的科学性与实用性

"双师型"教师认证标准应紧密结合职业教育实际需求与未来发展趋势，确保标准的科学性和实用性。一方面，要深入调研行业企业对人才的需求，了解行业最新技术、工艺和标准，将企业对人才的能力要求融入认证标准中，使认证出的"双师型"教师能够培养出适应市场需求的高素质技术技能人才。例如，随着智能制造、人工智能等新兴技术的快速发展，认证标准应增加对教师在这些新兴技术领域的知识和技能要求，引导教师及时更新教学内容，提升自身的"双师"素质。另一方面，要关注职业教育的未来发展趋势，如产教融合、校企合作、1+X 证书制度等，将相关理念和要求融入认证标准中。鼓励教师积极参与产教融合项目，与企业开展深度合作，共同开发课程、教材和教学资源；支持教师参与 1+X 证书制度试点工作，指导学生获取职业技能等级证书，提高学生的就业竞争力。同时，认证标准应具有一定的前瞻性，能够引导教师关注行业前沿动态，不断学习和掌握新知识、新技能，为职业教育的发展提供有力的人才支撑。

5. 优化认定程序，加强动态管理

为确保“双师型”教师认证工作的公平、公正、公开，提高认证质量，应优化认定程序，采用多元化评估方式，加强过程监督，实施动态管理。

在认定程序方面，应建立规范的申报、审核、评审、公示等环节。教师根据自身条件自愿申报，提交相关证明材料；学校或认定机构对申报材料进行初步审核，确保材料的真实性和完整性；组织专家评审委员会对申报教师进行综合评审，评审方式可包括材料评审、现场教学展示、实践操作考核、答辩等，全面考察教师的“双师”素质和能力；评审结果应进行公示，接受社会监督，确保认定工作的透明度和公信力。

采用多元化评估方式，避免单一评估方式的局限性。除了传统的教师自评、学生评价、同行评价外，还应引入企业评价、社会评价等外部评价机制。企业评价可以从教师的实践操作能力、解决实际问题的能力、对企业技术创新的贡献等方面进行评估；社会评价可以通过调查毕业生就业质量、用人单位满意度等方式，了解“双师型”教师的培养效果和社会认可度。通过多元化评估方式，全面、客观地评价教师的“双师”素质和能力。

加强过程监督，建立健全监督机制。在认定过程中，学校或认定机构应加强对评审工作的监督检查，确保评审工作严格按照标准和程序进行。同时，要建立投诉举报渠道，及时处理教师和社会公众的投诉和举报，对违规行为进行严肃查处。

实施动态管理，打破“双师型”教师资格的终身制。对已认定的“双师型”教师，应定期进行复审和考核，根据其在教学、实践、科研等方面的表现和成果，决定是否保留其“双师型”教师资格。对于表现优秀、取得突出成绩的教师，应给予表彰和奖励，并鼓励其向更高层级发展；对于不能履行“双师型”教师职责、达不到相应标准的教师，应取消其资格，督促其不断提升自身素质和能力。通过动态管理，保持“双师型”师资队伍的活力和竞争力。

优化“双师型”教师认证标准是加强“双师型”师资队伍建设的关键环节。通过确立全面的素质能力结构要求、分类制定差异化标准、明确层级化要求、强化标准的科学性与实用性以及优化认定程序和加强动态管理，能够打造一支结构合理、素质优良、具有创新能力和实践能力的"双师型"师资队伍，为职业教育的高质量发展提供坚实的人才保障。

（二）推进产教融合，强化实践能力

产教融合是职业教育实现高质量发展、培养适应市场需求的高素质技术技能人才的重要途径，也是提升"双师型"教师实践能力、促进教师专业成长的关键举措。通过深化产教融合，搭建与企业间的紧密合作桥梁与互动平台，能够有效打破学校与企业之间的壁垒，使教师深入企业生产一线，了解行业最新动态和技术发展趋势，积累丰富的实践经验，从而提升自身的"双师"素质，为职业教育教学注入新的活力。

1. 构建稳固的校企合作关系网络，促进人员深度互动

建立广泛而稳固的校企合作关系网络是推进产教融合的基础。学校应积极主动地与不同规模、不同类型的企业建立长期稳定的合作关系，涵盖行业内的龙头企业、中小微企业以及新兴科技企业等，形成多元化的合作格局。通过签订合作协议，明确双方的权利和义务，为深度合作提供制度保障。

在合作过程中，学校与企业共同制定人才培养方案，将企业的实际需求和岗位标准融入人才培养的全过程。学校邀请企业技术骨干、管理人员参与人才培养方案的研讨和制定，根据企业的人才需求规格，确定专业培养目标、课程设置、教学内容和教学方法等。同时，企业为学校提供行业发展趋势、技术更新情况等信息，确保人才培养方案与市场需求紧密对接。

加强教师与企业人员的互动交流是提升教师实践能力的重要方式。一方面，学校定期组织教师到企业参观学习、开展调研活动，让教师深入了解企业的生产流程、管理模式、企业文化以及岗位技能要求。另一方面，邀请企业技术专家、能工巧匠到学校开展讲座、培训、示范教学等活动，分享企业实际案例和最新技术成果，传授实践操作技能和工作经验。此外，还可以建立教师与企业人员的双向挂职锻炼机制，教师到企业挂职担任技术顾问、项目负责人等职务，参与企业的生产、研发和管理活动；企业人员到学校担任兼职教师，承担实践教学任务，指导学生实习实训，实现教师与企业人员的优势互补和共同发展。

2. 实施专业教师企业实践锻炼计划，丰富实践经验

为使专业教师能够深入企业生产一线，积累丰富的实践经验，学校应制定并实施系统的专业教师企业实践锻炼计划。根据不同专业特点和教师个人发展需求，为教师量身定制实践锻炼方案，明确实践目标、任务、时间和考核要求。

挂职锻炼是教师深入企业实践的重要形式之一。学校安排教师到合作企业进行为期数月甚至更长时间的挂职锻炼，让教师以企业员工的身份参与企业的实际工作。在挂职期间，教师承担具体的工作任务，如参与企业的生产项目、技术研发、质量检测、设备维护等工作，亲身体验企业的生产流程和工作环境，学习企业的先进技术和管理经验。同时，教师还可以利用挂职机会，了解企业的用人需求和岗位能力要求，为后续的教学改革和课程建设提供依据。

项目合作也是提升教师实践能力的重要途径。学校鼓励教师与企业开展产学研合作项目，共同申报科研项目、技术攻关项目和新产品研发项目等。在项目合作过程中，教师与企业技术人员组成项目团队，共同开展项目调研、方案设计、实验研究、产品开发等工作。通过项目合作，教师能够接触到行业内的前沿技术和难题，锻炼自己的科研能力和解决实际问题的能力，同时将科研成果转化为教学内容，丰富教学资源，提高教学质量。

为确保教师企业实践锻炼计划的有效实施，学校应建立完善的保障机制和管理制度。在政策支持方面，为参与企业实践锻炼的教师提供必要的时间保障、经费支持，如调整教师的教学工作量、报销教师实践期间的差旅费、给予一定的实践补贴等。在考核评价方面，制定科学合理的考核评价指标体系，对教师在企业实践期间的工作表现、实践成果、教学应用等方面进行全面考核，将考核结果与教师的职称评定、岗位晋升、评优评先等挂钩，激励教师积极参与企业实践锻炼。

3. 共建实训基地与产学研合作平台，开展技术研发项目

实训基地是培养学生实践能力和提升教师实践技能的重要场所。学校与企业应共同投资、共同建设和管理实训基地，模拟真实的工作环境，为学生和教师提供实践操作和技能训练的平台。实训基地的建设应充分考虑企业的生产需求和行业的技术标准，配备先进的生产设备、实验仪器和软件系统，使学生和

教师能够在接近实际工作场景的条件下进行实践学习和训练。

产学研合作平台是促进学校与企业之间深度合作、实现资源共享和优势互补的重要载体。学校与企业可以共同组建产学研合作中心、工程技术研究中心、技术创新联盟等合作平台，围绕行业关键技术和共性技术问题，开展技术研发、产品创新和技术服务等活动。在产学研合作平台上，教师与企业技术人员密切合作，共同开展技术攻关和创新研究，解决企业生产过程中的实际问题，推动企业的技术进步和产业升级。同时，教师可将科研成果引入教学过程，开发基于工作过程的课程和教材，指导学生开展科技创新活动，培养学生的创新能力和创业精神。

通过共建实训基地与产学研合作平台，学校与企业实现了资源共享、人才共育、成果共享。学校可以充分利用企业的设备、技术和人才优势，提升实践教学水平和教师的实践能力；企业则可以借助学校的科研力量和人才资源，开展技术创新和产品研发，提高企业的核心竞争力。此外，实训基地和产学研合作平台还可以面向社会开展技术培训、技能鉴定和技术服务等活动，为地方经济发展提供人才支持和技术保障。

4. 实施"定制化"人才培养模式，精准对接企业需求

为了更好地满足企业对高素质技术技能人才的需求，学校应实施"定制化"人才培养模式，依据企业的具体需求设计课程体系与教学计划。学校与企业签订"定制化"人才培养协议，明确人才培养目标、规格、数量和就业方向等。企业根据自身的岗位需求和人才发展规划，向学校提出人才培养的具体要求，包括专业知识、技能水平、职业素养等方面的标准。

学校根据企业需求，组织专业教师和企业技术专家共同制定"定制化"人才培养方案和课程体系。课程体系应围绕企业的核心岗位和关键技能进行设计，增加与企业实际需求紧密相关的专业课程和实践教学环节，减少或合并一些与企业需求脱节的理论课程。同时，将企业的文化、规章制度、安全规范等内容融入教学中，培养学生的职业素养和职业认同感。

在教学计划实施过程中，学校与企业共同开展教学活动。企业为学生提供实习实训岗位和实践教学场地，安排技术骨干担任学生的企业导师，指导学生

进行实践操作和项目实训。学校教师则负责理论教学和校内实践教学环节，与企业导师保持密切沟通与协作，共同解决教学过程中遇到的问题。此外，学校还可以根据企业的生产安排和项目需求，灵活调整教学时间和教学内容，采用工学交替、现代学徒制等教学模式，实现教学过程与生产过程的深度对接。

通过“定制化”人才培养模式，学校能够为企业培养出一批“下得去、留得住、用得上”的高素质技术技能人才，提高毕业生的就业质量和企业的满意度。同时，教师在参与“定制化”人才培养过程中，能够深入了解企业的需求和行业的发展趋势，不断更新教学内容和教学方法，提升自己的实践教学能力和“双师”素质，实现学校人才培养与企业需求的无缝对接。

推进产教融合，强化实践能力是加强“双师型”师资队伍建设的重要举措。通过构建稳固的校企合作关系网络、实施专业教师企业实践锻炼计划、共建实训基地与产学研合作平台以及实施“定制化”人才培养模式等策略，能够有效提升教师的实践能力和专业素养，促进职业教育与产业发展的深度融合，为培养适应经济社会发展需求的高素质技术技能人才提供有力的师资保障。

（三）完善专兼融合的“双师结构”教师团队构建

专兼融合的“双师结构”教师团队是高职院校提升教学质量、对接产业需求的关键力量。然而，当前构建这一团队面临诸多阻碍与困境。为打造一支结构合理、优势互补、协作紧密的专兼教师队伍，需从拓宽引进渠道、优化配比协作、健全管理机制三方面精准发力：

1. 拓宽兼职教师引进渠道：破壁开源，广纳贤才

（1）构建校企命运共同体，化解合作顾虑。企业常因担忧人才流失、成本上升、技术泄密等问题，向高职院校输送兼职教师的积极性不高。为此，学校应与企业建立深度利益联结机制，如共建产业学院、实训基地，将企业实际项目融入教学，使兼职教师参与教学成为企业技术传承与人才储备的重要环节。同时，学校为企业提供员工培训、技术研发支持等定制化服务，形成“人才共育、过程共管、成果共享、责任共担”的紧密合作模式。例如，某高职院校与当地智能制造龙头企业共建“智能制造产业学院”，企业派遣高级工程师担任

兼职教师，参与工业机器人技术、数控技术等专业核心课程教学；学校则为企业开展"智能生产线升级改造"专项培训，助力企业技术升级，有效提升企业参与兼职教师引进的积极性。

（2）搭建校企人才共享平台，畅通信息对接。针对校企间信息不对称导致的兼职教师遴选难问题，需搭建多维度、智能化的信息共享平台。政府可牵头建立区域性职业教育人才数据库，整合企业技术骨干、工匠大师信息与高职院校兼职教师需求，实现供需精准匹配。行业协会可发挥桥梁作用，定期举办校企人才对接会、技术沙龙，为双方提供面对面交流机会。学校可利用大数据分析技术，对企业人才的专业技能、实践经验、教学潜力进行评估，主动邀约符合条件的行业专家加入教学团队。

（3）完善政策激励保障体系，激发企业动能。国家和地方政府应出台更具吸引力的政策，对企业参与兼职教师引进给予实质性支持。设立"职业教育兼职教师专项扶持基金"，根据企业派遣兼职教师的数量、质量及教学贡献给予财政补贴；对深度参与校企合作的企业给予税收减免、用地优惠等政策倾斜；对在职业教育中表现突出的企业技术骨干，授予"产业教授""技能领军人才"等荣誉称号，并纳入地方人才库，在职称评定、项目申报等方面给予优先支持。

2. 调整专兼教师配比：优化架构，协同共进

（1）构建动态配比调整模型，适配专业发展。高职院校应根据不同专业的产业对接度、技术迭代速度及人才培养目标，建立科学合理的专兼教师配比动态调整机制。对于新兴产业相关专业，适当提高兼职教师比例，确保教学内容与行业前沿技术同步；对于传统优势专业，如机械制造、护理等，在保持一定专职教师比例的基础上，根据产业升级需求动态调整兼职教师数量，强化实践教学环节。同时，定期开展专业建设评估，根据评估结果及时优化专兼教师配比。

（2）构建"双师协同"教学模式，释放团队效能。为充分发挥专兼教师的优势，需构建深度融合的协同教学机制。在教学计划制定阶段，组织专兼教师共同研讨，将企业真实项目、技术标准融入课程标准与教学大纲；在课程教学中，推行"双师同堂授课""模块化分工教学"等模式，专职教师负责理论体

系讲解与基础技能训练，兼职教师开展行业前沿技术讲解与实操案例剖析；在实践教学环节，由兼职教师主导企业项目实践、顶岗实习等教学任务，专职教师全程跟踪指导，实现理论与实践的无缝衔接。例如，在智能网联汽车技术专业教学中，专职教师讲解自动驾驶算法原理，兼职教师分享企业智能驾驶项目开发经验，共同指导学生完成智能驾驶系统调试与测试任务。

3. 完善兼职教师管理机制：规范流程，激发活力

（1）构建标准化聘任管理体系，严把人才入口。制定严格的兼职教师聘任标准与流程，确保引进人员具备扎实的专业技能与丰富的教学潜力。明确兼职教师的学历、职称、行业经验等基本条件，以及教学能力、职业素养等综合要求。建立兼职教师资格认证制度，通过试讲、技能展示、专家评审等环节，对候选人进行全面评估。签订规范的聘任合同，明确双方的权利义务、教学任务、考核标准及薪酬待遇，保障兼职教师的合法权益。

（2）构建多元考核评价体系，促进质量提升。建立以教学能力、实践指导能力、学生满意度为核心的多元兼职教师考核评价体系。教学能力考核包括教学方案设计、课堂教学实施、教学资源开发等方面；实践指导能力考核侧重于企业项目实践指导、学生技能提升效果等方面；学生满意度通过问卷调查、座谈会等方式收集。考核结果分为优秀、合格、不合格三个等级，作为兼职教师续聘、解聘、薪酬调整及奖励激励的重要依据。

（3）构建多维度激励保障体系，激发内生动力。完善兼职教师薪酬激励机制，根据其教学任务、教学质量、实践指导成果等给予合理报酬，并建立与教学贡献挂钩的绩效奖励制度。设立“优秀兼职教师奖”“教学创新奖”等专项奖励，对表现突出的兼职教师给予物质奖励与精神表彰。为兼职教师提供职业发展支持，如参加学术交流、技能培训、职称评定等机会，增强其对学校的归属感与认同感。同时，保障兼职教师在教学资源使用、办公条件配备等方面的权益，为其教学工作创造良好环境。

（四）构建全面高效的培训体系：精培优育，锻造“双师”精兵

在职业教育蓬勃发展、产业技术迭代加速的背景下，建设一支高素质、专

业化的"双师型"师资队伍，是提升高职教育质量、增强职业教育适应性的关键。构建全面高效的培训体系，能够为教师提供持续发展的动力与支撑，助力其实现从"双师"新手到行家里手的蜕变。然而，当前高职教师培训存在针对性不足、实践导向偏弱、资源整合不力等问题，亟须从体系设计、能力聚焦、渠道拓展、制度保障等多维度发力，打造精准、多元、开放的教师培训新生态。

1. 构建差异化培训体系：分层施策，精准赋能

（1）入职培训筑根基，助新师启航。针对新入职教师，尤其是从高校毕业的应届毕业生，开展系统全面的入职培训。培训内容涵盖讲解学校文化、规章制度、教学环境及基本要求，职业教育理念，教学方法与技巧，课程标准与教学大纲解读，学生管理与心理辅导等，助力新教师快速融入新的工作环境，提升其岗位适应性、教育教学技能、师德风范、专业能力及团队协作精神等多维度素养。同时，安排校内资深教师进行"一对一"导师带徒，通过听课、备课、试讲等环节，指导新教师掌握课堂教学组织与实施能力。例如，某高职院校为新入职教师制定为期三个月的入职培训计划，前两周集中学习职业教育政策法规、学校规章制度，第三周至第六周分专业开展教学能力专项培训，第七周至第十二周安排导师带徒实践指导，确保新教师顺利开启职业生涯。

（2）能力提升培训强素质，促中师进阶。对于有一定教学经验的中青年教师，聚焦其专业能力与教学水平提升开展培训。根据教师专业领域与教学需求，设置专业前沿技术、课程开发与设计、信息化教学手段应用等培训模块。鼓励教师参与行业认证考试，获取与专业相关的职业资格证书，提升其"双师"素质。例如，在电子信息专业教师能力提升培训中，开设5G通信技术、物联网应用开发等前沿课程，并组织教师企业的认证培训，使其能够及时掌握行业新技术、新标准，将最新技术成果融入教学内容。

（3）高级研修培训拓视野，引名师领航。面向教学经验丰富、具有较高学术造诣的骨干教师与专业带头人，开展高级研修培训。选派教师赴国内外知名高校、科研机构、行业领军企业进行访学交流，参加高端学术会议与行业论坛，拓宽其学术视野与行业视野。支持教师开展教学改革研究与实践，鼓励其主持省级、国家级教学科研项目，推动教育教学成果转化。例如，某高职院校每年

选拔5—10名骨干教师赴德国、新加坡等职业教育发达国家进行为期一个月的研修，学习先进的职业教育理念、教学模式与人才培养方法，回国后组织专题报告与经验分享会，带动全校教师共同提升。

2. 着重培养实践教学能力：产教融合，知行合一

（1）多元模式强实践，练就真本领。采用项目驱动、案例教学、工作过程导向等多种教学模式，强化教师实践教学能力的培养。在培训过程中，以企业真实项目为载体，组织教师进行项目策划、方案设计、实施与调试，使教师在实践中掌握专业技能与教学方法。例如，在机械制造专业教师实践教学能力培训中，引入企业实际生产的零部件加工项目，教师分组进行工艺制定、数控编程与加工操作，亲身体验企业生产流程与质量控制要求，提升其解决实际问题的能力。

（2）企业实践练真功，紧跟产业脉搏。建立教师企业实践制度，鼓励教师深入企业一线，参与企业生产、技术研发、项目管理与员工培训等工作。教师通过挂职锻炼、顶岗实践、项目合作等方式，了解企业最新技术需求、工艺流程与行业标准，积累实践经验，并将企业实际案例与项目资源带回课堂，丰富教学内容。例如，某高职院校与当地大型装备制造企业合作，每年安排教师到企业进行为期三个月的实践锻炼，教师参与企业新产品研发项目，与企业技术人员共同攻克技术难题，将企业先进技术与创新理念融入专业教学，实现教学内容与产业需求的无缝对接。

3. 拓宽培训渠道与方式：开放合作，资源融通

（1）线上平台拓时空，便捷提素养。充分利用现代信息技术，搭建线上教师培训平台，整合优质培训资源，为教师提供灵活便捷的培训服务。线上平台涵盖在线课程、虚拟仿真实验、教学案例库、专家讲座等丰富内容，教师可根据自身需求与时间安排，自主选择学习内容与进度。例如，某高职院校与知名在线教育平台合作，引入80余门职业教育相关在线课程，涵盖专业课程、教学方法、信息技术应用等多个领域，教师通过手机App或电脑端随时随地学习，打破了时间与空间限制，提升了培训效率与覆盖面。

（2）外部合作借外力，共享促提升。加强与行业协会、企业、科研机构、

其他高校等外部机构的合作，共建教师培训基地，共享培训资源。与行业协会合作，参与行业标准的制定与培训课程开发，使教师及时了解行业动态与发展趋势；与企业合作，开展订单式培训，根据企业需求定制培训内容，为企业培养急需的技术技能人才；与科研机构合作，参与科研项目合作，提升教师的科研能力与创新思维；与其他高校合作，开展校际教师交流与联合培训，借鉴先进教学经验与管理模式。例如，某高职院校积极与当地建筑行业协会及多家在BIM技术领域颇具影响力的软件企业展开合作，共同打造"BIM技术教师培训基地"。三方聚焦BIM技术应用实际，共同开发涵盖BIM建模实战、BIM项目管理、BIM与装配式建筑融合应用等特色培训课程。在培训过程中，企业技术骨干凭借丰富的项目实践经验，负责BIM软件实操、工程案例剖析等实践模块教学；高校专家则发挥深厚的理论功底，承担BIM技术原理、前沿理论解读等理论课程讲授，通过理论与实践的深度融合，为教师提供兼具专业性与实用性的优质培训。

4. 实施全员周期性轮训与企业实践强化制度：规范管理，提质增效

（1）周期轮训全覆盖，确保常学常新。建立教师全员周期性轮训制度，规定教师在一定周期内（如每三年）必须完成规定的培训学时与任务，确保教师能够不断更新知识结构、提升教学能力。制定详细的轮训计划，明确培训目标、内容、方式与考核要求，加强对教师轮训过程的管理与监督。例如，某高职院校制定教师周期性轮训管理办法，规定教师每三年需完成120学时的培训任务，其中实践教学能力培训不少于60学时，培训考核结果与教师职称评定、岗位晋升、绩效奖励等挂钩，激励教师积极参与培训。

（2）企业实践强保障，推动产教共融。强化教师企业实践制度，明确教师企业实践的时间、任务与考核标准。学校与企业共同制定教师企业实践计划，为教师安排合适的实践岗位与指导师傅，确保教师能够在企业实践中真正有所收获。建立教师企业实践档案，记录教师在企业实践期间的工作表现、学习成果与实践收获，作为教师考核评价的重要依据。例如，某高职院校与企业签订教师企业实践合作协议，规定教师每年到企业实践时间不少于一个月，实践期间参与企业项目研发、技术改造等工作，企业为教师出具实践鉴定报告，学校

根据实践鉴定报告对教师进行考核评价，对表现优秀的教师给予表彰奖励。

（3）规范流程提质量，信息赋能增效。规范教师培训管理流程，从培训需求调研、计划制定、组织实施到考核评价，建立科学严谨的管理制度。加强培训信息化建设，利用信息化手段实现培训资源管理、培训过程监控、培训效果评估等功能的集成与优化。例如，某高职院校开发教师培训管理系统，实现培训课程在线发布、教师报名选课、培训进度跟踪、培训成绩查询等功能，通过大数据分析技术对教师培训需求与培训效果进行精准分析，为培训计划的优化调整提供数据支持，提升教师培训管理的精细化、科学化水平。

（五）加强培育基地建设：筑牢“双师”成长之基，激活多元培育动能

在职业教育迈向高质量发展的新征程中，“双师型”师资队伍建设是提升人才培养质量、增强职业教育服务产业能力的核心要素。培育基地作为教师实践锻炼、能力提升的重要载体，其建设水平直接关系到“双师型”师资队伍的成长速度与质量。然而，当前部分高职院校培育基地存在设施滞后、资源分散、管理低效等问题，难以满足教师多元化、专业化的发展需求。因此，需从硬件设施完善、管理机制创新等多维度发力，打造功能完备、运行高效的“双师型”教师培育基地，为教师成长成才提供坚实支撑。

1. 建设多元化学习资源平台：虚实结合，赋能成长

（1）理实一体实训基地：搭建实践练兵场

第一，紧贴产业需求，构建专业实训场景。依据区域产业布局与学校专业特色，建设一批集教学、培训、生产、研发于一体的理实一体实训基地。以智能制造专业为例，围绕智能制造生产线布局，建设涵盖数控加工、工业机器人操作、智能仓储物流等模块的实训基地，真实还原企业生产场景，让教师在实践中掌握先进制造技术与工艺流程。同时，根据产业发展趋势，定期更新实训设备与技术标准，确保实训内容与行业前沿接轨。

第二，产教深度融合，共建共享实训资源。加强与行业领军企业的合作，共同投资建设实训基地，实现资源共享、优势互补。企业提供先进的生产设备、技术专利与项目案例，学校提供场地、师资与教学管理经验，双方共同制定实

训计划、开发实训课程、指导教师实践。例如，某高职院校与当地汽车制造企业共建新能源汽车实训基地，企业捐赠多款新能源车型用于教学，并安排技术骨干参与实训指导，教师通过参与企业实际生产项目，学习新能源汽车故障诊断与维修等实践技能。

（2）虚拟仿真实训室：打造沉浸式学习空间

第一，前沿技术赋能，构建虚拟教学环境。利用虚拟现实、增强现实、混合现实等前沿技术，建设虚拟仿真实训室，为教师提供逼真、安全、可重复的实践教学环境。在医学教育领域，构建虚拟手术室、虚拟护理病房等实训场景，教师可在虚拟环境中进行手术操作、护理技能训练，突破时间与空间限制，降低教学成本与风险。同时，通过模拟各种复杂病情与突发状况，提升教师的应急处理能力与临床思维能力。

第二，跨学科融合，拓展实训应用场景。打破专业壁垒，推动虚拟仿真实训室跨学科应用。例如，在建筑工程类专业实训中，将虚拟仿真技术与地理信息系统、建筑信息模型技术相结合，构建涵盖城市规划、建筑设计、施工管理等多环节的虚拟实训平台，教师可在平台上进行多专业协同设计与施工模拟，提升其综合实践能力与团队协作能力。

（3）在线资源库：汇聚海量优质资源

第一，整合优质素材，构建资源聚合平台。广泛收集国内外职业教育优质教学资源，包括教学视频、电子教材、案例库、试题库等，建设涵盖多专业、多层次的在线资源库。通过与知名高校、企业、行业协会合作，引入行业最新技术标准、项目案例与培训课程，不断丰富资源库内容。例如，某高职院校与多家行业协会合作，将行业认证考试真题、企业技术培训资料等纳入资源库，为教师提供权威、实用的学习资料。

第二，智能推送服务，实现个性化学习。利用大数据分析技术，对教师的学习行为、兴趣偏好与能力水平进行精准画像，为其智能推送个性化的学习资源。教师可根据自身发展需求，自主选择学习内容与进度，实现个性化学习与能力提升。同时，设置在线交流社区，教师可在社区内分享学习心得、交流教学经验，形成良好的学习氛围。

2. 优化实训基地运行管理：三方协同，提质增效

（1）构建三方共同管理机制：凝聚多元管理合力

第一，明确三方职责，形成管理闭环。建立学校、企业、行业组织三方共同参与的实训基地管理委员会，明确各方职责与分工。学校负责实训基地的日常运行管理、师资队伍建设与教学组织；企业负责提供技术支持、项目资源与实践指导，参与实训课程开发与教学质量评估；行业组织负责制定行业标准、开展职业资格认证与人才需求调研，为实训基地建设与发展提供政策指导与信息服务。三方通过定期召开联席会议，共同研究解决实训基地建设与管理中的重大问题，形成管理闭环。

第二，建立利益共享机制，激发参与热情。制定合理的利益分配方案，实现三方共赢。企业通过参与实训基地建设，可获得学校的科研支持、人才储备与技术推广服务；学校借助企业的设备、技术与项目资源，提升教师实践教学能力与学生培养质量；行业组织通过参与实训基地管理，提高行业人才供给的匹配度与质量，增强行业影响力。例如，某高职院校与当地电子信息企业共建实训基地，企业投入设备与技术，学校为企业开展员工培训与技术服务，行业组织为企业与学校提供政策咨询与项目对接服务，三方按照约定比例分享合作收益，有效激发了各方参与实训基地建设的积极性。

（2）提高实训基地利用率与效果：激活基地潜在价值

第一，科学规划使用，实现资源高效配置。制定实训基地年度使用计划，根据不同专业、不同层次教师的教学需求与实践教学安排，合理分配实训时间与设备资源。建立实训基地预约管理系统，教师可通过线上平台提前预约实训场地与设备，提高实训基地使用效率。同时，开展实训基地开放日活动，面向社会公众、兄弟院校与企业开放，展示实训基地建设成果与教学特色，提升实训基地的社会影响力。

第二，强化质量监控，保障实训教学效果。建立实训教学质量监控体系，对实训教学过程进行全程监控与评估。制定实训教学标准与考核办法，明确实训教学目标、内容、方法与考核要求。通过学生评教、教师互评、企业评价等多种方式，对实训教学效果进行综合评价，及时发现问题并加以整改。例如，

某高职院校在实训教学过程中，引入企业导师评价机制，企业导师根据教师在实训项目中的表现，从实践操作能力、问题解决能力、团队协作能力等方面进行打分评价，评价结果作为教师绩效考核与职称评定的重要依据，有效保障了实训教学质量。

（六）科教融汇，提升创新能力：以研促教，锻造创新"双师"劲旅

在职业教育与产业升级深度融合的时代背景下，"双师型"教师不仅要具备扎实的专业教学能力，更需拥有敏锐的科研洞察力与创新实践能力。科教融汇作为推动职业教育内涵式发展的关键路径，能够促使教师将科研思维融入教学，以科研成果反哺教学，实现教学与科研的良性互动。然而，当前职业院校教师在科研参与度、科研成果转化能力以及创新团队建设等方面仍存在不足，制约了"双师型"师资队伍整体创新水平的提升。因此，需从鼓励科研参与、打造创新团队等维度发力，构建科教协同育人新格局，为培养适应产业发展需求的高技能人才注入创新动能。

1. 鼓励科研参与，推动成果转化：以研促教，教学相长

（1）搭建科研平台，激发教师科研热情

第一，建设校内外科研基地，拓宽科研渠道。学校积极整合资源，建设一批校级科研平台，如工程技术研究中心、产业技术研究院等，为教师开展科研活动提供基础条件与硬件支持。同时，加强与行业企业、科研院所的合作，共建校外科研基地，让教师能够深入产业一线，参与企业实际科研项目，了解行业最新技术需求与发展趋势。例如，某高职院校与当地一家新能源企业合作，共建"新能源应用技术研究中心"，企业为教师提供实验设备、项目资金与数据资源，教师则针对企业在新能源电池研发、储能系统优化等方面遇到的技术难题开展攻关，在解决企业实际问题的过程中提升自身科研能力。

第二，设立专项科研基金，提供资金支持。学校设立"双师型"教师科研专项基金，针对职业教育领域的热点问题、产业技术难题以及教学改革方向，发布科研课题指南，鼓励教师积极申报。基金对获批项目给予经费资助，涵盖研究设备购置、调研差旅、实验耗材等费用，降低教师科研成本，消除教师参

与科研的后顾之忧。例如，某高职院校每年投入200万元设立科研专项基金，重点支持智能制造、新能源技术、现代服务业等领域的科研项目，吸引众多教师投身科研工作。

（2）促进科研成果转化，融入教学全过程

第一，建立成果转化机制，搭建转化桥梁。学校制定科研成果转化管理办法，明确成果转化的流程、收益分配与激励机制。设立科研成果转化服务中心，为教师提供专利申请、技术评估、市场推广等一站式服务。加强与企业的合作，通过技术转让、合作开发、共建产学研基地等方式，推动教师科研成果向实际生产力转化。例如，某高职院校教师研发的一款新型智能制造检测设备，在学校科研成果转化服务中心的推动下，与当地一家装备制造企业达成合作意向，企业投入资金进行产品中试与量产，产品投放市场后取得了良好的经济效益，同时该技术成果也被引入学校相关专业教学中，成为学生实践教学的典型案例。

第二，推动科研成果进课堂、进教材、进实训。将教师的科研成果融入教学内容与教学实践中，实现科研与教学的良性互动。在课堂教学中，教师结合科研案例讲解专业知识，让学生了解学科前沿动态与实际应用场景，激发学生的学习兴趣与创新思维。例如，在电子信息专业课程教学中，教师将自己在物联网技术研发方面取得的成果引入课堂，通过实际项目案例分析，帮助学生理解物联网通信协议、传感器技术等核心知识点。在教材编写方面，鼓励教师将科研成果转化为教材内容，编写具有前沿性、实用性的特色教材。在实训教学中，将科研成果转化为实训项目，让学生在真实或模拟的科研环境中进行实践操作，提升学生的实践技能与创新能力。

2. 建设国家级教师创新团队：整合资源，创新引领

（1）整合优势资源，打造高水平创新团队

第一，跨专业跨领域组队，汇聚多元人才。打破专业壁垒与学科界限，按照“优势互补、协同创新”的原则，整合学校内部不同专业、不同领域的优秀教师，同时引进企业技术骨干、行业专家等外部人才，组建跨专业、跨领域的国家级教师创新团队。团队成员涵盖教学名师、科研骨干、技能大师等不同类型人才，形成老中青相结合、教学科研相融合的合理人才梯队。例如，某高职

院校围绕智能制造产业需求，组建了一支由机械工程、电气自动化、计算机科学、工业设计等多专业教师以及企业智能制造工程师、行业技术专家共同参与的创新团队，团队成员在各自领域具有深厚的专业造诣与丰富的实践经验，能够从不同角度为智能制造人才培养与技术创新提供支持。

第二，优化资源配置，提供坚实保障。学校为国家级教师创新团队提供全方位的资源保障，包括充足的科研经费、先进的实验设备、宽敞的办公场地等。设立团队建设专项经费，用于支持团队开展科研项目研究、参加学术交流活动、进行人才培养培训等。同时，积极争取政府、行业、企业的支持，整合各方资源，为团队发展创造良好的外部环境。例如，学校与当地政府合作，争取到政府专项扶持资金用于团队建设；与企业签订合作协议，企业为团队提供实习实训基地、项目合作机会与技术咨询指导。

(2) 聚焦教学难题，开发新型成果

第一，聚焦教学痛点，开展专项研究。国家级教师创新团队聚焦职业教育教学中的复杂问题与难点问题，开展专项研究与实践探索。针对专业课程设置不合理、教学方法陈旧、实践教学与产业需求脱节等问题，团队成员通过深入调研、案例分析、实践验证等方式，提出针对性的解决方案与改革措施。例如，某国家级教师创新团队针对传统机械制造专业教学中理论与实践脱节的问题，开展了"基于工作过程系统化的机械制造专业课程体系改革"研究，重构了专业课程体系，开发了一系列以典型工作任务为载体的项目化课程，有效提高了学生的实践操作能力与职业素养。

第二，开发新型课程，创新教学方法。以解决教学问题为导向，开发具有创新性、实用性的新型课程与教学方法。团队成员结合行业最新技术标准与职业岗位要求，开发了在线开放课程、虚拟仿真实验课程、创新创业教育课程等新型课程，满足学生个性化学习需求。同时，探索采用线上线下混合式教学、翻转课堂、项目式学习等新型教学方法，激发学生的学习兴趣与主动性，提高教学效果。例如，某国家级教师创新团队开发的"智能制造虚拟仿真实验课程"，利用虚拟现实技术构建了智能制造生产线的虚拟场景，学生可在虚拟环境中进行设备操作、工艺调试与生产管理，有效解决了实践教学资源不足的问题，同时采用线上线下混合式教学模式，学生在线学习理论知识，线下在虚拟仿真实验室进行实践操作，提高了学习效率与实践能力。

（七）优化激励政策：多维赋能，激发“双师”活力

在职业教育迈向高质量发展阶段，“双师型”师资队伍作为提升人才培养质量、推动教育教学改革的核心力量，其建设成效直接关系到职业教育的社会贡献度与竞争力。激励政策作为激发教师内生动力、引导教师发展方向的重要手段，在“双师型”师资队伍建设中起着关键作用。然而，当前职业院校在激励政策方面存在物质激励不足、精神激励缺位、职业发展通道不畅等问题，难以充分调动教师向“双师型”转型的积极性与主动性。因此，需从薪酬绩效、精神激励、分级认定、职业空间、发展环境等多维度优化激励政策，构建全方位、多层次的“双师型”教师激励体系，为教师成长成才注入强大动力。

1. 深化薪酬与绩效联动机制：物质激励，激发动力

（1）提高课时费标准，凸显劳动价值。依据“双师型”教师承担教学任务的难度、强度与质量要求，科学合理地提高课时费标准。对于实践教学课程、跨专业课程以及采用新型教学方法的课程，给予更高的课时费系数。例如，在智能制造专业中，涉及工业机器人操作、数控编程等实践教学课程的课时费，比传统理论课程课时费提高30%—50%，以体现“双师型”教师在实践教学中的高投入与高价值，激发教师参与实践教学的积极性。

（2）设立专项津贴，鼓励多元发展。针对“双师型”教师承担的特殊工作任务与取得的重要成果，设立专项津贴。如设立企业实践津贴，对深入企业挂职锻炼、参与企业技术研发项目的教师，按照实践时间与贡献大小给予相应补贴；设立科研成果转化津贴，对将科研成果成功转化为实际生产力并产生经济效益的教师，给予一定比例的收益分成；设立技能竞赛指导津贴，对指导学生参加各类职业技能竞赛并获奖的教师，根据竞赛级别与获奖等级给予奖励，鼓励教师在教学、科研、实践指导等多方面全面发展。

（3）给予物质奖励与荣誉表彰，树立标杆典范。建立完善的“双师型”教师奖励制度，对在教学改革、技术创新、社会服务等方面表现突出的教师给予物质奖励。设立“双师型”教师年度贡献奖、教学创新奖、技术能手奖等多个

奖项，对获奖教师给予奖金、奖品等物质奖励。同时，通过学校官网、宣传栏、表彰大会等多种渠道，对获奖教师进行广泛宣传与荣誉表彰，树立"双师型"教师标杆典范，发挥榜样的示范引领作用，激发广大教师的荣誉感与进取心。

2. 强化精神激励与职业发展：职业赋能，拓宽路径

（1）职务晋升倾斜，畅通上升通道。在职务晋升方面，向"双师型"教师倾斜。制定专门的"双师型"教师职务晋升标准与条件，在同等条件下，优先考虑具有丰富企业实践经验、取得显著教学与科研成果的"双师型"教师晋升高级职称。例如，在教授职称评审中，将企业实践经历、行业影响力、技术技能水平等作为重要评价指标，明确规定"双师型"教师在企业实践累计时间达到一定标准，且主持或参与过企业重大技术改造项目，可适当放宽论文发表数量等要求，为"双师型"教师提供更广阔的职务晋升空间。

（2）教育培训优先，提升专业素养。为"双师型"教师提供更多、更优质的教育培训机会。在国内外访学、进修培训、学术交流等项目中，优先选派"双师型"教师参加。支持"双师型"教师参加行业认证培训、技能大师工作室研修等活动，提升其专业技能与职业素养。例如，学校每年安排专项经费，选派20%—30%的"双师型"教师赴国内外知名高校、科研机构或企业进行为期3—6个月的访学进修，学习先进的教育理念、教学方法与前沿技术，并将所学知识带回学校，促进全校教师共同提升。

（3）评优评先侧重，彰显突出贡献。在各类评优评先活动中，侧重"双师型"教师。在优秀教师、优秀教育工作者、师德标兵等评选活动中，提高"双师型"教师的入选比例。对在产教融合、校企合作、社会服务等方面作出突出贡献的"双师型"教师，将给予重点表彰与奖励。例如，在省级优秀教师评选中，明确规定"双师型"教师占比不低于40%，通过评优评先活动，充分肯定"双师型"教师的工作成绩，增强其职业认同感与成就感。

3. 建立动态调整与分级认定机制：精准激励，优化结构

（1）依据能力水平贡献，开展分级评价。制定科学合理的"双师型"教师分级认定标准，从教学能力、实践能力、科研能力、社会服务能力等多个维度对教师进行综合评价。根据评价结果，将"双师型"教师分为初级、中级、高

级三个等级，明确不同等级教师的职责、权利和待遇。例如，初级"双师型"教师须具备基本的实践教学能力和一定的企业实践经验；中级"双师型"教师需在教学改革、实践教学指导等方面取得一定成绩，且在企业参与过重要项目研发；高级"双师型"教师需在行业内具有较高的知名度和影响力，能够引领专业发展和产教融合创新。

（2）实施动态调整管理，激发竞争活力。建立"双师型"教师分级动态调整机制，定期对教师进行复评和重新认定。对于在评价周期内教学、科研、实践等方面取得显著进步、达到更高等级标准的教师，予以晋升等级；对于未能达到相应等级要求、工作业绩下滑的教师，将进行降级处理。通过动态调整，形成"能上能下、能进能出"的竞争机制，激发"双师型"教师的进取精神和危机意识，促使他们不断提升自身能力和水平。

（3）优化队伍结构布局，提升整体素质。根据学校专业发展需求和"双师型"师资队伍现状，制定合理的队伍结构调整目标。通过分级认定和动态调整，引导教师合理流动，优化年龄结构、学历结构、职称结构和专业结构。加大对新兴专业、紧缺专业"双师型"教师的培养和引进力度，提高教师队伍的整体素质和适应产业发展变化的能力。例如，针对智能制造、大数据、人工智能等新兴专业，制定专项人才培养计划，吸引和培养一批具有创新能力和实践经验的"双师型"教师，为学校专业转型升级提供人才支撑。

4. 拓宽职业发展空间与晋升机会：特色岗位，高阶引领

（1）设立特色岗位，满足多元需求。结合学校特色专业和重点发展领域，设立"产业教授""技能大师工作室主持人""创新创业导师"等特色岗位。面向行业企业聘请具有丰富实践经验和较高技术水平的专家担任"产业教授"，与校内"双师型"教师共同开展教学、科研和人才培养工作；选拔校内优秀"双师型"教师担任"技能大师工作室主持人"，带领团队开展技术研发、技能传承和创新实践；选拔具有创新创业经验和成果的教师担任"创新创业导师"，指导学生开展创新创业实践活动。特色岗位不仅为"双师型"教师提供了新的职业发展平台，也促进了学校与企业的深度合作和产教融合。

（2）推荐高层次人才项目，助力成长成才。积极推荐优秀"双师型"教师

参与国家、省、市等各级各类高层次人才项目评选，如"万人计划"教学名师、省级"双师型"名师工作室主持人、省级技术能手等。为入选高层次人才项目的教师提供专项经费支持、科研条件保障和政策优惠，助力他们在专业领域取得更高成就。通过高层次人才项目的引领和示范作用，带动更多"双师型"教师成长为行业领军人才和教育教学专家。

5. 营造优良发展环境与氛围：环境激励，凝聚发展合力

（1）完善教学科研设施，提供坚实保障。加大对教学设施和科研设备的投入，建设一批现代化、智能化的实践教学基地和科研创新平台。为"双师型"教师提供充足的教学资源和实践设备，满足其教学和科研需求。例如，建设虚拟仿真实训中心、智能制造实验室、大数据分析平台等，让教师能够利用先进的技术手段开展教学和科研工作，提高教学和科研效率。同时，加强学校图书馆、数据库等学术资源建设，为教师提供丰富的文献资料和学术信息支持。

（2）保障科研经费投入，鼓励创新探索。设立"双师型"教师科研专项经费，根据教师的科研规划和项目需求，给予充足的经费支持。鼓励教师开展产学研合作研究，对与企业联合申报的科研项目给予优先资助。简化科研经费报销流程，提高经费使用效率，让教师能够更加专注于科研工作。例如，某职业院校每年投入500万元作为"双师型"教师科研专项经费，对获批国家级、省级科研项目的教师，按照项目经费的一定比例给予配套支持，为教师的科研创新提供了有力的经费保障。

（3）搭建学术交流平台，促进思想碰撞。定期举办学术讲座、研讨会、教学观摩等活动，邀请国内外知名专家学者、行业精英来校讲学交流，为"双师型"教师提供与同行交流学习的机会。鼓励教师参加国内外学术会议、行业论坛等活动，拓宽学术视野，了解学科前沿动态和行业发展趋势。同时，支持教师开展校际交流与合作，与兄弟院校的教师共同开展教学研究、课程开发和项目合作，促进教育教学经验的共享和教育教学质量的提升。

（4）加强师德师风建设，营造良好风尚。将师德师风建设作为"双师型"师资队伍建设的首要任务，建立健全师德师风考核评价机制，将师德表现作为教师年度考核、职务晋升、职称评定、评优评先的首要标准。开展师德师风专

题教育，引导教师树立正确的教育观、价值观和职业观，弘扬敬业爱生、教书育人、严谨治学、为人师表的优良师德风尚。对师德表现优秀的"双师型"教师进行表彰奖励，对违反师德师风行为的教师实行"一票否决"，营造风清气正的教育教学环境。

第三节　教师数字素养提升实践分析

随着信息技术的迅猛进步，教育领域正经历着深刻的数字化转型。为加快职业教育数字化转型，2018 年，中共中央、国务院发布《关于全面深化新时代教师队伍建设改革的意见》，明确指出教师应当积极主动地适应信息化、人工智能等新型技术所带来的变革趋势。这一要求不仅体现了教育部对教师队伍建设的高度重视，也反映了新时代背景下对教师专业素养和创新能力的新要求。

当前，高职院校的教师正处于一个至关重要的历史转折点上。一方面，他们面临着将数字技术深度融入教学体系的艰巨任务；另一方面，他们也迎来了提升自我、实现职业飞跃的宝贵机遇。在此背景下，深入剖析高职教师在数字技术应用领域的现状，总结成功经验，直面挑战，对于探索教师数字素养提升及技术应用能力强化的路径具有重要意义。

一、教学数字化技术的内涵

教学数字化技术是指在教育教学活动中采用的一系列数字工具与方法，其核心目的在于实现教育资源的数字化、网络化及智能化转型，从而为教学活动增添更多便捷性、创新性与优化空间。这些技术广泛涵盖了互联网技术、人工智能技术、虚拟现实技术等前沿领域，它们不仅颠覆了传统的教学模式，更为教育者和学习者双方带来了前所未有的诸多益处。

二、教学数字化技术的表现形式与影响

数字化不仅是技术范畴的革新，更映射出代际间的社会变迁，其核心在于人的数字化和思维方式的转变，进而引发社会关系的深刻变革。在高职教育的

数字化转型过程中，教育理念、教学模式、教育体制等多个方面都经历了全面的革新，具体体现在以下方面：

（一）数字教学资源方面

（1）资源多元化。数字教学资源囊括了电子教材、在线课程、虚拟实验室等多种形态。以国家智慧教育公共服务平台为例，该平台通过开放共享机制，汇聚了自然科学、农业科学、医药科学、工程与技术科学、人文社科等多个学科领域的广泛教学资源。这些资源依据信息特性，可进一步细分为媒体素材、集成资源、网络课程等多种类型，极大地充实了教学资源库的内容与多样性。

（2）资源获取的便捷性。网络平台使得学生和教师可以轻松获取电子书、教学视频、音频等多样化的教学资源，极大地拓宽了学习内容和教学手段，提高了资源利用效率。

（二）教学互动形式方面

（1）双向互动教学。借助虚拟课堂、远程教育等技术手段，教学互动不再受时空限制。在线教育平台使教师能够实时授课，学生则能即时提问、参与讨论，形成了更加开放、互动的学习环境。

（2）协作知识创造。数字技术支撑的互动互联学习环境促进了协作知识创造的新型教学模式。教师与学生、学生与学生之间能够开展广泛而深入的合作学习，共同构建知识体系，提升了学习的深度和广度。

（三）教学评价方面

精准评价系统。数字化评价系统凭借其强大的数据分析能力，能够实时监测学生的学习进度和掌握情况，为教师提供详尽而精确的教学反馈。这一系统不仅能帮助教师及时识别学生的学习难点和兴趣点，还能指导教师灵活调整教学策略，以满足不同学生的学习需求，从而实现真正意义上的个性化教学与因材施教。

（四）教学管理方面

系统管理。通过数字化管理系统，实现了对学校、教师、学生的全面系统管理，显著提高了管理效率。教师可以利用该系统对教学全过程进行动态评估，根据学情评估结果精准调整教学进度和策略，确保教与学的高度适配，提升教学质量和管理水平。

三、教学数字化技术的优势

（一）资源方面

（1）丰富多样的教学资源触手可及。学生可以通过电子书、视频、音频以及在线交流互动等多种方式轻松获取知识，而教师则能借助教学平台高效地布置任务、批改作业及管理学生。这一变革打破了传统教学的局限，实现了教学资源的广泛共享与高效利用。

（2）资源类型多样且生动有趣。数字化资源涵盖了文本、声音、图画、动画和视频等多种媒体形式，表现形式丰富多样，内容生动有趣。这些资源不仅提升了学生的学习兴趣，还在网络这个无限宽广的平台上，让每个人都有可能成为学生学习道路上的指导者，促进了知识的广泛传播与共享。

（二）学习体验方面

（1）突破时空限制。互联网四通八达，且能提供全天候不间断的服务，学生学习不再受时空的限制。信息传输迅速且多媒体内容丰富，使得受教育机会增多，学习更加便捷。同时，多感官刺激、超级链接、便捷沟通、合作协商及求助等特性，完美响应了信息时代的教育需求。

（2）满足个性化学习需求。网络教育教学方法超越了传统教育的固定框架和内容限制，能够提供多元化的学习路径和方案，精准满足分层次教学的需求。这一模式不仅打破了时空的束缚，使得学习不再受地点和时间的限制，还作为传统教育教学方法的重要补充和拓展，为学习能力强的学生开辟了深入探究的广阔空间，同时也为学习能力稍弱的学生提供了强化基础和补充知识的宝贵机会。

（3）体现学生主体精神。借助网络教育教学方法的开放性特点，能够有效激发学生的协作精神，深入挖掘每一位学生的学习潜力。协作学习模式与当代学生积极探索知识奥秘的天性相契合，学生可以通过网络平台的聊天室、论坛、留言板等多样化渠道进行互动交流与学习分享。在此过程中，教师扮演着组织者与参与者的双重角色，不仅引导学生开展协作学习，还积极参与其中，发挥关键的指导作用，促进学习过程的深入与高效。

（三）教学效果方面

（1）提高教学效率和质量。数字化教学手段能够显著提升学生的学习投入度，有效激发其学习兴趣与主动性，促使学生更加积极地参与到教学互动之中。尤为重要的是，此类技术为教师提供了实现定制化教学的有力支撑，使教师能够依据每位学生的特性与需求，精心规划教学方案，进而助力学生更深刻地理解与掌握知识，优化学习成效。

（2）攻克教学难点与重点。多媒体技术凭借其出色的模拟与展示能力，能够生动再现教学内容，对于解决教学难点与重点问题具有显著成效。例如，在基坑支护章节的教学中，运用相关技术生动呈现基坑坍塌的实际场景，能够取得极佳的教学效果，有效克服传统教学方法中单一的说教与枯燥文字描述弊端，向学生直观展示形象、具体的教学情境。

（3）推动教育教学的创新发展。数字化教学引领教育领域迈入了一个崭新的时代，为教育行业带来了颠覆性的理念与方式，有力促进了教育不断适应并引领时代发展的步伐。它不仅打破了传统的教学方式与学习模式，还极大地加速了教育内容的更新迭代以及教育评价体系的深刻变革，为教育的未来发展注入了持续不断的活力与创新能量。

四、加强教师数字技术应用能力培养的必要性

（一）顺应教育数字化发展的迫切需求

（1）适应教育模式的深刻变革。随着数字技术在教育领域内的广泛渗透与深度融合，教育正加速向数字化、智能化转型。在线学习平台、数字化教材等新型教育资源层出不穷，要求教师必须掌握并熟练应用数字技术，以便高效整合这些资源于教学之中，紧跟教育领域这一不可逆转的变革步伐。例如，数字

化教材借助多媒体技术，能够极大丰富教学内容，增强互动性，若教师缺乏数字技术应用能力，则难以充分挖掘这些资源潜力，提升教学质量与效率。

（2）满足学生个性化学习的迫切需求。数字技术的运用为教育个性化提供了强有力的支撑。教师利用数字技术工具，能够精准追踪每位学生的学习进度与成效，进而提供更为贴合其需求的个性化教学方案。此外，教师还可以基于数字技术，分析学生的学习行为与成绩数据，为每位学生量身定制学习路径与资源推荐，实现精准施教，有效提升学习成效。例如，通过分析学生的相关数据，精准推送个性化学习材料，助力学生实现更高效、更有针对性的学习。

（二）提升教学质量的关键要素

（1）强化教学交互性。数字技术（涵盖多媒体技术、动画设计及互动游戏等多种形式）凭借其出色的交互特性，极大地激发了学生的学习热情。当教师能够熟练掌握并巧妙运用这些数字技术时，就能有效增进与学生的双向交流，充分激发学生的积极性与情感共鸣，从而显著提升教学质量。通过数字技术的应用，可以为课堂营造一种轻松活泼的学习氛围，增加趣味性并提升学生的课堂参与度，使学生在享受学习过程的同时，自然而然地吸收并掌握所学知识。

（2）提高教学效率与透明度。教师利用数字技术的优势，能够实时捕获学生的学习反馈，精准掌握教学进度，并据此实现教学的灵活调整与优化。具体而言，数字化工具能够迅速收集并解析学生的学习数据，使教师能够深入洞察学生对知识的掌握程度，从而有针对性地调整教学内容与教学节奏，以达到更高的教学效率并确保教学质量的稳步提高。相比之下，缺乏数字技术应用技能的教师在这一过程中可能会面临较大难度，难以实现同等的教学效果与精确度。

（三）教师自身专业成长的必由之路

（1）推动教学方法创新。掌握数字技术为教师探索创新教学方法开辟了无限的空间，催生了诸如混合式教学、互动式学习等一系列新型教学模式。在数字化时代，教师需要不断勇于尝试与探索，以适应并满足学生日益多样化的学习需求。数字技术为此类教学创新提供了坚实的支撑与丰富的工具，然而，若教师缺乏相应的数字技术应用能力，将在教学方法的创新之路上遭遇诸多挑战与阻碍，难以充分发挥数字技术带来的教学潜力。

（2）提升信息素养与数据决策能力。数字技术应用能力的提升，有助于教师高效获取、评估与利用信息，同时增强其在教学中运用数据进行决策与评价的能力。这对于教师在信息爆炸的数字化时代保持专业竞争力至关重要，使教师能够更好地应对教学中的信息筛选与处理需求，提升教学决策的科学性与准确性。

（四）培养学生数字素养的关键环节

（1）引导学生正确应用数字技术。教师自身数字技术应用能力的提升，为学生树立了正确使用数字技术的榜样。教师可以指导学生如何筛选、评估与利用数字资源，如何运用数字工具进行学习创新，从而有效提升学生的数字素养与自我学习能力。

（2）激发数字创新能力。教师在教学中运用数字技术，如虚拟实境技术重现历史场景等，能够激发学生的好奇心与创造力，鼓励学生参与数字文化创意等实践活动，培养学生的数字创新思维与实践能力，为未来社会的数字化挑战做好准备。

（五）促进教育领域交流合作的基石

1. 校内交流合作

在学校内部，提升教师的数字技术应用能力是促进跨学科交流与合作的重要桥梁。借助数字技术，教师们能够轻松整合并共享来自不同学科的教学资源，交流教学经验与有效的教学方法，这不仅促进了教师之间的相互学习与共同进步，还营造了一种学科交叉融合、互补互促的良好氛围，为学校教育的多元化与综合性发展奠定了坚实基础。

2. 校际交流合作

（1）资源共享。提升教师的数字技术应用能力对于构建校际数字课程资源库、优秀教学案例库及教师资源共享平台至关重要。这一举措能显著促进教育资源的合理调配与广泛共享，助力教育均衡化发展，有效缓解校际教育资源差异，为达成教育公平与提升教育质量作出积极贡献。

（2）经验借鉴与能力提升。教师可以借鉴其他学校的优秀数字教学案例，通过对比分析，吸收先进的教学理念与技术手段，进而提升自身的数字教学能力。这一过程中，教师须具备一定的数字技术应用基础，以便更好地吸收、转化并创新外部经验，实现个人与团队教学能力的共同提升。

（3）职业教育国际化交流。第一，适应国际教育标准。随着职业教育国际化的不断推进，教师需要具备良好的数字技术应用能力，以便理解并融入国际职业教育中的数字技术相关标准，如在线课程质量标准、数字技能认证标准等。这将有助于推动本校教育教学与国际接轨，提升学校的国际竞争力。第二，拓宽国际合作与交流途径。教师可以借助数字技术，搭建与国际职业院校、企业的合作与交流平台，开展线上国际学术交流、学生作品展示、教师教学经验分享等多种活动。这将有助于拓宽教师的国际视野，增进对国际职业教育发展趋势的了解，促进国内外职业教育的深入合作与交流，共同推动职业教育的国际化进程。

五、高职教师数字技术应用能力存在的短板

在高职教育领域，数字化浪潮的迅猛推进使得高职教师数字技术应用能力的不足日益显著，主要体现在以下几个关键方面：

（一）数字技术知识掌握不深入

部分高职教师对新兴的数字技术，如人工智能、大数据、区块链等，缺乏全面且深入的理解。在大数据的应用上，部分教师未能有效掌握如何收集、分析和利用学生在学习过程中产生的大量数据来优化教学策略。例如，某高职院校在引入先进的数字化教学平台后，一些教师仅能使用平台的基本功能，对于平台提供的学生学习行为分析、个性化学习路径推荐等高级功能却无从下手，这明显反映出他们在数字技术知识上的不足。

（二）软件和工具应用技能有限

高职教师在教学软件和工具的应用上存在明显的短板。对于专业的教学软

件，如虚拟仿真软件，许多教师无法熟练操作，从而无法充分发挥这些软件在教学中的潜力。同时，对于常用的办公软件和在线教学平台，他们的应用也仅停留在表面。例如，在使用 PowerPoint 或 WPS 时，他们可能仅进行简单的文字和图片展示，而忽视了动画、交互等功能的运用。在在线教学平台方面，如腾讯课堂、学银在线等，他们可能未能充分利用分组教学、实时数据分析等高级功能。

（三）教学优化与创新应用不足

（1）教学模式创新匮乏。尽管数字技术为教学模式的创新提供了无限可能，但高职教师在这方面的尝试却显得力不从心。他们难以突破传统教学模式的束缚，无法充分利用数字技术来创造新的教学模式。例如，虚拟现实（VR）和增强现实（AR）技术为沉浸式学习提供了可能，但很多高职教师却未能将这些技术融入教学之中，仍然依赖传统的课堂讲授和实操练习。

（2）教学资源整合能力弱。在整合数字化教学资源方面，部分高职教师显得力不从心。他们无法有效地筛选和整合各种数字教学资源，如在线课程、开放教育资源等，以丰富自己的教学内容和形式。他们仍然主要依赖自己编写的教案和教材进行教学，导致教学内容相对单一，缺乏吸引力。

（四）学习情况评价与分析能力欠缺

（1）评价手段单一。在教学评价方面，部分高职教师仍然主要依赖传统的考试和作业来评价学生的学习情况。他们未能充分利用数字技术提供的多元化评价手段来更全面地评价学生的学习过程和效果。例如，他们可能未能利用数字技术对学生在线学习的时长、参与讨论的活跃度等数据进行深入分析。

（2）缺乏深度数据分析能力。即使在使用了一些数字化的评价工具后，部分高职教师也只是简单地查看结果，而未能深入分析数据背后反映出的学生学习困难和知识掌握的薄弱环节。他们可能未能根据数据分析的结果来调整教学策略，以更好地满足学生的学习需求。

（五）专业能力提升不足

（1）课程开发能力弱。在数字化课程开发方面，高职教师存在明显的困难。他们可能缺乏数字化思维，无法根据数字技术的特点和学生的在线学习习惯来设计课程结构和安排教学内容。这可能导致数字化课程的吸引力和教学效果不佳。

（2）与行业数字化发展脱节。高职教育的核心使命是为各行业培育技术技能人才，以满足其持续发展的需求。然而，随着数字技术的日新月异，行业正经历着深刻的变革。遗憾的是，许多高职教师未能及时跟上这一数字化转型的步伐，导致他们的教学内容与当前行业的实际需求之间存在明显的脱节。这种脱节可能会使学生在毕业后难以迅速融入并适应行业内的数字化工作环境，从而影响他们的职业发展。因此，高职教师迫切需要不断提升自身的专业能力，尤其是数字技术的应用能力，以确保他们的教学内容能够紧密贴合行业的发展趋势和实际需求。通过不断更新知识结构、掌握最新的行业技能，高职教师将能够更好地引导学生掌握适应未来职场所需的技能，为他们的职业生涯铺平道路。

六、提升教师数字化素养的综合策略

提升教师数字化素养是顺应现代教育发展趋势的关键举措。为全面增强高职教师的数字化素养和能力，本书在充分分析数字技术发展的基础上，结合高职教师数字技术应用能力存在的短板，提出如下提升教师数字化素养的综合性策略：

（一）强化数字化意识与认知

（1）深化数字技术理解。教师应深刻认识到数字化在教育中的潜力和价值，用数字化思维武装头脑，指导教育教学工作实践。动态关注全球数字经济的发展前沿，了解数字经济发展给教育领域带来的复杂而深远的影响和变革，把握其带来的挑战与机遇。通过深入学习，理解数字技术如大数据、人工智能等对教育教学的深远影响，从而主动适应并引领教育数字化转型。

（2）提升数字技术概念掌握。加强对数字技术基础概念的学习，如云计算、物联网等，以便更好地理解数字技术在教学中的应用原理，提升解答学生疑问的能力，增强在数字化教育环境中的权威性和可信度。

（二）加强数字技能培训

（1）系统学习。教育行政部门和学校应加大数字技术理论知识培训力度，支持与引导广大教师深入学习与掌握人工智能、大数据、虚拟现实、云计算等数字技术的概念、特点及其应用领域。通过专家讲座、经验分享、案例研讨等形式，扩展教师的数字技术知识面，尽快建立数字技术知识图谱和理论框架。

（2）技能提升。教师应系统掌握数字技能，包括计算机基础操作、网络应用、多媒体制作、数据分析等基本技能，以及与教学相关的专业软件和技术。通过参加数字技能培训课程、在线课程、技术论坛等活动，不断提升自身的数字技能水平。

（3）精准培训。通过测评了解每个教师的个体差异和发展需求，定制个性化课程菜单，进行精准实训，实现对教师的因材施教。

（4）专题培训。专题培训不仅要帮助教师实现对特定技能的专项突破，也要在头脑风暴的过程中促进教师提升数字化教学研究与创新能力。科学的理论指导可以确保培训内容的前瞻性和实效性。

（三）创新数字素养培训模式

（1）精准化培训策略。结合学校实际情况、教师专业能力及行业发展需求，开展精准化数字素养培训。注重教师数字技术知识储备与实际应用能力的提升，引导教师将数字技术融入教学实践。

（2）教学研究与实践能力培养。鼓励教师开展数字化专业教学研究，利用数字技术改进教学实践。通过搭建虚实结合的教研空间，促进教师专业能力与教学实践的融合，实现个人专业能力的全面提升。

（四）搭建数字化教学与实践平台

（1）提供资源。学校应提供技术支持与资源引进，建设或引入优质的教学资源平台，支持教师的数字化教学实践。通过沉浸式数字化教育环境，激发教师学习数字技术的热情，提升数字教学资源开发能力。

（2）实践应用。教师应将所学技术应用于教学设计、课堂实施、作业布置等各个环节，通过实践加深理解。深化数字化教学应用，促进教育教学模式的变革，提高教育质量和效率。

（3）组建研修小组与专家指导。邀请行业专家进校指导，组建研修小组，共同研究数字化教学实践中的问题与挑战。通过合作研究，逐步构建起“数字+教学”的数字化实践平台，如虚拟仿真实训中心、智慧教室等。

（五）营造数字化教学环境

（1）完善硬件设备基础。为学校配备足够的计算机设备，并确保其性能满足教学需求。同时，提供与专业相关的实验设备，如图形工作站、示波器等，并实现数字化接口，方便教师进行数字化教学演示。

（2）丰富软件资源与数字资源库。提供教学管理软件、教学资源制作软件等资源，并建设数字资源库，整合各类教学资源。通过分类管理，方便教师查找和使用，提高教学准备的效率。

（六）构建协同机制与交流平台

（1）创建数字化学习社区。为教师提供持续学习和交流的空间，放置丰富的数字化技术学习资源。建立教师之间的交流互动机制，分享数字化技术应用经验、问题及解决方案。

（2）建立教师交流平台。鼓励教师之间分享数字化教学的经验和心得，互相学习和借鉴。通过交流平台的互动和讨论，拓宽视野，提升数字化素养。

（3）构建教师学习共同体。组织数字化教学研究小组，定期讨论数字化教学中遇到的问题，分享成功经验和创新做法。同时，跨校际的教师学习共同体也能发挥重要作用，拓宽视野，学习先进经验。

（4）开展教学竞赛与评比活动。通过举办教学竞赛和评比活动，激发教师的创新精神和竞争意识，推动其不断学习和进步。同时，为教师提供展示才华和成果的机会，增强职业荣誉感和归属感。

（七）培养教师社会责任感

（1）学习法律法规。教师应系统学习《中华人民共和国数据安全法》《中华人民共和国个人信息保护法》等法律法规，严格遵守数字社会法律与道德规范。在使用数字教育产品和服务时，要确保合法合规，不侵犯他人权益。

（2）树立安全意识。教师应自觉增强数字教育安全责任意识，包括学生、家长等相关数据的安全收集、存储、传输和使用。通过探索建立数字网络安全防护体系，加强数字教育安全监测与应急响应，定期维护与及时更新网络设备的安全防护软件系统，共同筑牢学校数字安全防线。

（3）引导学生。教师应引导学生树立正确的网络安全观，防范网络诈骗、谣言等不良信息的传播。通过培养学生的批判性思维和信息甄别能力，提高其在海量信息中筛选、甄别有价值内容的能力。

（八）完善激励与评价体系

（1）纳入评价体系。应将教师的数字素养纳入教师评价体系标准中，建立科学合理的激励机制。

（2）示范引领。通过评选和推广一批在数字素养提升方面取得显著成效的示范校和示范项目，鼓励教师积极提升数字素养和教学能力。

（3）打造教研共同体。为教师提供交流数字化教学应用经验和分享成果的平台。通过教学案例、学术论文等形式进行分享和交流，不断优化教学策略，促进教师个人专业成长。

第四章　教材改革：新形态教材开发与产教融合适配

教材作为教学活动的核心依托，肩负着知识传递与技能培养的双重使命。在职业教育的范畴里，教材不仅是课程搭建的基石，更是连接产业需求与教学实践的关键纽带。随着“职教 20 条”明确提出“三教”改革任务，教材改革已然成为职业教育顺应产业升级的重要突破口。

国家陆续颁布了一系列政策和文件来推进职业教育教材建设，如《关于组织开展“十三五”职业教育国家规划教材建设工作的通知》《职业院校教材管理办法》《职业教育提质培优行动计划（2020—2023 年）》等。2022 年，《中华人民共和国职业教育法》以法律形式规定可通过活页式教材动态更新内容。2022 年 12 月，中共中央办公厅、国务院办公厅印发的《关于深化现代职业教育体系建设改革的意见》提出打造优质教材，引入新方法、新技术、新工艺、新标准。2024 年，新“双高”战略提出打造“金专、金课、金师、金地、金教材”，提升高职院校的整体办学水平。这些政策为职业教育教材开发和建设提供了有力的支持和保障。

从概念层面来讲，教材可分为广义与狭义两类。广义教材涵盖了所有有助于学习者增长知识或提升技能的教学素材，包含纸质书籍、数字资源、校本材料等多样化的形态；狭义教材特指教科书，它是课程体系的核心构成部分，通常会配备教师指导用书、练习手册、音像制品以及在线课程等辅助材料，共同搭建起完整的教学体系。

依据呈现形式，教材可细分为纸质教材、音像教材、电子教材和网络教材。纸质教材作为传统的教学媒介，在教育中依然发挥着不可替代的作用；音像教材借助视听结合的方式，丰富了教学手段；电子教材和网络教材则依托信息技术，打破了时空限制，让学习变得更加便捷、灵活且富有乐趣。《职业院校教材管理办法》明确规定，职业院校教材是专为职业学校师生设计的，用于课堂教学和实习实训的书籍及相关辅助资源，这凸显了其在职业教育体系中的关键地位。

在当下科技迅猛发展、产业结构加速升级的大环境下，高职教育正面临着结构性矛盾。一方面，教材内容滞后于技术迭代。例如，在建筑工程专业领域，部分教材仍以传统的建筑工艺和施工方法为主导，未能及时反映行业最新的绿色建筑技术、智能建造技术等。另一方面，实践导向有所欠缺。2022 年高职院校教材调研数据显示，约 70%的教材缺乏企业真实项目案例，导致学生在学习过程中难以将所学知识应用到实际的建筑工程项目中。再者，国际化水平偏低，仅有 15%的建筑工程专业教材融入了国际建筑职业资格标准，不利于培养具有国际视野的建筑工程人才。这些问题直接导致教材与产业需求出现“脱节”现象，制约了产教融合的深度发展。上述问题的存在，不仅影响了职业教育教学质量的提升，降低了建筑工程专业学生的就业竞争力，还对整个职业教育体系的稳健发展造成了阻碍。

鉴于此，高职院校教材改革迫在眉睫。教材改革作为“三教”改革的关键环节，也是推动职业教育创新发展的必然选择。通过改革，能够将新技术、新工艺、新方法融入教学内容，强化教材的实践性和职业性，确保教材与产业需求紧密衔接；引入前沿的教学理念与方法，提升教材的科学性、实用性和创新性；优化教材结构，构建“纸质+移动端+云端”的立体化教材体系，满足学生的个性化学习需求。特别是“新形态教材开发”，能够充分利用信息技术，突破传统教材的局限；建立教材与产业需求的动态适配机制，例如，引入企业参与教材修订的“双元制”模式，从而更好地助力学生的个性化发展和职业成长。

在本章中，我们将着重探讨新形态教材开发的具体策略以及产教融合适配的有效路径，期望能为高职院校教材改革提供有益的参考与借鉴。

第一节　高职院校传统教材的局限性分析

在当今时代，全球科技革命与产业变革的浪潮汹涌澎湃，经济结构正经历着前所未有的加速调整。新兴产业如雨后春笋般不断涌现，展现出蓬勃的发展活力；传统产业也积极投身于数字化、智能化的转型浪潮之中，奋力实现自身的升级蜕变。在这一时代背景下，高职教育与产业发展紧密相连，肩负着为社会培育大批适应产业需求、具备高素质技术技能人才的重任，已然成为推动经济社会发展的重要引擎。

从产业发展的具体需求来看，“中国制造 2025”战略聚焦于高端装备制造、新一代信息技术、新能源等关键领域，促使产业升级步伐不断加快，对相关技术技能人才的需求急剧增加。与此同时，“一带一路”倡议的深入推进，推动着我国企业加快“走出去”的步伐，国际产能合作日益深化。这一系列变化，对高职人才提出了更高的要求，他们不仅需要熟练掌握国内先进技术，还要具备国际视野和跨文化交流能力，以适应全球化竞争的挑战。

此外，人工智能、大数据、物联网等前沿技术的飞速发展，更是引发了职业岗位内涵和外延的深刻变革。如今的职业岗位，对从业者的综合素质和创新能力提出了更高的标准，这无疑给高职教育的人才培养带来了新的课题。

在高职教育中，教材作为教学活动不可或缺的核心要素，承担着知识传授、技能培养和价值观塑造的重要使命，其质量直接关系到人才培养的效果。然而，现实情况却不容乐观。当前高职院校广泛使用的传统教材，大多是在产业环境相对稳定的时期编写的。在产业快速变化的今天，这些教材难以适应新的产业需求，暴露出诸多问题。其中，内容陈旧、更新缓慢是最为突出的，新技术、新工艺、新规范未能及时融入教材，导致学生所学知识与实际工作场景严重脱节。

鉴于上述情况，剖析高职院校传统教材的局限性显得尤为重要且具有极其深远的现实意义。从教学层面来看，深入剖析传统教材的局限，有助于打破其对教学内容和形式的束缚，推动教材内容的动态更新以及教学方法的创新。如此一来，教学将更加贴近产业实际，教学的针对性和实效性也将得到显著提升，进而有力地推动高职教育教学质量的提高。

从学生发展的角度而言，剖析传统教材的局限性能够促使学生接触到更前沿、更实用的知识和技能。这不仅能激发学生的学习兴趣和创新精神，还能培养他们的自主学习能力以及解决实际问题的能力，为学生的职业发展奠定坚实的基础，增强他们在就业市场中的竞争力。

从产业发展的层面来讲，剖析传统教材的局限性能够促使职业教育更好地服务于产业升级。通过改进教材，职业教育可以为企业提供符合需求的高素质技术技能人才，推动产业技术创新和可持续发展。

此外，剖析高职院校传统教材的局限性，还是深化职业教育教学改革、提升职业教育吸引力和社会认可度的关键举措。这有助于构建一个更加完善、更具活力的职业教育体系，推动职业教育更好地适应时代发展的需求。

鉴于此，本节将深入剖析高职院校传统教材的局限性，旨在为动态化、产业化的教材开发提供坚实的理论依据与可行的实践路径。

一、教材内容问题

（一）内容陈旧，与生产实践脱节

（1）新知识融入滞后，难以满足现代需求。传统高职院校教材往往基于传统的学科体系进行编写，导致新知识、新技术、新工艺、新材料等前沿内容难以及时纳入。诸如新材料的使用、检测等职业技能知识在高职院校教材中鲜有涉及，无法满足现代社会对人才培养的迫切需求。此外，高职院校教材的编写者多为学校教师，他们可能缺乏对企业先进技术、岗位需求和生产工艺的深入了解，这进一步加剧了教材内容与生产实践之间的脱节。例如，在建筑施工领域，基坑支护是至关重要的技术环节，在《建筑施工技术》教材中却往往未能深入剖析，导致学生难以从中获得岗位所需的具体知识与技能。

（2）案例融入不足，与现实需求脱节。高职院校教材在反映专业发展动态方面存在明显不足，缺乏真实案例的融入，导致教材内容与现实需求严重脱节，无法适应知识经济和现代高新技术发展的需求。传统教材对新知识反应迟钝与高职专业紧密贴合生产实践、建设前沿、服务一线及管理领域的即时需求形成了鲜明对比，严重阻碍了高等技术应用型人才培育目标的实现。更为关键的是，这种滞后不仅体现在知识内容的更新上，还深刻影响了学生实践能力的培养，使他们难以适应快速变化的行业环境和技术革新，从而未能充分满足市场对于具备高度专业技能与创新能力人才的需求。

（3）知识点冗余与谬误交织，制约教学成效。高职院校教材在知识点的呈现上普遍存在重复现象，缺乏应有的创新力与独特性，使得教材内容显得单调乏味。更为严重的是，部分教材中还掺杂着知识点错误的问题，这无疑暴露出编写工作的疏忽与不严谨。以新兴技术领域的相关教材为例，若编写者对该领域的研究深度不足，便可能导致对新技术概念、原理的阐释出现偏差，甚至具有误导性，从而给教师的教学活动及学生的学习进程带来不必要的困扰。这种现象不仅严重削弱了教学的整体质量，更在无形中挫伤了学生的学习兴趣与积极性，对培养高质量技术人才构成了潜在阻碍。

（4）新编教材缺失科学调研基础，内容与岗位需求严重脱节。部分新编教材的编写团队未能深入生产一线及学生群体进行全面细致的调研，导致对职业岗位实际需求的认识存在明显不足。同时，忽视邀请企业专家参与编写流程的重要性，使得教材内容与实际工作场景严重脱节，缺乏针对性与实用性，整体质量大打折扣。这一现象直接导致了学生在毕业后面临岗位适应难题，其就业竞争力与职业发展前景均受到不利影响。

教材内容滞后带来的负面影响是多方面的。从学生角度来看，他们在学习过程中会感到枯燥乏味，缺乏学习兴趣和动力。由于所学知识与实际工作脱节，在毕业后进入职场时，学生需要花费大量的时间和精力去重新学习和适应，增加了就业难度和职业发展的成本。从企业角度来看，企业需要花费更多的时间和资源对新入职的高职毕业生进行培训，以使他们能够满足企业的实际需求，这无疑增加了企业的人力成本和管理难度。从高职教育发展角度来看，教材内容滞后会影响高职教育的质量和声誉，降低社会对高职教育的认可度，不利于高职教育的可持续发展。

（二）与职业资格证书制度衔接不足

（1）职业资格证书制度的重要性。职业资格证书制度是国家对劳动者从事某一职业所必备的学识、技术和能力的基本要求，是劳动者求职、任职、开业的资格凭证，也是用人单位招聘、录用劳动者的主要依据。在高职教育中，职业资格证书制度与人才培养紧密结合，是衡量学生专业技能水平和职业能力的重要标准。学生通过考取相应的职业资格证书，不仅能够证明自己的专业能力，还能提高自己在就业市场上的竞争力。

（2）教材与证书要求脱节的具体情况。当前高职院校传统教材与职业资格证书要求之间缺乏紧密对应关系，更新速度滞后于行业标准。许多教材的内容和知识点与职业资格证书的考试大纲存在较大差异，学生在备考职业资格证书时，需要额外补充大量的学习资料，进行专门的培训和学习，这无疑增加了学生的学习负担。例如，《会计专业技术资格证书》是会计专业学生普遍要考取的职业资格证书。但现有的高职会计专业教材在内容上与初级会计职称考试大纲存在一定的差距，一些考试重点和难点在教材中没有得到充分的体现，学生在备考时需要花费大量的时间去寻找相关的辅导资料，并进行针对性的练习，这不仅影响了学生的学习效率，还降低了他们的考试通过率。教材与职业资格证书制度衔接不足，会导致学生在学习过程中缺乏明确的目标和方向，不知道如何将所学知识与职业资格考试相结合。同时，也会增加学生的学习成本和时间成本，降低他们对职业资格考试的积极性和信心。对于学校来说，这也会影响学校的人才培养质量和就业率，不利于学校的长远发展。

二、教材结构与特色缺失

（一）教材结构与职业教育要求不协调

部分高职院校教材虽采用模块化或项目化编排，但往往只是形式上的改变，缺乏内在逻辑联系，难以形成有机整体。这些教材在模块或项目的划分上缺乏科学性和合理性，各个模块或项目之间缺乏有效的衔接和过渡，学生在学习过程中难以形成一个完整的知识体系。例如，有些教材虽然表面上采用了模块化或项目化的编排方式，但深入分析其内容，不难发现其模块或项目的划分过于简单粗糙，各模块或项目之间缺乏必要的内在逻辑联系，难以形成一个有机整体。这样的教材，虽然形式新颖，却难以达到预期的职业教育目标，甚至可能对学生的职业发展产生误导。

（二）教材特色缺失，职业性不足

部分教材直接套用本科教材框架，理论性知识占比过高，实践性知识不足。高职教育的培养目标是培养具有较强实践能力和操作技能的高素质技术技能人才，而这类教材却过于注重理论知识的传授，忽视了实践能力的培养。学生在学习过程中，虽然掌握了一定的理论知识，但缺乏实际操作经验，难以将理论转化为实际操作能力。比如，在一些机械制造专业的教材中，大量的篇幅用于介绍机械制造的原理、工艺和理论，而对于实际操作技能的培养，如机床的操作、零件的加工等，却介绍得十分简略，缺乏详细的操作步骤和案例分析。学生在学习完教材后，虽然对机械制造的理论知识有了一定的了解，但在实际操作中却无从下手，无法满足企业对人才的实际需求。

教材结构与特色缺失会影响学生的学习效果和学习兴趣。学生在学习过程中，由于难以形成完整的知识体系和掌握实际操作技能，会感到学习困难和迷茫，从而降低学习兴趣和学习积极性。同时，也会影响高职教育的特色和优势的发挥，使高职教育难以培养出符合产业需求的高素质技术技能人才。

三、教材形态与出版发行问题

（一）教材形态单一

目前，高职院校教材仍以纸质形态为主，新形态教材资源匮乏。随着信息技术的飞速发展，数字化、网络化、智能化已经成为教育发展的重要趋势。新形态教材，如电子教材、在线课程、虚拟仿真教材等，具有信息量大、更新及时、交互性强等优点，能够更好地满足学生的学习需求。然而，当前高职院校教材在形态上仍然比较单一，缺乏对新形态教材的开发和应用。例如，在一些高职院校的课堂上，教师仍然主要使用纸质教材进行教学，学生只能通过阅读纸质教材来获取知识。这种方式不仅信息量有限，而且更新速度慢，无法及时反映行业的最新动态和技术发展。同时，纸质教材缺乏交互性，学生只能被动地接受知识，难以参与到教学过程中，影响了学习效果。

（二）高职院校教材出版发行环节的困境与挑战

高职院校教材在出版发行环节面临着诸多亟待解决的问题，这些问题不仅制约了教材的更新与质量提升，还对学生的学习体验和学习效果产生了显著的负面影响。

（1）出版周期冗长。高职院校教材的出版流程涉及编写、审核、出版等多个环节，且需经过多个部门和机构的审批，导致出版周期过长。这一现象使得教材难以及时反映产业的最新发展动态，无法满足高职教育对时效性的要求，进而影响教学内容的前沿性和实用性。

（2）定价偏高。当前高职院校教材的定价普遍较高，这不仅增加了学生的学习成本，还可能导致部分学生因经济负担过重而无法购买到合适的教材。高昂的教材价格与学生有限的经济能力存在矛盾，影响了学生对教材的获取和使用。

（3）发行渠道狭窄。高职院校教材的发行渠道主要依赖于学校的教材征订和书店销售，学生获取教材的途径较为单一。这种狭窄的发行渠道限制了教材的传播范围，难以满足学生多样化的学习需求，也不符合现代教育对教材获取便捷性的要求。

（4）质量参差不齐。教材出版准入门槛较低，导致市场上教材质量良莠不齐。大量低质量教材充斥市场，这些教材在内容、结构、编排等方面存在诸多问题，不仅无法满足教学需求，还可能对学生的学习产生误导，影响学生对知识的正确理解和掌握。

（5）教材形态滞后。新形态教材的匮乏是当前高职院校教材的另一大问题。传统教材形式单一，无法充分利用现代信息技术为学生提供更丰富的学习资源。这限制了学生的学习视野和学习方式，难以适应当前数字化时代的学习需求，也不利于学生自主学习能力的培养。

教材出版发行环节的这些问题，对学生的整体学习体验和学习效果产生了多方面的负面影响。一方面，出版发行环节的低效运作增加了学生的学习成本，降低了教材的更新速度和质量，使得学生难以获取到最新、最优质的知识资源。另一方面，教材形态的落后限制了学生利用现代信息技术获取知识的能力，进一步影响了学生对知识的全面获取和深入掌握。

四、规划教材数量少且质量不高

（1）规划教材供给不足是教材选用方面的突出问题。教育部认定的首批“十四五”职业教育国家规划教材数量有限，难以满足教学需要。高职教育涵盖了众多专业领域，每个专业领域都有其独特的教学内容和培养目标。然而，现有的规划教材在数量上无法覆盖所有的专业和课程，导致一些专业和课程缺乏高质量的规划教材。据统计，2023 年教育部认定了首批高职专科“十四五”职业教育国家规划教材 4900 部，这相对于高职专科现有的 700 多个招生专业来说，数量仍然较少，无法满足正常教学需要。

（2）新兴或细分专业领域缺乏统一规划的教材，学校和教师只能自行选择非规划教材，导致教材质量难以保证，影响教学质量的稳定性。规划教材数量少且质量不高会影响高职教育的整体质量和人才培养水平。规划教材是高职教育教材建设的重要组成部分，其质量和数量直接关系到教学质量的提升和人才培养目标的实现。缺乏高质量的规划教材会导致学校和教师在教学过程中缺乏参考和依据，影响教学效果和学生的学习质量。

五、教材评价机制不健全

（一）评价主体单一

当前高职院校教材评价主体单一，缺乏行业企业专家、一线教师及学生的广泛参与。教材评价应该是一个多元参考的过程，需要综合考虑不同主体的意见和建议。行业企业专家能够从产业实际需求的角度对教材的内容和实用性进行评价；一线教师能够从教学实际的角度对教材的教学适用性进行评价；学生能够从学习体验的角度对教材的易读性和趣味性进行评价。然而，目前的教材评价主要由教育主管部门和教材编写者主导，缺乏其他主体的参与，导致评价结果不够全面和客观。

（二）评价标准不科学

一是评价标准缺乏科学性。一方面，评价指标及其内涵不够明确和科学。

例如，对教材内容的评价缺乏明确的量化指标来衡量其深度、广度是否适合高职学生水平；对教材是否体现高职特色没有科学合理的判断标准。另一方面，各项评价指标的比重分配缺乏科学依据。在综合评价教材时，各个评价指标所占的权重未经科学论证，可能导致评价结果不准确。二是评价标准缺乏全面性。一是对教材内容的全面性考量不足。例如，在教材内容是否涵盖职业岗位所需的所有知识和技能、是否考虑不同地区和行业差异等方面缺乏全面的评价标准。二是缺乏对教材更新情况的全面评价标准。随着知识经济和现代高新技术的发展，高职院校教材需要及时更新新知识、新技术等，但当前的评价标准未能很好地涵盖教材更新的速度和质量等方面。

（三）评价过程缺乏规范性和动态性

一是评价过程缺乏规范性。评价过程缺乏有效的组织程序和统一的规范，导致评价的随意性和不一致性。同时，缺乏监督机制来保证评价过程的公正和公平。

二是评价缺乏动态性。高职院校教材评价往往是一次性的静态评价，随着时间推移、行业发展和教育理念更新，教材的适用性会发生变化，但当前的评价机制未能对教材进行持续的跟踪评价。

（四）评价结果反馈机制不完善且使用不合理

一是评价结果反馈机制不完善。一方面，评价结果不能及时有效地反馈给教材的编写者和使用者，导致编写者无法根据评价结果改进教材，使用者也无法根据评价结果调整教学和学习策略。另一方面，反馈内容不够详细和有针对性，缺乏对具体问题的分析和改进建议。

二是评价结果使用不合理。在一些高职院校中，教材评价结果未能与教材的选用、修订等实际工作有效挂钩。即使某本教材评价结果不佳，也可能因各种原因继续被选用，而未及时更换为评价结果较好的教材。同时，评价结果也未用于激励教材编写者提高教材质量，缺乏相应的奖励和惩罚机制。

教材评价机制不健全会影响教材的质量。缺乏科学、全面、客观的评价机制，无法及时发现教材存在的问题和不足，也无法为教材的改进和优化提供有效的指导和支持，这会导致教材的质量难以得到提升，无法满足教学和产业发展的需求。

六、国际化程度不足问题亟待解决

（一）教材缺乏国际通用内容

高职院校教材缺乏国际通用内容，如国际职业教育理念、行业标准及前沿技术动态。在全球化的背景下，国际交流与合作日益频繁，高职教育也需要培养具有国际视野和跨文化交流能力的人才。然而，当前的高职院校教材在内容上主要以国内的标准和规范为主，缺乏对国际职业教育理念和行业标准的介绍，无法让学生了解国际上的最新发展动态和技术趋势。例如，在一些国际贸易专业的教材中，对国际通用的贸易规则、贸易术语、结算方式等内容介绍不够详细，缺乏与国际接轨的案例分析和实践操作。学生在学习这些教材后，难以适应国际就业市场的需求，也无法有效地参与国际交流合作。

（二）教材与国际职业资格认证体系对接不足

教材未能与国际职业资格认证体系有效对接，影响学生获取国际职业资格证书的效率和成功率。国际职业资格认证体系是国际上通用的职业能力评价标准，获得国际职业资格证书可以提高学生的国际竞争力和就业机会。然而，当前的高职院校教材与国际职业资格认证体系之间缺乏有效的衔接和对应关系，学生在备考国际职业资格证书时需要花费大量的时间和精力去寻找相关的学习资料并进行针对性的培训。

教材国际化程度不足会影响学生的国际竞争力和职业发展。在全球化的就业市场中，具有国际视野和跨文化交流能力的人才更受欢迎。缺乏国际通用内容和与国际职业资格认证体系对接不足的教材，会使学生无法获得国际认可的职业能力和资格证书，限制了他们的职业发展空间和国际交流机会。

传统高职院校教材的诸多问题已无法满足教育高质量发展的要求，教材改革迫在眉睫。在内容更新方面，要及时将新技术、新工艺、新规范融入教材，使教材内容与产业实际需求紧密结合；在结构优化方面，要构建科学合理的教材结构，突出高职教育的实践特色，培养学生的实际操作能力；在形态多样化方面，要积极开发新形态教材，充分利用现代信息技术，丰富教材的表现形式和教学资源；在完善评价机制方面，要吸引多元化的评价主体、构建科学的评价标准和规范的评价过程，充分发挥评价结果对教材改进和优化的指导作用；在国际化程度提升方面，要增加教材的国际通用内容，与国际职业资格认证体系有效对接，培养学生的国际视野和跨文化交流能力。如此，方能更好地提升高职教学质量，培养更多符合行业需求的高素质技术技能人才，推动高职教育的高质量发展。

第二节　高职院校教材改革的必要性分析

高职院校教材改革是当前教育领域的重要议题，其必要性主要体现在以下几个方面：

一、适应产业升级与变革的迫切需求

随着全球经济的快速发展和科技的不断进步，产业升级和变革已成为必然趋势。传统产业逐渐向智能化、数字化、绿色化方向转型，新兴产业如人工智能、大数据、云计算等不断涌现。职业教育作为培养高素质技术技能人才的重要途径，必须紧跟产业升级的步伐，通过教材改革及时更新教学内容，确保学生所学知识和技能与产业需求相匹配。例如，在制造业领域，智能制造技术的广泛应用要求职业教育教材增加工业互联网、自动化生产线等内容，以培养能够适应现代制造业需求的复合型人才。

一方面，新技术、新业态、新模式的不断涌现，对高职教育教材提出了全新的要求。在信息技术飞速发展的时代，新技术、新业态、新模式的涌现，对高职教育提出了新的挑战。社会对高技能人才的需求已发生根本性的变化，由过去的单一技术技能人才转向综合素质高、创新能力突出、跨领域协作能力强的复合型人才。在此背景下，高职院校教材作为知识传授与技能培育的核心媒介，必须紧跟时代步伐，不断更新内容，积极吸纳新技术、新工艺、新方法，

以确保教育内容与社会的快速发展保持同步。只有这样，我们才能培养出更多符合市场需求的高素质技术技能人才，为社会的持续进步与产业升级提供坚实的人才支撑。

二、推动职业教育高质量发展的客观要求

（一）教材改革是解决传统职业教育教材弊端的必然选择

传统职业教育教材存在诸多问题，如内容陈旧、形态单一、结构不合理、产教脱节、更新不便、案例缺乏时效性等，这些问题严重制约了教学质量的提升。教材改革能够从根本上解决这些问题，通过优化教材编写和出版流程，可缩短教材修订周期，及时更新教材内容，将新技术、新工艺、新案例以及最新的技术成果融入其中。同时，激发学生的学习热情和主动性，为职业教育高质量发展提供有力保障。

（二）教材改革是推动教材持续优化与进步的关键路径

职业教育的动态性决定了教材不能一成不变，必须持续优化与进步。而教材改革是达成这一目标的关键所在，具体体现在以下几个方面：

（1）紧跟行业标准和规范。行业的标准和规范是不断更新和完善的，职业教育教材需要及时反映这些变化。通过教材改革，可以建立起高职院校教材与行业标准和规范的动态对接机制。例如，在建筑行业，新的建筑设计规范、施工安全标准不断出台，教材改革能够将这些最新的要求融入教材内容中。使学生所学知识和技能与行业实际需求紧密结合，保证学生在毕业后能够迅速适应工作岗位，减少企业的二次培训成本。同时，这种对接也有助于提升职业教育的权威性和认可度，让社会更加认可职业教育培养的人才质量。

（2）融合多元教学资源。在信息时代，教学资源丰富多样，除了传统的文字教材，还有多媒体资源、在线课程等。教材改革可以打破传统教材形态单一的局限，将这些多元教学资源进行有机融合。例如，在电子信息技术专业的教材中，可以加入在线实验平台的链接，使学生通过在线实验平台进行模拟实验，增强实践操作能力。同时，利用多媒体资源，如动画、视频等，将复杂的电子

电路原理以生动形象的方式呈现给学生，帮助他们更好地理解和掌握知识。这种融合不仅丰富了教学内容的呈现形式，还能满足不同学习风格学生的需求，提高学习效果。

（3）促进教材编写团队的专业化发展。教材的质量很大程度上取决于编写团队的水平。教材改革能够促使职业院校组建更加专业化的教材编写团队。这个团队不仅包括专业教师，还应吸纳行业企业的专家、技术骨干等。专业教师具有扎实的理论知识和教学经验，能够确保教材的系统性和逻辑性；行业企业专家则熟悉行业最新技术和实际工作流程，能够为教材提供真实的案例和实践操作指导。通过教材改革，可以建立起有效的激励机制，鼓励教师和行业企业专家积极参与教材编写工作。同时，为编写团队提供定期的培训和交流机会，不断提升他们的专业素养和编写能力，从而推动教材质量的持续提升。

（4）实现教材的个性化和分层化。不同地区、不同学校的职业教育发展水平和学生特点存在差异，单一的教材难以满足所有学生的学习需求，可以根据学生的不同基础、学习能力和职业发展方向，开发个性化和分层化的教材。例如，对于基础较弱的学生，可以编写难度较低、注重基础知识和技能训练的教材；对于学有余力、有更高职业发展追求的学生，则可以提供拓展性、研究性更强的教材。此外，还可以根据不同地区的产业特色，编写具有地方特色的教材。如在沿海地区，编写当地建筑工程类专业教材时，可将沿海地区软土地质结构融入教材，介绍其对软土地基工程的影响，使教材更贴近学生的实际情况和就业需求，提高教材的适用性和针对性。

（三）教材改革是适应职业教育发展需求的核心路径

职业教育在新时代面临着新的发展形势与任务，而教材改革是适应这些需求的核心路径，主要体现在以下几个关键方面。

（1）满足职业教育类型特色发展要求。职业教育作为一种类型教育，有其独特的属性和发展规律。它强调实践技能培养，倡导产教融合、校企合作，致力于培养适应产业发展需要的技术技能人才。而传统教材往往侧重于理论知识的传授，难以体现职业教育的类型特色。通过教材改革，可以打破学科体系的束缚，构建以工作过程为导向的教材体系。例如，在建筑工程技术专业的教材中，可依据建筑工程项目的实际工作流程来编排内容。从建筑项目的规划立项、场地勘察与测量，到建筑结构的设计、施工方案的制定，再到施工过程中的质量管控、安全管理，以及最后的竣工验收等环节，都纳入教材体系之中。学生在学习过程中，能够全面了解整个建筑工程项目的运作流程，进而提升实践操作能力以及解决实际问题的能力。这种以工作过程为导向的教材，能够更好地契合职业教育的类型特色，为产业培育出高素质的技术技能人才。

（2）满足职业教育产教融合、校企合作的要求。产教融合、校企合作是职业教育的基本办学模式，也是提高职业教育质量的关键所在。教材改革能够促进学校教育与企业生产实践的深度融合。一方面，教材内容可以引入企业实际生产项目、案例和标准，让学生在学习过程中接触到真实的工作场景和任务。例如，在机械制造专业教材中，可以加入企业最新的加工工艺、质量控制标准和生产管理流程等内容，使学生了解企业的实际需求和工作要求。另一方面，教材改革可以推动校企共同开发教材。企业具有丰富的实践经验和行业资源，学校则拥有专业的师资队伍和教学资源。通过校企合作编写教材，能够充分发挥双方的优势，使教材既具有理论深度，又具有实践指导意义。同时，这种合作还可以促进学校教师与企业技术人员的交流，提高教师的实践教学能力和企业技术人员的教育教学水平。

（3）顺应职业教育信息化发展趋势。在信息技术飞速发展的时代，职业教育也在向信息化方向迈进。教材作为教学的重要载体，也需要适应信息化发展的趋势。教材改革可以推动教材的数字化转型，开发电子教材、在线课程、虚拟仿真教学资源等。例如，在护理专业的教材中，可以加入虚拟仿真的护理操作场景，让学生在虚拟环境中进行实践操作训练，提高操作的熟练度和准确性。同时，数字化教材还可以实现资源的实时更新和共享，方便教师和学生获取最新的教学资源。此外，利用信息技术还可以实现教材的智能化，如智能辅导、在线测试等功能，为学生提供个性化的学习服务。通过教材改革，能够使职业教育教材更好地适应信息化发展的趋势，提高教学效率和质量。

（四）教材改革是提升职业教育人才培养质量的关键抓手

职业教育的核心目标是培养出能够满足社会需求、具备专业技能和综合素质的人才。而教材作为教学的重要依据，其质量直接影响着人才培养的效果。因此，教材改革是提升职业教育人才培养质量的关键抓手。

（1）强化实践技能培养。职业教育与普通教育的显著区别在于对实践技能的重视。传统教材往往偏重理论知识，实践内容相对较少且缺乏系统性。通过教材改革，可以增加实践教学的比重，将理论知识与实践操作紧密结合。例如，在汽车维修专业教材中，详细介绍各种汽车故障的诊断流程和维修方法，并配备实际操作案例和视频，让学生在学习理论知识的同时，能够通过实践操作加深理解。此外，教材还可以引入企业实际生产中的项目和任务，让学生在模拟真实的工作环境中进行实践训练，提高他们的实践能力和解决实际问题的能力。

（2）培养创新能力和综合素质。在当今快速发展的时代，创新能力和综合素质已成为人才必备的能力。教材改革可以在教材内容中融入创新思维和方法的培养，引导学生积极思考、勇于探索。例如，在计算机编程专业教材中，设置一些开放性的编程项目，鼓励学生自主设计解决方案，培养他们的创新思维和编程能力。同时，教材还应注重培养学生的团队协作能力、沟通能力和职业素养等综合素质。通过编写案例和策划活动，让学生在学习过程中学会与他人合作、交流，了解职业规范和职业道德，为他们未来的职业发展打下坚实的基础。

（3）适应学生个性化发展需求。不同学生的学习能力、兴趣爱好和职业发展方向存在差异。单一的教材难以满足所有学生的需求。教材改革可以实现教材的个性化和分层化，根据学生的不同情况提供多样化的学习资源。对于基础较弱的学生，可以提供通俗易懂、注重基础知识讲解的教材；对于学有余力的学生，则可以提供拓展性、研究性更强的教材。此外，教材还可以根据不同的专业方向和职业领域进行细分，为学生提供更加精准的学习内容，帮助他们更好地实现个性化发展。

（4）促进教学方法的改进。教材改革不仅是内容的更新，还应推动教学方法的改进。新的教材可能会引入更多的案例教学、项目教学、小组讨论等教学方法，以适应教材内容的变化。例如，在市场营销专业教材中，通过大量的实际案例让学生进行分析和讨论，培养他们的市场分析能力和营销策划能力。这种教学方法的转变可以激发学生的学习兴趣，提高他们的参与度和主动性，从而提升教学效果和人才培养质量。

综上所述，教材改革在提升职业教育人才培养质量方面具有不可替代的作用。通过强化实践技能培养、培养创新能力和综合素质、适应学生个性化发展需求以及促进教学方法的改进，教材改革能够为职业教育培养出更多符合社会需求的高素质技术技能人才。

三、提升教师专业素养、推动职业教育师资队伍建设的有效途径

教材改革对于职业教育而言，不仅是教学内容与方式的革新，更是提升教师专业素养、推动职业教育师资队伍建设的有效途径，其具体作用主要体现在以下几个方面：

（一）促进教师知识更新与能力提升

随着产业升级和科技发展，新的知识、技术和工艺不断涌现。教材改革要求教师紧跟时代步伐，及时更新自己的知识体系，以适应新教材的教学需求。例如，在人工智能、大数据等新兴领域的教材编写与教学中，教师需要不断学习相关知识，掌握最新技术动态，提升自身的专业能力。通过参与教材改革，教师能够接触到行业前沿信息，拓宽自己的知识面，提高解决实际问题的能力，从而更好地满足职业教育教学的需要。

（二）推动教师教学方法的改进与创新

新教材往往会引入更加多样化、现代化的教学方法和理念，如项目教学法、案例教学法、情境教学法等。为了更好地运用新教材进行教学，教师需要不断探索和尝试新的教学方法，以激发学生的学习兴趣，提高教学效果。例如，在采用项目教学法时，教师需要引导学生通过完成实际项目来掌握知识和技能，这就要求教师具备较强的项目组织和指导能力。教材改革促使教师不断反思和改进自己的教学方法，提高教学的针对性和实效性。

（三）加强教师与行业的联系与合作

教材改革强调产教融合、校企合作，要求教材内容紧密结合企业实际需求

和行业标准。这就促使教师加强与行业企业的联系与合作，深入了解行业发展动态和企业生产实际。教师可以通过参与企业实践、与行业企业专家共同编写教材等方式，将企业的实际案例和工作流程融入教学中，使教学更加贴近实际工作。同时，教师还可以从行业企业专家那里学到最新的技术和管理经验，提升自己的实践能力和行业影响力。

（四）促进教师团队的协作与发展

教材改革是一个系统工程，需要教师团队的共同参与和协作。在教材编写过程中，教师们需要分工合作，发挥各自的专业优势，共同完成教材的编写任务。这不仅有助于提高教材的质量，还能够促进教师之间的交流与合作，形成良好的团队氛围。通过团队协作，教师们可以相互学习、相互启发，共同提升专业素养和教学能力。此外，教材改革还可以为教师提供更多的培训和交流机会，促进教师团队的整体发展。

（五）激励教师的职业发展与成长

教材改革为教师提供了一个展示自己能力和才华的平台。参与教材编写和改革的教师，不仅能够在专业领域得到认可和提升，还能够获得更多的职业发展机会。例如，优秀的教材编写者可能会得到学校的表彰和奖励，有机会参与更高层次的教学研究和项目开发。教材改革还可以激发教师的创新意识和进取精神，促使他们不断追求卓越，实现自身的职业发展与成长。

教材改革在提升教师专业素养、推动职业教育师资队伍建设方面具有重要作用。通过教材改革，可以促使教师不断更新知识、改进教学方法、加强与行业的联系、促进团队协作，从而打造一支高素质、专业化的职业教育师资队伍，为职业教育的高质量发展提供有力保障。

四、推动高职教育国际化发展的重要驱动力

在经济全球化的大背景下，高职教育的国际化发展已成为必然趋势。教材改革作为高职教育改革的关键环节，对推动高职教育国际化发展起着至关重要的作用。

（一）引入国际先进职业教育理念

国际上一些发达国家在职业教育领域积累了丰富的经验，形成了先进的教育理念。通过教材改革，可以将这些理念融入高职院校教材中。例如，德国的“双元制”职业教育模式，强调企业与学校的紧密合作，学生在企业进行实践操作，在学校学习理论知识，这种模式培养出的学生具有很强的实践能力和职业素养。在教材编写中，可以借鉴“双元制”的理念，增加实践教学的比重，强调理论与实践的结合，使学生更好地适应国际化的职业需求。同时，澳大利亚的TAFE（技术与继续教育）体系以能力为本位，注重学生职业能力的培养和评估。将这种能力本位的理念引入教材，能够引导学生更加注重自身职业能力的提升，培养出符合国际标准的技术技能人才。

（二）接轨国际通用职业资格标准

随着经济全球化的发展，许多职业都有了国际通用的资格标准。教材改革可以将这些标准纳入教材内容，使学生在学习过程中接触到国际认可的职业规范和技能要求。例如，在酒店管理专业，国际上有诸如酒店职业经理人资格认证等通用标准。教材中可以引入这些标准的相关知识和技能要求，让学生了解国际酒店行业的运营模式和管理规范。对于计算机编程专业，国际上有一些权威的编程技能认证标准，可以将这些标准的知识点和技能点融入教材，使学生在学习过程中能够按照国际标准提升自己的编程能力。这样，学生毕业后在国际劳动力市场上的竞争力将大大增强，能够更好地适应国际化的就业环境。

（三）融入国际前沿技术与行业动态

科技的飞速发展使得国际前沿技术和行业动态不断更新。教材改革应及时将这些内容反映到教材中，让学生了解国际上最新的技术和行业发展趋势。例如，新能源汽车在电池技术、自动驾驶技术等方面不断取得新的突破。教材中可以增加这些前沿技术的介绍，使学生能够接触到国际领先的技术知识。对于人工智能专业，国际上的研究成果和应用案例层出不穷，教材改革可以引入这些案例，让学生了解人工智能在不同领域的应用和发展趋势。通过这种方式，学生能够紧跟国际科技发展的步伐，培养出具有国际视野和创新能力的技术技能人才。

（四）促进国际交流与合作

教材改革还可以促进高职教育的国际交流与合作。一方面，改革后的教材可以作为国际交流的重要载体，向国外展示我国高职教育的成果和特色。例如，将具有中国特色的职业技能和文化元素融入教材，通过国际交流活动，让国外的教育机构和学生了解我国的职业教育。另一方面，在教材改革过程中，可以与国外的教育机构、企业等开展合作编写教材的项目。在合作过程中，双方可以分享各自的教育资源和经验，共同探讨职业教育的发展方向。通过这种国际合作，不仅能够提升教材的质量，还能够促进我国高职教育与国际接轨，提升我国高职教育在国际上的影响力。

（五）培养学生的国际交流能力

国际化的发展趋势要求学生具备一定的国际交流能力。教材改革可以在教材中设置相关的内容，培养学生的跨文化交流能力和外语应用能力。例如，在教材中增加一些国际商务礼仪、跨文化沟通技巧等方面的内容，让学生了解不同国家的文化差异和商务习惯。同时，在教材的编写中，可以采用双语或多语的形式，提高学生的外语水平。通过这些内容的设置，学生能够更好地与国际同行进行交流和合作，为他们未来在国际舞台上的发展打下坚实的基础。

可见，教材改革是推动高职教育国际化发展的重要驱动力。通过引入国际先进职业教育理念、接轨国际通用职业资格标准、融入国际前沿技术与行业动态、促进国际交流与合作以及培养学生的国际交流能力，教材改革能够使高职教育更好地适应经济全球化的发展趋势，培养出具有国际视野和竞争力的高素质技术技能人才。

综上所述，高职院校教材改革作为职业教育系统性变革的核心支点，其必要性已形成多维度的逻辑闭环：既是对产业升级需求的主动响应，又是对教育质量提升的内生驱动；既通过内容迭代实现知识体系的动态更新，又借助形态创新突破传统教学范式；既能强化教师队伍的专业赋能，又能推动教育生态的国际接轨。这一改革本质上是职业教育从“单一知识传递”向“复合能力培养”转型的关键突破口，其价值不仅体现在教材载体本身，更在于重构了人才培养链条与产业需求的耦合机制。

第三节　新形态教材改革的路径分析

教材的质量对教育质量和人才培养具有举足轻重的作用，它不仅是知识的载体，更是塑造世界观、人生观、价值观的关键力量。在职业教育深化改革、产业升级加速推进的大背景下，高职院校教材改革迫在眉睫。新形态教材是在信息技术的推动下，秉持“学生为本、能力为基、实践为魂”的教育理念，深度融合大数据、人工智能、虚拟仿真等前沿技术，将传统纸质教材的知识体系与现代信息技术的交互功能深度融合，根据教学目标和教学大纲所设计、开发出的一种新型教材形态。它突破了传统教材的静态呈现方式，通过数字化、网络化、智能化的技术赋能，实现了教材内容、表现形式、学习路径的全方位革新，既保留了教材的系统性和权威性，又增强了教材的动态性和适应性，成为推动高职教育数字化转型的重要载体。

一、高职院校教材改革应遵循的基本原则

高职教育作为高等教育的重要组成部分，肩负着为社会培养高素质技术技能人才的重任。而高职院校教材作为教学活动的核心载体，其改革成效直接关乎教育质量的高低与人才培养目标的实现。一套科学合理、符合时代需求的高职院校教材，能够为学生搭建起坚实的知识框架，助力其掌握实用的职业技能，从而更好地适应社会发展和行业变革。因此，高职院校教材改革势在必行，且必须遵循科学性、职业性、创新性及实用性这四大核心原则，以确保教材质量与人才培养目标的深度契合。

（一）科学性原则

科学性原则是新形态教材改革的核心基石，它贯穿于教材内容、结构、方

法以及评价体系等各个环节，是确保教材质量、实现人才培养目标的关键要素。只有遵循科学性原则，才能使教材成为传授科学知识、培养科学思维、提升职业能力的有效工具，为高职教育的高质量发展提供坚实支撑。其内涵与实施路径可从以下六个方面展开：

（1）知识体系的系统性与逻辑性。教材构建完整的知识体系是学生系统学习和理解知识的基础。新形态教材在构建知识体系时，应注重知识的系统性和逻辑性。一方面，要对学科知识进行全面梳理和整合，确保教材内容涵盖该领域的基本概念、原理、方法和技术，形成一个完整、连贯的知识网络，避免知识的碎片化和孤立化。例如，在计算机专业教材中，从计算机硬件基础、操作系统原理，到编程语言、软件开发流程等，应按照知识的内在逻辑顺序依次呈现，使学生能够循序渐进地掌握计算机科学的核心知识体系。另一方面，要注重知识点之间的逻辑关系，通过合理的章节安排和内容组织，引导学生建立清晰的知识脉络，培养其逻辑思维和归纳总结能力。可以采用思维导图、知识框架等形式，帮助学生直观地理解知识之间的层次结构和关联关系，提高学习效果。

（2）内容的准确性与权威性。教材内容的准确性是科学性原则的基本要求。新形态教材在编写过程中，必须确保所引用的数据、案例、图表等信息准确无误，避免出现知识性错误。对于专业术语、概念和原理的表述，要严格按照学科规范和标准进行，做到定义准确、解释清晰。同时，要保证教材内容的权威性，优先选用经过实践检验和学术界公认的理论、方法和成果。可以邀请行业专家、学者和企业技术骨干参与教材编写和审核工作，借助他们的专业知识和实践经验，对教材内容进行严格把关，确保教材内容符合学科发展前沿和行业实际需求。此外，对于一些存在争议的知识点，应在教材中进行客观说明，引导学生通过查阅权威文献、开展讨论等方式，培养独立思考能力和批判性思维。

（3）前沿性与基础性的融合。高职教育既要注重培养学生的基本技能，又要使其能够适应行业快速发展的需求。因此，新形态教材应将前沿性与基础性有机融合。在基础性方面，要确保教材涵盖本专业领域的基本理论和基本方法，为学生打下坚实的专业基础。例如，在机械制造专业教材中，应详细介绍机械制图、机械设计基础、金属材料与热处理等基础课程的核心内容，使学生掌握机械制造的基本原理和方法。在前沿性方面，要及时反映学科发展的最新成果和行业技术的最新动态，将新技术、新工艺、新材料等内容引入教材。可以通过设置"前沿聚焦""行业动态"等专栏，介绍相关领域的最新研究进展和应用案例，拓宽学生的视野，激发其学习兴趣和创新精神。同时，要注重引导学生将前沿知识与基础知识相结合，培养其运用所学知识解决实际问题的能力。

(4) 结构科学性：模块化设计与认知规律的契合。教材结构的科学性直接影响学生的学习效果和理解能力。新形态教材应根据教学目标和学生的认知规律，合理安排章节顺序和内容层次。一般来说，教材应遵循由浅入深、由易到难、由理论到实践的原则进行编排。在章节设置上，要突出重点和难点，合理分配篇幅，避免内容过于冗长或简略。可以采用模块化设计，将教材内容划分为若干个相对独立又相互关联的模块，每个模块围绕一个特定的主题展开，便于学生根据自身需求进行选择性学习。此外，要注重教材各部分之间的衔接和过渡，通过设置过渡语句、小结和复习题等方式，帮助学生巩固所学知识，形成完整的知识体系。

(5) 教材内容的科学验证与反馈机制。为确保教材内容的科学性和实用性，需要建立一套完善的内容科学验证与反馈机制。在教材编写过程中，可以通过小范围的试用、专家评审等方式，对教材内容进行初步验证。邀请一线教师、学生和行业专家对教材的可读性、实用性、准确性等方面进行评价，收集他们的意见和建议，并根据反馈结果对教材内容进行及时修改和完善。在教材投入使用后，要持续跟踪学生的学习效果和反馈意见，定期开展教材使用情况调研。可以通过问卷调查、座谈会、在线反馈平台等形式，了解学生对教材内容、教学方法、配套资源等方面的满意度和改进需求。同时，要关注行业发展的新变化和新需求，及时对教材内容进行更新和调整，确保教材始终与行业实际需求保持同步。

(6) 评价科学性：构建质量保障的闭环机制。科学合理的评价体系是检验教材质量和教学效果的重要手段。新形态教材应建立多元化的评价体系，不仅要关注学生对知识的掌握程度，还要注重对学生学习能力、实践能力和创新能力的评价。在评价内容上，应涵盖教材的知识点覆盖、内容深度与广度、与实际应用的结合程度等方面。在评价方法上，可以采用形成性评价与终结性评价相结合的方式。形成性评价可以通过课堂提问、作业、小组讨论、项目实践等形式，及时了解学生的学习进展和存在的问题，为教学调整提供依据；终结性评价则可以通过期末考试、课程设计、技能竞赛等方式，对学生的学习成果进行全面考核。此外，还可以引入学生自评、互评和教师评价相结合的多元评价主体，使评价结果更加客观、公正、全面。通过科学的评价体系，及时发现教材存在的问题和不足，为教材的进一步修订和完善提供参考。

（二）职业性原则

职业性原则是高职院校教材区别于其他类型教材的显著标志与核心特质，它深刻体现了高职教育以就业为导向、以服务为宗旨的办学理念。在职业教育与产业发展深度融合的当下，该原则强调教材内容、结构以及教学方法都要紧密围绕职业岗位需求来精心构建与实施，致力于培养契合行业标准、具备扎实专业技能与良好职业素养的高素质技术技能人才，使学生能够顺利实现从校园到职场的无缝对接。

1. 实践导向：强化技能培养，提升岗位胜任力

实践导向是职业性原则的重要体现，高职院校教材应将实践能力的培养置于突出位置。教材内容需紧密结合实际工作场景，增加实践案例、项目任务和操作流程的比重，通过丰富的实践项目和案例分析，让学生在模拟或真实的职业环境中学习和实践，实现“做中学、学中做”，从而实现理论与实践的深度融合。

一方面，要引入丰富的企业实际案例。通过展示企业生产、管理、服务过程中的真实问题及解决方案，使学生了解行业现状和发展趋势，熟悉企业工作流程和规范。例如，在《建筑工程施工组织与管理》教材中，植入知名建筑企业实际的大型商业综合体施工组织案例，如万达广场的施工组织与项目推进过程，深入剖析企业在施工过程中遇到的问题、采取的策略以及取得的成效，配套 AR 技术还原施工场景，实现“教—学—做”一体化。引导学生运用所学知

识对这些案例进行分析和讨论，让学生在解决实际问题的过程中加深对理论知识的理解和掌握，提高其分析问题和解决问题的能力。

另一方面，设计具有针对性和挑战性的项目任务。这些项目任务应涵盖职业岗位的主要工作内容和技能要求，让学生以小组或个人的形式完成从项目策划、实施到总结的全过程。在项目实施过程中，学生需要运用所学知识和技能，解决遇到的各种问题，锻炼团队协作、沟通表达和项目管理等综合能力。比如，在软件技术专业的相关教材中，可以设置软件开发项目任务，要求学生完成需求分析、系统设计、编码实现、测试调试等环节，亲身体验软件开发的完整流程，提高软件编程和项目开发能力。

此外，教材还应提供详细的操作流程和规范。对于一些需要动手操作的专业技能，如机械加工、护理操作、会计记账等，教材要以图文并茂、步骤清晰的方式呈现操作过程，并强调操作要点和注意事项，帮助学生掌握正确的操作方法，提高实践操作的准确性和熟练度。

2. 标准对接：紧跟行业标准，确保教育质量

高职院校教材必须与行业标准和职业资格标准紧密对接，这是保证教育质量和人才培养规格的重要前提。行业标准和职业资格标准是行业对从业人员的知识、技能和素质要求的集中体现，教材内容只有与之相符，才能使学生所学知识和技能符合企业用人需求，提高其就业竞争力。

在内容选取上，教材要全面涵盖行业标准和职业资格标准所规定的知识点和技能点。例如，在建筑工程技术专业的相关教材中，要依据国家建筑行业相关标准和规范，详细介绍建筑工程设计、施工、监理等环节的技术要求和操作规范，包括建筑材料的选择与使用、建筑结构的计算与设计、施工工艺的流程与质量控制等内容，确保学生掌握行业所需的专业知识和技能。

同时，教材要体现行业标准和职业资格标准的更新与变化。随着科技的进步和行业的发展，行业标准和职业资格标准会不断修订和完善。教材编写团队要及时关注行业动态，将最新的标准要求融入教材内容中，使教材始终保持与行业发展同步。比如，在新能源汽车技术专业教材中，随着新能源汽车技术的快速发展，相关的电池技术、充电设施标准、安全规范等都在不断更新，教材

应及时反映这些变化，为学生提供最新、最实用的知识和技能。

此外，教材还可以设置与职业资格认证相关的内容模块。通过介绍职业资格认证的考试大纲、题型、备考方法等，引导学生有针对性地进行学习和训练，鼓励学生参加职业资格认证考试，获取相应的职业资格证书，为其未来职业发展增加砝码。

3. 素养融合：培养综合素养，塑造职业新人

职业性原则不仅关注学生的专业技能培养，还注重学生职业素养的融合与提升。职业素养是劳动者在职业活动中表现出来的综合品质，包括职业道德、职业态度、职业意识、职业行为习惯等方面，它是学生职业生涯可持续发展的关键因素。

在教材编写中，要将职业素养教育有机融入各个专业课程和教学内容中。通过案例分析、角色扮演、小组讨论等多种教学方法，引导学生树立正确的职业道德观念，培养敬业精神、责任意识、团队合作意识和创新精神等职业素养。例如，在酒店管理专业教材中，可以设置一些关于酒店服务中如何处理客人投诉、如何与同事协作完成工作任务等案例，让学生分析讨论，从中体会职业道德和团队合作的重要性，学会如何以良好的职业态度和服务意识为客人提供优质服务。

同时，教材要注重培养学生的职业行为习惯。通过强调职业规范、工作流程和安全意识等方面的内容，引导学生养成良好的职业行为习惯。比如，在化工专业教材中，要详细介绍化工生产过程中的安全操作规程、环境保护要求等内容，让学生在学习专业知识的同时，深刻认识到安全生产和环境保护的重要性，养成严格遵守操作规程、注重环境保护的良好职业行为习惯。

此外，还可以通过设置专门的职业素养课程模块或开展职业体验活动等方式，进一步强化学生的职业素养培养。例如，开设“职业规划与就业指导”“职场礼仪与沟通技巧”等课程，帮助学生了解职业发展趋势，掌握求职技巧和职场沟通方法，提升其职业适应能力和就业竞争力。

（三）创新性原则

创新是新形态教材改革与建设保持活力、适应时代发展需求的重要驱动力。

在科技飞速发展、行业变革日新月异的当下，高职院校教材必须突破传统思维定式，积极引入新理念、新技术、新方法，以培养学生的创新思维、创新能力和适应未来变化的能力，使其能够在复杂多变的社会环境中脱颖而出。

1. 理念创新：树立前瞻教育思维

理念创新是教材创新的基础和先导。新形态教材应摒弃传统的以知识灌输为主的教育理念，树立以学生为中心、以能力培养为导向、注重创新素养培育的前瞻性教育思维。

（1）以学生为中心。关注学生的学习需求、兴趣爱好和个性差异，尊重学生的主体地位，教材内容的设计和呈现方式要充分考虑学生的认知特点和学习习惯，激发学生的学习兴趣和主动性。例如，采用问题导向学习（PBL）教材编写模式，从实际生活或行业中的问题出发，引导学生主动探索知识、解决问题，培养学生的自主学习能力和问题解决能力。

（2）以能力培养为导向。不仅注重学生专业知识和技能的培养，更要关注学生创新思维、实践能力、团队协作能力、沟通表达能力等综合能力的培养。教材应设置相应的实践项目、小组任务和拓展活动，为学生提供锻炼能力的平台。比如，在市场营销专业教材中，设计模拟企业市场营销策划项目，要求学生分组完成市场调研、目标市场选择、营销策略制定等任务，在实践中提升学生的综合能力和创新思维。

（3）注重创新素养培育。将创新意识和创新精神的培养融入教材各个章节，通过介绍创新案例、创新方法和创新实践，引导学生树立创新意识，培养学生的创新思维习惯。例如，在教材中设置"创新案例分享"专栏，介绍行业内具有创新性的产品、服务或商业模式，分析其创新点和创新过程，启发学生的创新思维。

2. 内容创新：紧跟前沿，融入新兴元素

内容创新是教材创新的核心，应紧跟时代步伐，及时融入前沿科技成果和多元文化要素，使教材内容具有时代性、前瞻性和开放性。

（1）融入前沿科技成果。关注科技发展的最新动态，将人工智能、大数据、物联网、区块链等新兴技术以及行业内的前沿研究成果引入教材。例如，在电子信息专业的相关教材中，可介绍人工智能在智能终端设备中的应用、大数据在通信网络优化中的作用等内容，让学生了解学科发展的前沿方向，拓宽学生的视野，激发学生的创新灵感。同时，要注重引导学生将前沿科技与专业知识相结合，培养学生的创新应用能力。

（2）引入多元文化要素。在全球化背景下，高职教育需要培养具有国际视野和跨文化交流能力的人才。教材应适当引入国外先进的职业教育理念、行业标准和企业文化，以及不同国家和地区的文化特色和行业案例，让学生了解多元文化背景下的行业发展和职业要求。比如，在旅游管理专业教材中，介绍不同国家的旅游文化、旅游服务规范和旅游管理模式，培养学生的跨文化交流能力和国际竞争力。

（3）更新与拓展内容体系。打破传统教材内容的局限，根据行业发展和人才需求的变化，及时更新和拓展教材内容体系。删除陈旧过时的知识，增加新兴领域和交叉学科的内容，使教材内容更加丰富、全面。例如，在会计专业教材中，随着财务共享服务、管理会计信息化等新兴领域的兴起，增加相关内容的介绍，使学生掌握最新的会计理论和方法。

3. 形式创新：打造数字化、互动式教材

形式创新是教材创新的重要体现。新形态教材应充分利用数字化、信息化技术，打造具有互动性、趣味性和个性化的教材形式，提高教材的吸引力和教学效果。

（1）数字化教材建设。开发电子教材、在线课程、虚拟仿真实验等数字化教学资源，将文字、图片、音频、视频、动画等多种媒体形式有机结合，丰富教材的表现形式。例如，制作电子教材时，可以嵌入相关的视频教程、案例演示、在线测试等内容，让学生可以通过手机、平板电脑等移动设备随时随地学习，提高学习的便捷性和灵活性。

（2）互动式教材设计。注重教材的互动性设计，增加学生与教材之间的互动环节。例如，设置在线讨论区、答疑解惑平台、学习社区等，让学生可以与教师、同学进行实时交流和互动，分享学习心得和经验，解决学习中遇到的问题。同时，在教材中设置一些互动式练习题、案例分析题和项目任务，要求学生通过在线提交、小组协作等方式完成，并及时给予反馈和评价，增强学生的学习参与度和积极性。

（3）个性化学习支持。利用大数据、人工智能等技术，为每个学生提供个性化的学习支持。例如，根据学生的学习进度、学习风格和学习效果，为学生推荐适合的学习内容和学习资源，制定个性化的学习计划。同时，通过智能辅导系统为学生提供实时的学习指导和帮助，满足学生多样化的学习需求。

4. 方法创新：倡导探究式、项目式学习

方法创新是教材创新的关键环节。新形态教材应倡导探究式、项目式等先进的教学方法，引导学生主动参与学习过程，培养学生的创新思维和实践能力。

（1）探究式学习引导。在教材中设置探究性问题和学习任务，引导学生通过自主探究、合作交流等方式获取知识、解决问题。例如，在教材中提出一些具有挑战性的问题，让学生通过查阅资料、实验研究、小组讨论等方式进行探究，培养学生的科学探究精神和创新思维。同时，教材要提供相应的学习指导和方法建议，帮助学生掌握探究式学习的方法和技巧。

（2）项目式学习设计。以实际项目为载体，将专业知识和技能融入项目任务中，让学生在完成项目的过程中学习和应用知识，提高实践能力和创新能力。例如，在汽车制造专业教材中，设计一个汽车零部件设计与制造项目，要求学生从项目需求分析、方案设计、工艺制定到产品制作和测试，全程参与项目的实施，培养学生的项目规划能力、团队协作能力和创新能力。教材要对项目实施的过程进行详细描述，并提供相关的技术资料和指导建议。

（3）教学方法融合应用。鼓励教师在教学过程中根据教学内容和学生的实际情况，灵活运用多种教学方法，将探究式学习、项目式学习与讲授法、演示法等传统教学方法有机结合，实现教学方法的优势互补，提高教学效果。教材可以为教师提供教学方法的应用案例和教学建议，帮助教师更好地实施创新教学方法。

（四）实用性原则

实用性原则是新形态教材改革的重要导向，它强调教材内容要紧密贴合实际教学需求、学生职业发展需求以及社会经济发展需求，确保教材能够真正发挥其在教学和人才培养过程中的作用，提高教材的使用价值和效益，避免出现教材与实际脱节、难以应用于实践的情况。

1. 贴合教学实际，优化教学流程

（1）符合教学进度与课时安排。新形态教材的编写要充分考虑学校的教学计划和课时安排，确保教材内容的深度和广度与教学进度相匹配。例如，对于一些专业基础课程，教材内容应按照学期教学周数和每周课时进行合理规划，避免内容过多导致教学进度紧张，或者内容过少造成课时浪费。同时，教材章节的设置要便于教师根据教学进度进行灵活调整，教师可以根据实际情况对教材内容进行适当取舍和补充。

（2）便于教学方法实施。教材应与多种教学方法相适应，为教师开展教学活动提供便利。以案例教学法为例，教材中要提供丰富、典型且具有针对性的案例，案例的描述要详细、清晰，包括案例背景、问题描述、解决过程和结果分析等，方便教师在课堂上引导学生进行分析和讨论。对于项目式教学法，教材要明确项目的目标、任务、步骤和评价标准，为学生开展项目实践提供清晰的指导，同时也便于教师进行项目管理和评价。

（3）配套教学资源丰富实用。为提高教学效果，新形态教材应配备丰富多样的教学资源，如教学课件、教案、试题库、实验指导书等。这些教学资源要与教材内容紧密结合，具有较高的实用性和可操作性。教学课件应采用简洁明了的图表、动画等形式呈现教材重点内容，帮助学生更好地理解和掌握知识；试题库要涵盖各种题型和难度层次，满足教师对学生进行课堂测验、课后作业和考试等多种评价方式的需求；实验指导书要详细说明实验目的、原理、步骤、注意事项和实验报告要求，为学生进行实验操作提供全面的指导。

2. 助力学生职业发展，提升就业竞争力

（1）满足岗位技能需求。高职院校教材要以职业岗位技能需求为导向，确保学生所学知识和技能能够直接应用于实际工作岗位。教材编写团队要深入企业进行调研，了解不同职业岗位的技能要求和职责范围，将企业实际工作中常用的技术、工艺、操作规范等内容融入教材。例如，在数控技术专业教材中，要详细介绍数控机床的操作编程、加工工艺制定、刀具选择与使用等实际岗位所需的技能，使学生通过学习教材快速适应企业的工作要求，提高就业竞争力。

（2）培养学生职业迁移能力。随着科技的不断进步和产业的快速升级，职业岗位的要求也在不断变化。因此，高职院校教材不仅要注重培养学生的专业技能，还要注重培养学生的职业迁移能力，使学生能够在不同的工作场景和岗位之间顺利转换。教材可以通过设置一些跨学科、综合性的项目和案例，引导学生运用多学科知识解决实际问题，拓宽学生的知识面和视野，培养学生的综合素养和创新能力。例如，在电子商务专业教材中，可以设置一个涉及市场营销、物流管理、信息技术等多个领域的电商项目，让学生在完成项目的过程中，提高综合运用知识的能力和解决复杂问题的能力，为未来的职业发展打下坚实的基础。

（3）关注学生职业发展路径。教材内容要考虑到学生的职业发展路径，为学生提供不同阶段的学习和发展指导。对于刚入学的新生，教材可以介绍专业的基本情况、就业前景和发展方向，帮助学生了解专业，树立学习目标；对于高年级学生，教材可以提供一些关于职业资格认证、实习就业、继续教育等方面的信息，引导学生做好职业规划，为未来的职业发展做好准备。例如，在教材中设置“职业发展导航”模块，根据不同年级学生的学习需求和职业发展阶段，提供相应的学习建议和职业发展指导。

3. 适应社会经济发展，服务区域产业需求

（1）紧跟区域产业发展趋势。高职教育具有鲜明的地域性特点，高职院校教材应紧密结合当地产业发展的需求，及时反映区域产业的新技术、新工艺、新业态和新模式。教材编写团队要与当地企业、行业协会保持密切联系，了解区域产业的发展动态和人才需求变化，将区域产业发展的最新成果和实际案例引入教材。例如，在沿海地区的高职院校，如果当地海洋产业发展迅速，那么相关专业教材可以增加海洋资源开发、海洋环境保护、海洋工程技术等方面的内容，为当地海洋产业的发展培养适用的人才。

（2）服务地方经济建设。高职院校教材要注重培养学生服务地方经济建设

的能力，引导学生将所学知识运用到地方经济发展中。教材可以通过设置一些与地方产业相关的项目和案例，鼓励学生参与地方企业的技术改造、产品研发和社会服务等活动，为地方经济建设贡献力量。例如，在农业类专业教材中，可以设置一些关于地方特色农产品种植、养殖、加工和销售的项目，让学生运用所学知识为当地农业产业发展提供技术支持和服务，促进地方农业经济的发展。

（3）促进产教融合深度发展。实用性原则要求高职院校教材成为产教融合的重要纽带，促进学校与企业、行业的深度合作。教材可以邀请企业专家和技术骨干参与编写，将企业的实际生产项目、技术标准和企业文化融入教材内容，使教材更具实用性和针对性。同时，教材还可以为校企合作开展实践教学、师资培训、课程开发等活动提供依据和指导，推动产教融合向更深层次发展。例如，教材中可以设置一些校企合作项目案例，介绍项目的合作模式、实施过程和取得的成效，为其他校企合作项目提供借鉴和参考。

4. 适应不同学习层次，提供个性化学习路径

学生的基础知识、学习能力和学习目标存在差异，实用性原则要求教材能够适应不同学习层次学生的需求，为学生提供个性化的学习路径。教材内容应具有一定的层次性和拓展性，既要包含基础知识和基本技能的学习内容，满足学习能力较弱学生的需求，又要设置一些拓展性的学习模块和挑战性的项目任务，为学有余力的学生提供进一步深入学习和提升能力的空间。

例如，在计算机应用技术专业教材中，对于计算机基础操作部分，详细讲解 Windows 操作系统、办公软件（如 Word、Excel、PowerPoint）的基本使用方法，内容通俗易懂，配有大量的操作截图和步骤说明，方便初学者快速上手。同时，设置一些拓展性的章节，如办公软件的高级应用技巧、编程基础入门、数据库管理等内容，供有一定基础且对计算机技术有更高追求的学生学习。此外，教材还可以提供一些在线学习资源和学习建议，引导学生根据自己的学习进度和兴趣爱好，自主选择学习内容和学习方式，实现个性化学习。

二、教材改革的基本策略

高职教育以培养具备高素质的技术技能人才为根本宗旨，其教材改革应紧

密围绕这一目标，精心规划顶层设计，并强化质量监控，确保教材内容既先进又实用，以满足行业发展的迫切需求及学生个人成长的全面需要。

（一）围绕培养目标进行顶层设计

（1）精准定位培养目标。深入剖析高职各专业对应职业岗位的核心能力、职业素养与知识体系要求，将培养目标细化为具体、可衡量的指标。例如，对于智能制造专业，培养目标可明确为使学生具备扎实的智能制造技术基础知识、熟练的设备操作与维护技能、良好的团队协作与创新等能力，能够胜任智能制造生产线的设计、调试、运行与管理工作。

（2）构建教材体系框架。基于人才培养目标，搭建包含公共基础课、专业基础课、专业核心课、实践课以及拓展课的教材体系架构。不同课程的教材彼此关联、逐步深入，构成一个有机的整体。例如，公共基础课教材着重培育学生的人文素养、科学素养和通用能力；专业基础课教材为后续专业课程的学习筑牢根基；专业核心课教材聚焦于专业核心技能的培养；实践课教材着重强化学生的实际操作技能；拓展课教材则契合学生个性化发展的需求。

（二）加强市场调研

（1）组建专业调研团队。由学校专业教师、行业企业专家、教育研究人员等组成市场调研团队，确保调研的专业性和全面性。定期开展行业发展趋势、企业人才需求、技术更新动态等方面的调研工作。

（2）拓展调研渠道。采用问卷调查、实地访谈、座谈会、数据分析等多种方式，广泛收集信息。例如，通过问卷调查了解企业对高职毕业生知识、技能和素质的具体要求；深入企业车间、研发中心进行实地访谈，掌握企业生产过程中的新技术、新工艺、新方法；组织行业企业座谈会，共同探讨人才培养与教材建设的方向；利用大数据分析行业人才需求趋势和市场动态。

（3）形成调研成果。对调研数据进行深入分析和整理，形成详细的调研报告。明确产业对高职人才的知识、技能和素质需求变化，为教材内容的选择、组织和更新提供依据。

（三）注重校企合作与产教融合

（1）建立深度合作机制。与行业龙头企业、知名企业建立长期稳定的合作关系，共同开展教材建设。成立校企合作教材建设指导委员会，由企业技术骨干、学校专业教师共同参与，负责教材建设的规划、指导与审核。

（2）企业深度参与教材编写。邀请企业技术专家参与教材编写工作，将企业的实际项目、案例、技术标准、操作规范等融入教材内容。例如，在编写建筑工程专业教材时，引入企业的实际工程项目案例，按照项目实施的流程和标准编写教材内容，使学生在学习过程中能够接触到真实的工程场景和问题。

（3）共建实践教学资源。与企业合作共建实践教学基地、虚拟仿真实验平台等，为教材配套的实践教学环节提供支持。将企业的生产设备、技术工艺等以数字化形式融入教材，实现教材与实际生产的无缝对接。

（四）完善教材开发与更新机制

（1）制定开发流程规范。明确教材开发的立项、编写、审核、出版、应用等各个环节的流程和标准。建立教材开发项目管理制度，对项目进度、质量、经费等进行全程监控。例如，在立项阶段，组织专家对教材选题进行论证，确保选题具有前瞻性、实用性和创新性；在编写阶段，要求编写团队制定详细的编写计划，定期汇报编写进展情况。

（2）组建多元编写团队。由学校专业教师、企业技术骨干、行业专家、教材编写专家等组成多元编写团队。充分发挥不同成员的优势，实现理论知识与实践经验、教育教学规律与产业发展需求的有机结合。

（3）建立快速更新机制。设立教材更新专项基金，鼓励教材编写团队根据产业技术发展和市场需求，及时对教材内容进行更新。建立教材定期修订制度，一般专业教材每 2—3 年修订一次，技术更新较快的专业教材每年进行局部更新。

（五）教材内容与产业需求对接机制

（1）建立动态对接平台。搭建学校与企业、行业之间的教材内容与产业需求动态对接平台，实现信息实时共享。通过平台，企业可以及时反馈人才需求变化和技术更新情况，学校可以根据这些信息调整教材内容。例如，利用大数据技术对平台上的信息进行收集、分析和挖掘，为教材内容更新提供数据支持。

（2）开展教材内容论证。在教材编写过程中，组织行业企业专家对教材内容进行论证。重点审查教材内容是否符合产业实际需求、是否涵盖了行业新技术新工艺、是否具有实用性和可操作性等。根据专家论证意见，对教材内容进行修改和完善。

（3）实施教材内容跟踪反馈。在教材使用过程中，通过学生评教、教师反馈、企业回访等方式，对教材内容与产业需求的匹配度进行跟踪反馈。及时发现教材内容存在的问题，并针对性地进行调整和优化。

（六）持续优化与动态更新教材内容

（1）建立内容更新团队。组建由专业教师、企业技术骨干、行业专家等组成的教材内容更新团队，负责定期对教材内容进行评估和更新。团队成员应密切关注产业动态和技术发展趋势，及时将新知识、新技术、新工艺纳入教材。

（2）制定更新计划与标准。根据不同专业和课程的特点，制定详细的教材内容更新计划和标准。明确更新的周期、内容范围、质量要求等，确保教材内容更新的系统性和规范性。例如，对于信息技术类专业的相关教材，要求每年更新内容比例不低于30%，以跟上技术发展的步伐。

（3）强化更新质量把控。在教材内容更新过程中，严格执行审核制度。对更新后的教材内容进行多轮审核，确保内容的准确性、科学性和实用性。同时，组织教学试点，收集学生和教师的反馈意见，对更新后的教材进行进一步优化。

（七）加强教材资源的开发

（1）丰富数字化资源类型。开发包括电子教材、在线课程、虚拟仿真实验、教学课件、案例库、试题库、视频教程等在内的多元化、数字化教材资源。例如，利用虚拟现实（VR）、增强现实（AR）技术开发沉浸式虚拟仿真实验，让学生在虚拟环境中进行实践操作，提高学习效果。

（2）构建资源整合平台。搭建教材资源整合平台，将各类数字化教材资源进行集中管理和共享。教师和学生可以通过平台方便地获取和使用所需资源，实现资源的优化配置和高效利用。同时，鼓励教师和学生参与教材资源的共建共享，不断丰富平台资源内容。

（3）推动资源创新应用。探索数字化教材资源在教学中的创新应用模式，如线上线下混合式教学、项目式教学、任务驱动式教学等。利用数字化资源的交互性、灵活性和个性化特点，激发学生的学习兴趣和主动性，提高教学质量。

（八）完善教材管理机制

（1）规范教材选用管理。制定严格的教材选用标准和流程，确保选用教材的质量和适用性。优先选用国家级、省部级规划教材和行业认可的优质教材，同时鼓励使用本校教师与企业合作编写的新形态教材。建立教材选用审核委员会，对选用的教材进行审核把关。

（2）加强教材库存管理。建立科学的教材库存管理制度，合理控制教材库存数量。利用信息化手段对教材库存进行实时监控，及时掌握教材出入库情况和库存余量。根据教学需求和市场变化，动态调整教材库存，避免教材积压和浪费。

（3）建立教材使用反馈机制。通过问卷调查、座谈会、教学检查等方式，收集教师和学生对教材使用的反馈意见。对反馈意见进行分类整理和分析，及时了解教材在使用过程中存在的问题，为教材改进和更新提供依据。

（九）加大经费投入与政策支持

（1）设置专项资金。学校应专门划拨教材改革与建设专项资金，这笔资金将专门用于教材编写、数字化教学资源开发、市场调研分析、校企合作项目推进以及教师专业培训等多个领域。要保证专项资金的投入保持稳定增长态势，以切实满足教材改革与建设的实际资金需求。比如，可规定每年从学费收入中按一定比例提取专项资金，专门用于教材建设工作。

（2）出台激励举措。制定并实施激励政策，充分调动教师参与教材改革与建设工作的积极性。对于在教材编写、教学资源开发以及教学改革等方面表现卓越、取得显著成绩的教师，要给予公开表彰与物质奖励，并在职称评定、岗位晋升以及评优评先等环节给予优先考虑。同时，对于参与教材建设的企业，要给予相应的政策优惠和经费补贴，以此激发企业参与教材建设的热情。

（3）强化经费监管。构建完善的教材经费管理制度，进一步加强对经费使用情况的监督管理。要规范经费报销流程，确保专项资金做到专款专用，切实提高经费的使用效率。此外，还应定期对经费使用状况开展审计与检查工作，有效防止经费浪费和违规使用现象的发生。

（十）完善高职院校教材评价机制

（1）构建多元化评价体系。建立由学校、企业、行业、学生等多方参与的教材评价体系。采用教师评价、学生评价、专家评价、企业评价等多种评价方式，从教材内容的科学性、实用性、创新性、与产业需求的匹配度、教学效果等多个维度进行综合评价。

（2）制定评价指标体系。根据不同类型教材的特点，制定具体的评价指标体系。例如，对于理论性教材，重点评价其理论体系的完整性、逻辑性和前沿性；对于实践性教材，重点评价其实践项目的可操作性、与实际工作的结合度以及对学生实践能力的培养效果。

（3）强化评价结果应用。将教材评价结果作为教材选用、修订、更新和评优的重要依据。对评价优秀的教材进行推广和应用，对评价不合格的教材要求限期整改或停止使用。同时，根据评价反馈意见，督促教材编写团队对教材进行改进和完善。

（十一）完善教材质量监督机制

（1）成立质量监督小组。由学校教学管理人员、专业教师、行业企业专家等组成教材质量监督小组，负责对教材编写、出版、使用等全过程进行质量监督。定期对教材进行检查和评估，及时发现和解决教材质量问题。

（2）建立质量反馈渠道。设立教材质量反馈邮箱、电话、在线平台等多种反馈渠道，方便教师、学生和企业及时反馈教材质量问题。对反馈的问题进行及时处理和回复，确保教材质量监督工作落到实处。

（3）实施质量问责制度。对因教材质量问题造成教学事故或不良影响的，将追究相关人员的责任。明确教材编写、审核、出版、选用等环节的责任主体，建立质量追溯机制，确保教材质量得到可靠保障。

第五章　教法改革：混合式教学与创新能力培养

教法，即教学方法，指的是在教学活动里，师生为达成教学目标而采用的一系列行为方式。它不仅是教师传递知识技能、塑造学生价值观的核心手段，更是教学质量提升的根本保障。在职业教育领域，教法不仅要完成传授专业知识与技能的任务，还需承担起培育学生职业素养、创新能力以及实践能力的重任。所以，教法改革能否取得成功，直接关乎高职教育的办学质量以及人才培养的最终成效。

近些年来，随着我国产业结构持续优化升级，经济社会迅猛发展，社会对高素质技术技能人才的需求愈发迫切。但传统的高职教育方法，在一定程度上已难以契合当前社会对人才培养的新标准。不少高职院校在教学过程中，暴露出理论与实践脱节、教学方法单调、学生参与积极性不高、校企合作深度不足等问题，这些问题严重阻碍了教学质量的提升以及人才培养的成效。鉴于此，推进高职院校教法改革，创新教学方式与手段，已成为高职教育发展的必然走向。

教法改革作为"三教"改革的关键构成部分，对教学目标的达成以及人才培养质量的高低有着直接影响。本书在对当前高职院校教法现状展开深入剖析的基础上，紧密围绕"三教"改革的总体目标，提出了一系列具有针对性的改革策略。这些策略旨在通过更新教学理念、创新教学方法、强化实践教学环节、深化校企合作、完善教学评价体系等举措，全方位提升高职教育的教学质量与人才培养水平。具体而言，本章将从混合式教学的推行、学生创新能力的培养、课程思政元素的融入、智慧学习环境的打造以及教学质量评价体系的优化等多个维度，对高职院校教法改革展开全面探讨，并提供实践指导。通过研究，我们期望能为高职院校教法改革提供有益的参考与借鉴，助力高职教育向更高水准、更高质量的方向迈进，为社会经济发展培育更多高素质的应用型人才。

第一节　高职院校教法的痛点分析

当前，我国高职教育正处于一个蓬勃兴盛的阶段，教学模式与方法日趋多样化，构建了一个全面且多元的体系。然而，笔者通过深入调研发现，由于受到传统高等教育模式的影响以及对职业教育核心意义理解的偏差，许多教师在教学理念与具体教学方法上面临着一系列挑战。归纳起来，这些核心挑战主要包括以下几个方面：

一、教师教学观念落后

（一）理论与实践脱节

长期以来，我国的高职教育体系深受传统教学思维的影响，教师往往侧重于知识传授，忽视学生整体素质和个性的发展，背离了以专业操作技能为主的教学目标。理论教学比重过大，导致学生实践能力和创新能力培养不足，难以适应实际工作需求。

（二）定位模糊导致目标偏离

高职教育在层次划分与类型界定上存在偏误，既受到中等职业教育的直接影响，又受到高等教育的间接影响，这导致其未能清晰界定自身的人才培养目标。作为技术应用型教育的核心组成部分，高职教育理应专注于高级技能人才的培养。这一目标与中等职业教育专注于特定岗位熟练操作技能的培养有着本质区别，同时也与普通高等教育致力于培养高素质专业人才及卓越创新人才的宗旨不同。然而，当前的教育观念尚未充分凸显这一差异化的定位，使得高职教育的目标不够明确。

（三）教学角色转型不充分

在当前教育实践中，许多教师依然深受传统教学观念的束缚，未能成功地从单纯的知识传授者角色，转变为学习情境的构建者、学习疑问的解答者以及学习行动的支持者。鉴于高职教育强调知识的应用性和以就业为导向的职业能力培养，教师应当积极转型为上述多重角色，但在现实中，这种角色的转换并未得到充分实现。

（四）课程理解与人才培养目标有偏差

教师对课程的理解局限于学科领域，缺乏与岗位能力培养的紧密联系，未能按照工作过程系统化要求整合教学内容。

二、教学方法落后

众多高职教师仍沿用传统的教学方法，以讲授法为核心，缺乏足够的互动与实践环节，影响了教学效果。

（一）教学方法缺乏创新性

（1）讲授法占据主导地位。众多高职教师仍偏好采用传统的“满堂灌”讲授方式，鲜少融合现代教育技术和多元化教学手段，致使教学方法显得单调乏味，难以有效激发学生的求知热情。

（2）理论传授偏重，实践培养缺失。在高职教育的日常教学中，部分教师过分聚焦于理论知识的灌输，而对实践技能的培养则显得不够重视，实践教学环节往往流于形式，缺乏实质性的深度与高标准的质量要求。

（3）教学互动稀缺，学生参与度低。课堂上师生互动频次寥寥，学生主动参与的热情不高，课堂氛围沉闷压抑，难以充分调动学生的学习兴趣与积极性，使得教学效果大打折扣。

（4）忽视学生个体差异，缺乏个性化教学。采用统一的教学标准与方法，忽视学生的个体差异。每个学生的学习能力、风格、知识基础均不同，但在传统教学中，这些差异被忽略了。例如，在“建筑材料”课程中，教师常采用统一的教学进度与方法，导致部分学生难以跟上，而部分学生觉得缺乏挑战。此外，教学评价也常以单一的考试成绩为主，无法全面反映学生的综合素质和能力。

(5) 与实际需求脱节。没有紧密结合职业岗位的实际需求来设计教学方法。高职教育的目的是为社会培养适应岗位需求的高技能人才，如果教学方法不能与实际工作中的技能要求、操作流程等相结合，那么培养出来的学生就难以迅速适应工作岗位。

（二）教学模式固化

(1) 模式多样性缺失。教学模式往往局限于一种或几种形式，例如，过度依赖课堂教学，而忽视了实践教学、项目式教学及案例教学等多种模式的融合运用。这种单一的教学模式难以覆盖不同学生的学习偏好与需求，同时也限制了学生综合职业能力的培养。

(2) 灵活应变能力不足。教学模式不能根据课程内容、教学目标及学生特性进行灵活调整。高职教育课程多样，每门课程对学生能力的培养侧重点各异，若教学模式僵化不变，则难以实现教学效果的最优化。

三、校企合作深度不够

尽管许多高职院校与企业建立了合作关系，但合作形式较为单一，缺乏实质性的互动，导致学生的实习实训效果不佳，难以满足企业的实际需求。

（一）合作形式表面化

校企合作形式主要停留在教学设备捐助、设立奖学金、实习基地提供等表面层次，缺乏深入的人才培养方案制定、课程体系开发等核心环节的合作。

（二）缺乏长效机制

校企合作缺乏稳定的长效机制，合作双方的权利和义务不明确，导致合作效果不稳定。

四、课程思政融入不足，职业素养教育缺失

在高职教育中，课程思政融入不充分已成为一个亟须解决的关键问题，主要体现在以下几个关键层面：

（一）意识薄弱

一些高职教育工作者对课程思政的重要性缺乏深刻理解，错误地将思政教育责任完全归咎于思政课教师，忽视了在非思政类课程中融入思想教育的重要性。这种片面观念的存在，极大地阻碍了课程思政在高职教育中的有效实施与推进。

（二）实施方案缺乏针对性与实效性

部分高职院校课程思政的实施方案缺乏针对性和实效性，未能紧密结合教学内容和学生的实际需求，难以引起学生的共鸣和兴趣。

（三）融合方式生硬

在课程思政融入的过程中，部分教师缺乏科学的设计和有效的方法，只是简单地将思政内容生硬地插入教学内容。这种融合方式不仅无法将思政元素与专业知识有机融合，还可能破坏原有教学内容的连贯性和完整性。

（四）思政内容缺乏深度与广度

在思政元素的挖掘和提炼上，部分教师做得不够深入，导致思政内容空洞乏味，缺乏吸引力和感染力。这使得学生在接受思政教育时难以产生情感共鸣，进而影响了思政教育的效果。

（五）职业素养的培养被忽视

在高职教育中，职业素养的培养同样至关重要。然而，部分学校和教师却忽视了这一点，导致学生缺乏社会责任感和职业道德观念。这不仅影响了学生的个人发展，也对社会的和谐稳定构成了潜在威胁。

（六）缺乏协同配合

课程思政建设需要各方面的协同配合，包括学校、教师、学生以及社会各界等。然而，在实际操作中，往往缺乏这种协同性，导致课程思政的效果大打折扣。

（七）评价体系不完善

课程思政评价体系缺乏科学合理性，难以深入考查学生的实际收获和成长。这使得教师在开展课程思政时缺乏明确的目标和导向，也使学生在接受思政教育时缺乏动力和积极性。

为了有效解决这些问题，需要从多个方面入手，包括加强教师的思政教育意识、制定更具针对性和实效性的实施方案、探索科学合理的融合方式、深入挖掘和提炼思政元素、加强职业素养培养、促进各方面的协同配合以及完善评价体系等。只有这样，我们才能确保课程思政在高职教育中发挥应有的作用，为培养具有高尚品德和专业技能的高素质人才贡献力量。

五、信息化教学工具运用不足

随着信息技术的迅猛发展，信息化教学工具在高职教育领域的应用范围日益扩大。然而，当前众多高职院校在运用信息化教学工具方面仍存在明显短板，这不仅阻碍了教学质量与效率的提升，还使得学生在获取前沿知识方面面临困境。

（一）资源建设不足

针对高职教育的优质资源匮乏，部分院校在信息化教学资源建设上投入不足。

（二）技术运用能力有限

部分教师缺乏信息化教学的知识和技能，对现代教育技术手段如多媒体教学软件、在线教学平台的操作不熟练，不能充分利用网络资源，更不能很好地将信息化技术融入教学过程中，难以发挥信息化教学手段在提高教学质量和效率方面的优势。

（三）学生自主学习能力弱

高职学生群体在自主学习能力方面普遍较弱，对于信息化教学手段的接受度和利用度也相对较低。他们可能更习惯于传统的面授教学方式，对于在线学习、自主学习等新型学习方式缺乏兴趣和动力。

（四）信息化教学平台功能不完善

现有的信息化教学平台在功能设计、用户体验等方面存在不足，难以满足高职教育的实际需求。例如，一些平台缺乏与专业课程紧密结合的特色功能，有些平台在使用上不够便捷、稳定，影响了教师和学生的使用体验。

（五）政策支持与激励机制不足

在政策层面，对于高职教育信息化教学的支持力度不足，缺乏有效的激励机制来鼓励教师和学生积极采用信息化教学手段。这在一定程度上限制了信息化教学手段在高职教育中的应用和普及。

六、教学评价体系欠科学

高职教育的教学评价旨在全面审视教学过程中的各个环节，揭示系统运行状况，挖掘教学优势与不足，为教学决策提供坚实依据，进而提升整体教学效益。然而，长期以来，许多高职院校在构建教学评价体系时，往往直接借鉴本科院校的评价模式，未能充分考虑高职教育的独特性与实际需求，这导致教学评价中存在一系列问题，如评价体系缺乏针对性、评价内容不够全面、评价指标设置不合理、评价标准不够科学、评价主体过于单一等。这些问题使得教学评价流于形式，未能充分发挥其应有的诊断、激励与改进功能。

七、高职技能竞赛功利化

高职技能竞赛的初衷是为了提高学生的技能水平、促进教学改革、推动高职教育发展。近年来，随着职业院校技能大赛的社会关注度日益提升，部分学校和教师将其作为提升学校声誉、获取资源的手段，而不是真正关注学生技能的提升和综合素质的培养，导致学生技能大赛逐渐显现出了功利化的趋势。这一趋势的具体表现如下：

（一）过分追求竞赛成绩，忽视学生全面发展

为了争取优异的竞赛成绩，部分高职院校过于注重技能训练与应试技巧的培养，却忽视了学生的全面发展。在实际操作中，有的学校甚至组织专门的训练小组，停课进行集中训练或一对一强化训练，将大量优质教育资源优先用于技能大赛的准备，从而牺牲了普通学生的教学需求。

（二）专注于“精英”学生的选拔，忽视全体学生的成长

为了在比赛中脱颖而出，高职院校往往采取直接指定参赛人员的方式，而非通过公平、公开的选拔机制（如初赛、复赛等）来挑选参赛选手。这种做法剥夺了大多数学生的参赛机会，使他们失去了接受相关培训的机会。教师的精力主要集中在了被选中的少数“精英”学生身上，而忽视了未参赛学生的成长与发展。这与职业教育面向全体学生、注重全面发展的教育理念相悖。

（三）竞赛公平性受损

当前，技能竞赛的项目往往由主办单位决定。一些主办单位为了取得好成绩，可能会提前泄露比赛题目或将其作为训练题。这种做法不仅破坏了竞赛的公平性与公正性，还可能导致学生评价失真，使竞赛成绩无法真实反映学生的技能水平。

高职技能竞赛的功利化趋势不仅背离了教育的初衷，还对教学质量、人才培养以及学校评价体系产生了负面影响。为了恢复技能竞赛的教育功能，教育管理部门需要采取一系列措施，如改革竞赛机制、加强校企合作、优化教育资源分配等，以确保技能竞赛能够真正发挥以赛促教、以赛促学的积极作用。

第二节　“多措并举”的教法创新实践

针对当前我国高职教育中存在的教学方法落后、人才培养质量有待提升、学生核心素养与竞争力培养不足、课堂气氛沉闷以及学生学习兴趣不浓厚等问题，我们需要采取一系列综合性的策略来推动高职院校教法改革，以提升教学质量和人才培养水平。

一、革新教学理念，激活学习动力

在高职教育的广阔天地中，教学理念的革新无疑是教法改革的核心驱动力。长久以来，高职教育在一定程度上被传统教学理念的框架所束缚，这种模式侧重于知识的单向灌输，却往往忽视了学生的个性化差异与学习兴趣。为了彻底打破这一僵局，充分激活学生的学习动力与潜能，高职教师亟须挣脱传统教学理念的枷锁，积极接纳并实践现代教学理念，同时秉持促进学生长远发展的教育视野。

（一）回归育人本质，明确教育目标

高职教育应明确其根本目的在于培养全面发展的人才，而非单纯满足市场需求或追求经济利益。因此，我们必须将育人放在首位，注重学生的思想道德、文化修养、职业素养等多方面的培养。这意味着，在传授专业技能的同时，我们也要关注学生的社会适应能力、创新精神和人文素养，努力培养既具备专业技能又拥有良好综合素质的复合型人才。

（二）树立现代教学理念，引领教法改革

教学理念构成了教学活动的核心导向与基本立场，对教学活动的质量起着至关重要的作用。在高职教育领域，为培养出符合社会发展需求的高素质技术技能人才，我们必须坚定并践行一系列现代教学理念。

1. 教育观：以能力为本，强化实践与创新

教育观是教师对教学活动本质与过程的核心理解与态度，它指引着教育的方向与质量。在高职教育中，教师需秉持以下先进的教育观念，以培养适应未来社会需求的高素质技术技能人才：

（1）以能力为核心，实践理论并重。教学应以培养学生解决实际问题的能力为核心。因此，需将实践教学与理论教学置于同等重要的地位，通过案例教学、项目驱动、实操训练等多种方式，让学生在实践中深化理论知识，掌握专业技能。

（2）产教融合，精准对接市场。借助校企合作、工学交替等多元化模式，推动教育资源与产业资源的深度融合，切实提升教育的实用性与针对性，增强学生的就业竞争力，确保教育体系与产业发展紧密衔接。

（3）创新引领，潜能激发。一方面，教师应激励学生主动探索未知，勇于尝试创新，以此培养他们的创新思维与实践操作能力。通过革新传统教学模式，采用探究式、启发式等教学方法，尊重学生的个体差异，为他们提供更多自主探索与创新实践的机会。另一方面，我们鼓励打破常规思维，通过组织专题研讨、辩论活动、挑战性任务等，激发学生的思维活力，培养批判性思维。同时，教师应致力于拓宽学生的知识视野，引入跨学科知识体系与研究方法，激发学生的创新思维与想象力，为他们的未来发展奠定坚实基础。

（4）促进全面发展，强化社会责任感。教师应关注学生的全面发展，这涵盖情感培养、态度塑造以及价值观的确立。通过组织社会实践、志愿服务等多种活动，增强学生的社会责任感与公民意识。同时，我们也积极倡导培养团队合作精神，借助团队项目、小组合作等多种方式，来提升学生的协作能力与综合素养。

（5）兼顾适应性与前瞻性。教师应当与时俱进，紧密跟踪行业动态与市场需求的变化趋势，灵活调整专业设置及课程内容，确保教育内容的时效性和针对性。同时，教师应具备敏锐的市场洞察力与行业预见力，前瞻性地规划教育资源与教学内容，为培育未来社会所需人才奠定坚实基础。

（6）坚持终身教育理念。高职教育不应仅聚焦于为学生的职业生涯铺路，

更应致力于为其终身的学习旅程与个人发展构建稳固的基础。我们着重培养学生的自主学习能力，使他们能够主动追寻知识；加强其信息搜集与分析技能，确保他们在信息时代能够高效获取并利用资源。同时，重视提升学生的环境适应力与应变能力，助力他们在不断演变的社会环境中稳步成长。

（7）拓展国际化视野。高职院校应积极深化与国际职业教育机构的协作与交流，汲取并融合国际领先的教育理念和教学方法，提升我国高职教育的国际竞争力和影响力。同时，大力倡导并激励学生积极参与国际交流项目，借此机会拓宽他们的国际视野，锤炼跨文化沟通技巧，致力于培养出拥有全球眼光和卓越竞争力的技术技能人才，为他们的未来发展铺设更宽广的道路。

2. 学生观：以学生为中心，促进全面发展

学生观是指教师对于学生本质特征及其在教育过程中所扮演角色与功能的认知。在高职教育中，学生观的革新体现在以下几个核心方面：

（1）以学生为中心。学生是教育活动的核心主体，高职教育应坚定秉持“以学生为中心”的教育理念，深入关注学生的个性化差异与成长需求，充分尊重并保障学生的主体地位与选择权利。在教学实施过程中，教师应积极创设学生参与课堂的机会，激发其学习兴趣与内在动力，推动学生的全面成长与个性化发展。教学活动需紧密围绕学生的实际需求、兴趣点及能力水平设计，采用多元化教学策略与方法，因材施教，以充分激发学生的主动性与创造性。

（2）追求全面发展。学生发展的目标是全面的，而非局限于某一领域或学科。高职院校应致力于促进学生德智体美劳综合素养的全面提升，提供丰富多样的课程与活动选项，以满足学生多元化的成长需求。这要求高职教育在强化专业技能训练的同时，也需注重人文素养、社会责任感、团队合作及创新思维等软实力的培养，塑造具备综合竞争力的复合型人才。

（3）培养自主学习能力。在信息爆炸的时代背景下，自主学习能力成为衡量学生素质的重要指标。高职教育应着重培养学生的自主学习习惯与能力，鼓励学生由知识的被动接受者转变为主动探索者，学会自我发掘与构建个性化知识体系。教师不仅要在课堂上传授知识，更要成为学生学习旅程中的引路人，

教会他们独立思考、自我管理与自我评估的方法，为学生在未来职业生涯中的持续学习与个人成长奠定坚实基础。

3. 课堂观：实践导向，信息化与开放互动

课堂观涉及师生对教育教学活动的认知、态度及行为方式，是指导教学实践的重要观念体系。在高职教育中，课堂观应强调以下几点：

（1）实践导向：技能与知识的双重锤炼。高职教育应高度重视实践教学的价值，致力于实现理论教学与实践操作的深度融合，精心打造“学中做、做中学”的互动教学模式。通过模拟实训、项目驱动等实践教学方法，使学生在真实或模拟的工作环境中掌握专业知识和技能，提升其解决实际问题的能力。同时，深化校企合作，建立校外实训基地网络，为学生提供更多元、更贴近行业实际的实践机会，增强其就业竞争力。

（2）信息化教学。充分利用现代信息技术手段，如虚拟仿真技术、在线教学平台等，创新课堂教学形式和内容，实现教学资源的优化配置与共享。通过信息化教学，教师可以更灵活地组织教学活动，学生则可以随时随地访问学习资源，进行自主学习与互动交流，从而提升教学效果与学习效率，丰富学生的学习体验。

（3）开放互动。课堂应成为一个开放、包容、互动的学习空间。教师应鼓励学生之间的合作与交流，建立有效的沟通机制，促进知识共享与思维碰撞。通过小组讨论、项目合作、角色扮演等多种互动形式，激发学生的参与热情，培养其团队合作精神、沟通能力和批判性思维。同时，教师应营造积极、和谐的课堂氛围，鼓励学生勇于表达个人观点，尊重并珍视每一位学生的声音，共同构建一个充满活力与创造力的学习环境。

4. 教学评价观：全面性、多样性与多元化

教学评价观是指教师与学生对学习效果进行评价时所持的标准、方法及态度的总和。教学评价观，作为教师与学生对学习效果进行评价的核心观念，深刻影响着教学质量的提升与学生综合素质的培养。在高职教育中，教学评价观的革新尤为关键，这主要体现在评价内容的全面性、评价方式的多样性以及评价主体的多元化这三个核心维度上。

(1) 评价内容应全面、多维

第一，教学评价的内容不应当仅仅局限于学生对知识点的简单记忆与再现，而应更加深入地考查学生对知识的理解深度、技能的精进程度、情感态度的正向培养以及职业素养的逐步提升等多个方面。其中，实践能力的综合评估尤为重要，旨在激励学生将所学知识灵活应用于实际情境中，实现知识的转化与运用。

第二，在评价设计的过程中，我们必须紧密围绕学生的职业能力成长这一核心目标，通过实践操作、项目实战等真实或高度仿真的职业场景，来全面、客观地考量学生的实践应用能力与职业素养水平。这样的评价方式不仅能够检验学生的学习成果，更能够引导他们在实践中不断学习与成长。

第三，教学评价还需密切关注学生在创新思维、团队合作等关键能力上的发展动态。这些能力不仅是学生个人成长的重要组成部分，更是他们未来在职场上脱颖而出的关键因素。通过全面展现学生的综合素养与实际应用潜能，我们的教学评价将能够更加精准地对接产业需求与社会发展的期待，为学生的职业生涯奠定坚实的基础。

第四，为了进一步提升教学评价的全面性和有效性，我们还应将学生的自我反思与同伴评价纳入评价体系之中。鼓励学生定期进行自我反思，让他们从自我认知的角度出发，审视自己的学习进程、成果与不足，从而激发内在的学习动力。同时，通过同伴评价，学生可以学会从不同视角审视问题，培养批判性思维和同理心，这对于他们未来的团队合作与人际交往至关重要。

第五，教学评价不可忽视学生的个性化成长需求。每个学生均为独特的存在，具备各异的兴趣和专长，因此，我们的教学评价体系需充分尊重并珍视这份多样性，致力于为学生提供多元的评价渠道与展示舞台。不论是项目汇报、口头阐述、创新设计，或是其他创意展现形式，我们都应积极鼓励学生根据自身兴趣与专长进行展示，以此点燃他们的学习激情，激发创造力，为他们的个性化成长之路铺设坚实的基石。

(2) 评价方式多样性

第一，全程关注。教学评价不应局限于最终的学习成果，而应关注学生的学习全过程。这意味着，评价应始于课程的初始阶段，贯穿于每一个教学环节，直至课程结束。通过这样的全程关注，我们能够更全面地了解学生的学习进展、学习风格、遇到的困难以及他们的努力程度，从而为他们提供更加个性化的指导和支持。

第二，持续观察与即时指导。在密切关注学生学习动态的过程中，教师需要不断记录他们的学习表现，包括他们的参与度、理解程度、实践操作能力等多个方面。尤为关键的是，教师应迅速且有效地提供反馈与指导，协助学生识别学习中的遗漏点，调整学习策略，及时纠正偏差，从而推动学习效率的持续提升。这种即时的反馈机制不仅有效提升了学生的自主学习能力，还极大地激发了他们的学习热情，促使他们更加主动、积极地投身到学习进程中，享受学习带来的乐趣与成就感。

(3) 评价主体多元化

教学评价应涵盖学生自评、教师评价、同伴互评及企业反馈等多个维度。这种多元化的评价主体设置能够更为立体地展现学生的学习成效与能力状况，增强评价的客观公正性。同时，评价结果需及时向学生反馈，使他们能洞察自身的优势与短板，进而引导其规划个人成长路径，推动其持续进步与发展。通过吸纳多方评价主体，我们能够构建一个更为开放包容、公正有效的教学评价体系，为学生的全面发展提供坚实支撑。

（三）树立长远发展眼光，引领高职教育新方向

学校管理者与教师需摒弃短视思维，不应仅仅聚焦于招生规模、即时就业数据等短期成效，还应着眼于长远的战略规划。这要求我们从宏观视角出发，精心规划学校的发展蓝图。具体而言，应制定并执行长期的专业建设规划，紧密跟踪社会发展趋势与产业升级步伐，前瞻性地布局新兴专业，同时对传统专业进行必要的优化与升级，确保教育内容与市场需求的高度契合。

综上所述，构建现代教学理念对于促进高职教育的教法创新具有重大而深远的影响。高职教育应坚守以能力培养为核心，实践与创新能力同步提升的教育理念，着重激发学生的思维活力与创新潜力，同时注重学生情感态度的正向引导与价值观的正确塑造，确保教育既贴合实际需求又具备前瞻性视野。此外，还应秉持终身学习的理念，拓宽国际交流与合作，不断革新教学手段，全力培

养学生的创新思维与实践能力，为培养符合社会发展趋势的高素质技术技能人才奠定坚实基础。

二、创新教学方法，增强学习成效

创新教学方法是提升学习成效与教学品质的关键引擎。它不仅能够激发学生的求知欲，深入挖掘他们的内在潜能，还能促进知识的深度传递与高效吸收，为培育学生的创新思维与综合素养打造坚实的基石。

（一）改革现有教学模式，构建“魅力”课堂

构建“魅力”课堂是改革现有教学模式的重要方向。这可以从多方面入手：

1. 转变教学理念

传统高职教学往往以教师为中心，学生被动接受知识。革新传统教学模式首先要转变思维，确立以学生为中心的教育理念。教师应深刻认识到，学生是学习活动的主体，教学活动应当紧密围绕学生的实际需求、兴趣点及能力水平来设计与实施。例如，在课程设计上，需细致考量高职学生的既有知识基础、未来的职业走向等因素，鼓励学生主动融入教学过程，以此培养他们的自主学习能力与创新思维。

2. 教学方法的多样化

（1）个性化分层教学。这是一种量身定制的教学方式，依据学生各异的基础知识掌握情况、学习能力和进度，将学生科学分组，形成不同的学习梯队。对于基础扎实、能力突出的学生，教师将赋予他们更高层次、更具挑战性的学习任务，旨在进一步挖掘其内在潜能；而对于基础相对薄弱的学生，则侧重于强化基础知识的巩固，并提供个性化的指导，确保他们能够稳扎稳打，逐步跟上学习节奏。此策略旨在确保每位学生都能在最适合自己的学习环境中获得充分的成长，从而显著提升教学的精准度和成效。

（2）项目式教学。项目式教学是一种将理论知识与实践操作紧密结合的教学模式。如在高职工程造价专业领域，教师可以巧妙地引入企业的真实工程项

目案例，让学生分组承担项目中不同楼层、不同阶段的预算编制工作。这一安排不仅为学生提供了将课堂所学专业知识直接应用于实践项目的宝贵机会，还能在实践情境中锤炼他们的团队协作能力、沟通技巧以及灵活应对并解决实际问题的能力。项目式教学模式在强化学生职业素养、全面提升其综合能力方面成效显著，为他们将来顺利步入职场奠定了坚实的基础。

（3）探究式教学。探究式教学聚焦于学生的自主探索与发现过程，鼓励教师转变为引导者的角色，让学生通过亲身实践与深度思考来主动建构知识体系并解决问题。在此模式下，教师不再是知识的直接传递者，而是提供实例与问题，激励学生通过阅读、观察、实验操作、反思、讨论及聆听等多种途径，独立探索并自行揭示科学原理与结论，而非单纯接受教材或教师预设的答案。这种方法促使学生对知识的理解更加深入，记忆更为牢固。以“高职建筑材料”课程为例，教师可以设计诸如“添加剂种类对混凝土性能的具体影响”等探究课题，引导学生在实验设计、数据搜集与解析的过程中，逐步揭开科学现象的神秘面纱，形成个人独到的见解。此教学模式凸显了学生的中心地位，教师则转变为引导与辅助的角色，适时给予必要的指引与资源。探究式教学法不仅深化了学生对专业知识的领悟与掌握，更重要的是，它点燃了学生的探索热情与求知欲，培育了他们的批判性思维、创新潜能及科学探索精神。在这一旅程中，学生掌握了提出问题、设计实验方案、数据分析及得出结论等关键技能，这些能力将成为他们未来学术探索与职业生涯中的宝贵财富。通过探究式学习，学生逐步成长为具备自主学习与创新能力的杰出人才，为社会的科技进步与繁荣发展贡献智慧与力量。

（4）情境模拟教学。这是一种通过模拟实际工作、生活场景，让学生在接近真实的环境中学习与实践的教学方法。在高职市场营销、旅游管理等专业中，教师可以根据课程特点，设计一系列与职场紧密相关的情境模拟任务，如角色扮演、客户沟通、危机处理等，让学生身临其境地体验并应对各种职场挑战。这种教学方法不仅能够有效提升学生的专业技能，还能增强他们的应变能力、心理素质和人际交往能力。通过情境模拟，学生能够在实践中发现问题、解决问题，从而加深对专业知识的理解与应用，为将来的职业生涯奠定坚实基础。

（5）翻转课堂。翻转课堂是一种颠覆传统课堂模式的教学方法，它强调学生在课前通过视频、阅读材料等方式自主学习新知识，而课堂时间则主要用于讨论、协作、解决问题和深化理解。在高职教育中，翻转课堂可以应用于多个学科领域，如信息技术、机械设计等。教师通过制作高质量的教学视频或提供丰富的学习资源，引导学生在课前完成基础知识的自学，课堂上则通过小组讨论、实践操作、教师答疑等形式，促进学生之间的知识共享与思维碰撞。翻转课堂不仅提高了学习效率，还培养了学生的自主学习能力、团队协作能力和批判性思维，为他们终身学习和职业发展提供了有力支持。

（6）游戏化教学策略。这是一种将游戏元素和机制融入教学过程，以激发学生的学习兴趣和参与度的教学方法。在高职教育中，教师可以根据课程内容设计一系列富有挑战性的学习任务，如知识竞赛、角色扮演游戏、解谜游戏等，让学生在轻松愉悦的学习氛围中，欣然接纳新知，熟练驾驭新技能。游戏化学习策略不仅能极大地激发学生的学习内驱力，还能潜移默化地培养他们的团队协作默契、创新思维以及破解难题的非凡能力。通过游戏化学习，学生能够在享受学习乐趣的同时，不断提升自己的综合素质和职业能力。

3. 以学生为主体的课堂设计

（1）精准对接学生需求。通过问卷调查、小组访谈、实地考察等多种方式，深入了解学生的实际需求，例如，对于建筑工程技术专业的学生，要关注他们希望掌握的具体施工技术、工程管理知识、行业最新动态以及未来职业规划等。基于这些需求信息，教师可以精准设计教学内容和教学活动，确保教学与实际需求紧密对接。

（2）激发学习兴趣与热情。通过引入实际案例等方式激发学生的学习兴趣。如在建筑工程技术专业的课堂上，教师可以利用工程事故、经典工程案例等素材，激发学生的学习兴趣。通过引入真实的工程事故案例，引导学生结合教学内容分析事故原因，探讨预防措施，从而增强学生的安全意识和解决问题的能力。此外，教师还可以结合行业前沿技术、创新成果等，展示建筑工程技术的魅力，激发学生的学习热情和探索欲望。

（3）提供丰富的参与机会。尽可能多地为学生创造课堂参与的机会，如小组讨论、角色扮演、项目汇报、抢答等。在“建筑材料”的课堂上，教师可以组织学生完成市场调研项目，让学生分组调研不同材料的性能、价格、应用情况等，并撰写调研报告。在项目汇报环节，学生可以展示自己的调研成果，分享学习心得。此外，教师还可以结合施工现场实习、工程实践等活动，让学生亲身体验建筑工程技术的实际应用，提高自己的实践能力和团队协作能力。

4. 增强教师吸引力：打造魅力课堂的三大核心要素

（1）专业素养。教师的专业素养是构建“魅力”课堂的关键。在高职教育领域，教师应具备坚实的专业理论基础与丰富的实战操作经验，同时保持持续学习的态度，紧跟行业动态，将最新的专业知识融入课程讲授之中，确保教学内容既前沿又实用。此外，教师还需展现出卓越的教学技艺，能够巧妙融合分层教学、项目导向教学、探究式学习等多种教学策略，精心策划课堂活动，以激发学生的求知热情，优化教学成果。

（2）人格魅力。教师的人格魅力对学生具有深远且不可估量的影响力。一位内心充满大爱、极具耐心且具备强烈责任感的教师，犹如一盏明灯，照亮学生的前行之路，深深赢得学生的敬仰与信赖，进而构筑起一种基于相互尊重与理解的融洽和谐的师生关系。教师应秉持包容开放的心态，充分尊重学生的个性差异，如同园丁细心照料每一株幼苗，细致入微地关注每位学生的成长轨迹，用他们那真挚而深沉的情感与无微不至的关怀去触动学生的心灵深处，点燃他们内心的学习热情，激发他们的内在学习动力。师生携手并进，在知识的海洋中共同探索，营造一个既充满活力又充满正能量的课堂氛围，让每一位学生都能在其中茁壮成长，绽放属于自己的光彩。

（3）独特教学风格。独特的教学风格是教师魅力的又一重要体现。教师应结合自身性格特质及课程特点，培育出独树一帜的教学风格，可以诙谐幽默、严谨入微，还可以热情澎湃。借助这种个性化的教学风格，教师能够更有效地牵引学生的注意力，点燃学生的学习热情，让课堂焕发无限生机与趣味，进而优化学生的学习体验，提升教学成效。

5. 多样化的教学资源利用：打造高效、实践导向的学习环境

（1）多媒体资源的整合运用。利用多媒体资源丰富教学内容的呈现形式，如在建筑工程类专业的授课中，融合多样化的多媒体资源，诸如高清晰度图片、

立体三维动画及实地施工视频等，以此丰富并革新教学内容的展现方式。具体而言，通过播放真实的施工流程视频，学生能够身临其境地观察到如混凝土浇筑、钢筋绑扎等施工细节，获得直观的认识。同时，借助三维动画技术，将复杂的建筑结构受力分析及施工模拟过程生动呈现，这有助于学生将抽象的结构力学原理具象化，从而深化理解。

（2）深化企业资源的融合实践。高职教育秉持产教融合的理念，致力于将企业资源深度融入教学体系中，以构建与建筑工程行业无缝对接的教育环境。通过与建筑工程技术领域的领先企业携手，建立校外实训基地，使学生得以亲历施工现场，深入了解施工流程与技术规范。此外，邀请企业内的资深专家走进校园，为学生带来行业最新技术与实战经验的分享，以此拓宽学生的行业视野。更进一步地，将企业的真实项目案例融入日常教学，使学生参与建筑设计初步方案的构思、施工图的绘制等，让其在实践中磨砺专业技能，提升解决实际问题的能力，为未来职业生涯铺设坚实的基石。

（3）网络资源的广泛利用。网络资源为高职教育领域带来了海量的教学素材与广阔的学习平台。教师可以依托学银在线、智慧职教等一系列网络课程平台，获取国内外优质的教学资源，补充和丰富课堂教学内容。同时，积极引导学生利用网络资源进行自主探索与学习，比如在线研习最新的建筑技术进展、活跃参与行业论坛的讨论、观看行业权威专家的讲座视频等。通过充分利用网络资源，学生不仅能够极大地拓宽知识边界，紧跟建筑行业的最新发展趋势，还能有效提升专业素养与行业竞争力，为自己的未来职业生涯铺设一条坚实而宽广的道路。

6. 营造积极向上的课堂氛围：打造高效且愉悦的学习空间

（1）构筑融洽的师生交流桥梁。融洽的师生关系是构筑积极向上课堂氛围的重要基石。教师应保持开放包容的心态，珍视并尊重学生的每一种见解与创意，同时热情鼓励学生勇于在课堂上发声，阐述个人观点。当学生在课堂上提出独到见解时，教师应给予正面的肯定与鼓励，避免任何形式的打压或忽视。以高职建筑设计专业的课堂为例，教师应悉心聆听学生对于建筑设计风格的独特视角，并提供富有启发性的指导建议。通过搭建平等、民主且融洽的师生交流平台，使学生在一个轻松愉悦的学习环境中自由探索知识，享受学习的乐趣。

（2）激发课堂互动与合作精神。在课堂上，应积极促进学生间的互动与合作，以此共同增强学习效果。通过实施小组合作学习策略，让学生在建筑设计构思、施工流程模拟、项目管理实践等一系列活动中相互学习、携手并进。举例来说，在“建筑设计”课程中，学生可以被分组进行设计方案探讨，彼此激发创意火花，共同雕琢设计作品；而在施工模拟课程中，学生则以小组为单位进行模拟施工演练，明确分工，协同作业，共同达成目标。在这样的互动与合作过程中，学生不仅能精进专业技能，还能锤炼团队协作精神，提升沟通协调能力，为自己的未来职业生涯铺设一条稳固而坚实的道路。

（3）营造轻松愉悦的学习氛围。为了构建一个轻松愉悦的课堂环境，教师应巧妙运用幽默诙谐的语言和充满趣味的教学活动。在建筑工程类专业的授课中，教师可以结合真实的工程案例，分享建筑行业的趣闻轶事与成功典范，以此激发学生的求知热情。同时，安排建筑设计创意比拼、施工流程模拟游戏等互动环节，让学生在轻松愉快的氛围中掌握建筑工程知识。此外，充分利用多媒体教学资源，如建筑动画演示、施工现场视频等，来丰富教学内容，增添课堂的趣味性和吸引力。这些举措能够有效缓解学生的学习压力，提升学习效率，激发学生的学习热情，为打造一个高效且愉悦的学习环境提供坚实的支撑。

（4）融入激励与认可机制。在积极向上的课堂氛围中，融入有效的激励与认可机制至关重要。教师应设立明确的学习目标和奖励措施，如优秀作业展示、课堂表现积分榜等，不仅展示学生的杰出作品，还附上他们的创意心得，以此激励学生更加主动地参与课堂活动，不断追求卓越。同时，课堂表现积分榜的引入，让学生每一次的积极参与和出色表现都能累积成看得见的成果，激发他们的学习热情。在此基础上，教师还应善于捕捉学生的每一个闪光点，对他们的努力和进步给予及时且真挚的正面反馈。一个充满鼓励意味的微笑、一句温暖人心的话语，或是一份象征荣誉的小奖品，都能让学生深切感受到被看见、被认可的价值，从而进一步激发他们的内在潜能。比如，在建筑工程类专业的课堂上，教师可以结合专业特色，设立如“卓越设计之星”“创新实践先锋”等奖项，专门表彰那些在建筑设计、施工模拟等领域展现出非凡才华和创意的学生。这样的正向激励机制，不仅能够极大地激发学生的学习动力，增强他们的自信心，还能促进班级内部的良性竞争与合作，使整个课堂氛围更加生动活跃，学生的学习效果也将在这种积极向上的环境中得到显著提升。

（5）培养批判性思维与创新能力。在积极营造富有活力的课堂氛围的同时，教师还需着重培养学生的批判性思维和创新能力，这是塑造未来社会所需人才的关键要素。教师应通过精心设计的教学活动，引导学生对所学知识进行深度挖掘、理性质疑和广泛讨论，鼓励他们跳出传统框架，勇于提出新颖独到的观点和切实可行的解决方案，以此激发学生的创造潜能和探索未知的热情。如在建筑工程类专业的课堂上，教师可以巧妙设置一系列具有开放性和前瞻性的问题或挑战，诸如“如何在保证建筑安全性的前提下，设计出一座既环保又节能的现代化建筑?”“面对资源日益紧张的现状，在施工过程中有哪些创新方法能有效减少材料浪费和环境影响?”等。这些问题不仅贴近专业实际，而且能够激发学生的思想火花。鼓励学生分组合作，围绕这些问题展开深入探讨，集思广益，提出富有创意和实用价值的想法与方案。

通过这样的实践活动，学生不仅能够深化对专业知识的理解与应用，还能在实践中锻炼解决问题的能力和团队协作精神。他们将在相互启发与合作中，学会如何批判性地分析问题，如何创造性地提出解决方案，从而为未来的职业生涯奠定坚实而全面的基础。

（二）积极推行现代教学技术革新

现代教学技术为学生提供了更加直观、互动且高效的学习体验，极大地丰富了教学手段，提升了教学效果。

（1）线上学习平台的高效运用。充分利用学银在线、MOOCs、智慧职教等优质线上资源，创新性地打造线上线下深度融合的教学模式。学生只需轻点鼠标或滑动屏幕，即可随时随地访问来自全国各地的优秀教学资源，涵盖权威专家讲座、经典教学案例、实操实训视频等多元化内容，从而享受到前所未有的灵活学习体验。举例来说，某知名高职院校成功搭建了一个资源共享平台，该平台精心汇聚了国内外顶尖专家的教学精华，使学生能够根据个人学习需求，自由选择学习内容，极大地拓宽了他们的学术视野和实践认知。

（2）虚拟仿真技术的革新应用。在建筑工程等实地操作受限或成本高昂的专业教学范畴内，虚拟仿真技术凭借其无可比拟的优势，脱颖而出，成为一种卓越的教学辅助工具。它为学生精心打造了一个既安全稳妥又经济实惠的模拟环境，使他们得以在这个虚拟的天地里，亲身体验施工现场的种种情境，进行实战化的操作演练与技能培训。借助前沿的虚拟仿真软件平台，学生能够深入探究建筑构造的精髓所在，细致入微地了解施工流程的每一个细微环节，并精准掌握各项技术要领。这种身临其境、直观生动的学习方式，不仅大幅度提升了学生的实践操作技能，还有助于他们培养良好的职业素养，为日后步入职场、开启辉煌职业生涯奠定坚实而稳固的基础。

（3）AI、VR/AR技术的融合应用。结合AI、VR/AR技术，建筑工程类专业的教学可以变得更加生动、直观。学生可以在虚拟环境中进行沉浸式学习，探索建筑设计的奥秘，体验施工过程中的各种场景。这种教学方式不仅提高了学习的互动性和趣味性，还有助于培养学生的创新思维和问题解决能力。

（4）云计算与大数据的支持。借助云计算平台，教师能够实现教学资源的共享与高效管理，进而提升教学效率。同时，大数据分析技术能够深入解析学生的学习行为及成效，为个性化教学提供有力的数据支撑。举例来说，教师可以依据学生的学习数据，灵活调整教学策略，为学生提供更加精确的学习指导。

现代化教学手段显著提升了高职教育的成效。这些方法不仅强化了学生的实践技能和创新能力，还有效减少了实践过程中的风险和成本。不过，推广这些先进技术也伴随着一系列挑战，包括提升教师的专业能力、转变教学观念和更新技术设施等。因此，教师需要持续学习并掌握最新的教学方法，同时更新自身的教学理念，以适应新时代的教育要求。与此同时，学校管理层应积极鼓励和支持现代化教学手段的应用，为高职教育的革新与发展贡献力量。

（三）强化实践教学，提升职业能力

高职教育的精髓在于培养学生的职业能力，强化实践教学对于提升学生的职业能力至关重要。学校应进一步加大对实践教学的投入，紧密对接行业需求，深化与企业的合作，构建完善的校内校外实训体系。

（1）设置材料实验室等，让学生在真实或模拟的工作环境中进行实习实训，体验职业岗位的工作流程和技能要求。

（2）实施项目式教学。通过引入真实的建筑项目，让学生在项目中学习与实践，从设计、施工到管理，全面培养学生的实际操作能力和问题解决能力。

（3）打造理论与实践融合式课堂。提升实践操作在教学过程中的占比，让学生在亲身实践中深入理解理论知识，并运用理论知识来指导实践活动的进行，从而构建一个理论与实践相辅相成、互相促进的良性循环体系。

（四）深化校企合作，革新教学手段

深化校企合作是创新教学方法的有效途径。企业能够为学校提供真实的项目和案例，使教学内容更贴近实际工作需求。为促进教育与产学研深度融合，学校与企业需携手并进，共同探索并实践创新的教学方法。

（1）构建稳固的长期合作框架。双方应签订具有法律效力的合作协议，清晰界定各自的责任与权益。同时，为确保合作的连续性和实效性，应建立定期评估机制，对合作进展及成效进行客观评价，并根据评估结果适时调整合作策略，以适应市场趋势与教育需求的动态变化。

（2）联合共建实践实训基地。与企业深度合作，共同投资建设实训基地，模拟真实工作场景，为学生提供贴近职业实践的学习环境。这一举措旨在增强学生的实践操作能力和职场适应能力，从而提升其就业竞争力。

（3）共同制定人才培养方案及开发课程体系。学校需与企业建立紧密联系，共同策划并制定出符合企业岗位需求的人才培养方案。课程内容与教学要求应紧密围绕企业实际需求进行设置，以确保教学内容与市场需求的高度契合。此外，双方应合作开发课程体系，既注重理论知识的传授，也强调实践经验的积累，让学生在掌握深厚理论功底的同时，也能拥有丰富的实践技能。

（五）强化技能竞赛，以赛促学促练

技能竞赛是学生们展现自我的平台，同时也是激发学习热情、锻炼实践能力、验证教学成果的关键渠道。参与技能竞赛，能够促使学生系统回顾与整合所学知识与技能，全面提升其综合应用能力。在竞赛过程中，学生能在实践中强化知识掌握，提高解决复杂问题的能力。此外，技能竞赛还能让学生意识到自身与他人的差距，明确个人学习方向和目标，从而进行更有针对性的学习和

训练。对于教师而言，技能竞赛是发现教学不足、优化教学策略的良机。因此，高职院校应将技能竞赛视为提升教学质量、增强学生竞争力的重要手段，加强技能竞赛的推广，通过竞赛促进学习、加强训练。

（1）加大校级竞赛的重视力度。高职院校应定期举办面向全体学生的校内技能竞赛，形成良好的竞赛氛围。校级以上竞赛应结合校赛选拔与自愿报名，确保每位学生都有参赛机会，避免直接指定参赛学生的做法。

（2）竞赛项目与教学内容紧密对接。技能竞赛项目应紧密围绕教学内容，反映行业技术发展趋势，并适时进行动态调整。竞赛内容需与国家专业教学标准相衔接，确保教学标准在竞赛中得到有效落实，避免竞赛与教学脱节，同时警惕技能竞赛设备供应商对竞赛项目的不当影响。

（3）协调教学与竞赛的关系。将竞赛内容融入日常教学，使竞赛成为检验教学成果的手段。通过调整课程设置，使更多学生在正常学习过程中接触并掌握竞赛相关知识和技能。同时，竞赛应服务于教学，避免打乱正常教学秩序。如需安排集训，应合理利用课余时间，确保教学不受影响。此外，不应给教师和学生设定过重的竞赛任务和指标。

（4）注重能力培养，避免片面追求成绩。技能竞赛旨在促进学生的全面发展，而非单纯追求名次。教师应认识到，竞赛是提升学生综合素质和职业能力的手段，而非目的。在日常教学和竞赛辅导中，应秉持公平公正原则，关注每个学生的成长需求，不偏袒竞赛选手而忽视其他学生。

（5）完善竞赛命题机制。构建多元化命题团队，吸纳行业专家、企业技术骨干及教育领域专家参与命题，确保竞赛题目全面、贴合实际。同时，建立并逐年更新竞赛题目库，涵盖各种技能点和实际应用场景，降低题目被提前预知和用作训练题目的风险。每次竞赛前，从题目库中随机抽取并组合题目，确保竞赛的公平性和有效性。

（六）深化跨学科融合，拓宽学生视野与思维

深化跨学科融合有助于拓宽学生的视野与思维。在创新教学中，跨学科融合是非常必要的。通过创造性地运用多种学科知识进行课程设计和教学活动，可以让学生从不同的学科角度看待问题，培养他们的综合思维能力和创新思维

能力。以下策略旨在深化跨学科融合，促使学生在多元知识体系中全面发展。

1. 课程设计融合创新

（1）基于职业需求整合知识体系。在高职教育改革中，课程设计应紧密围绕职业需求，整合不同学科的知识体系。例如，智能建造专业可融合机械工程、电气工程、计算机科学等学科知识，以实际项目为载体，让学生在解决复杂问题的过程中，理解并应用多学科知识。

（2）项目导向构建课程框架。采用项目导向法构建课程框架，如建筑工程技术专业，可围绕实际建筑项目，如高层建筑、绿色建筑、智慧城市基础设施等，整合建筑学、结构工程、给排水工程、电气工程、环境工程等多学科知识。让学生在完成项目的过程中，不仅能掌握专业知识，还能培养跨学科思维和实践能力。

2. 跨学科项目合作平台

（1）搭建跨学科项目合作平台。高职院校应与企业、科研机构等合作，建立跨学科项目合作平台，如建筑创新实验室、绿色建筑研发中心等。鼓励学生和具有不同学科背景的教师共同参与实际项目，如绿色建筑评估与设计、智慧城市基础设施规划等，体验跨学科合作的价值。

（2）促进多方资源整合与交流。在跨学科项目合作中，应整合学校的教学资源、实验设备资源、企业的实践经验和技术资源，以及科研机构的科研成果等。通过多方资源的共享与交流，推动项目向更深层次发展，同时提升学生的实践能力和创新能力。

3. 开设跨学科课程体系

（1）设置跨学科课程体系。高职院校应根据专业特点和市场需求，设置一套完整的跨学科课程体系。如建筑工程类专业开设“绿色建筑技术与管理”课程，融合建筑学、环境科学、能源管理等多学科知识；或开设“智能建筑系统集成”课程，融合计算机科学、电气工程、自动化控制等领域的知识。

（2）优化跨学科课程教学内容。跨学科课程应注重优化教学内容，避免简单堆砌不同学科知识。应以实际问题为导向，将多学科知识有机融合，形成具有实际应用价值的知识体系。同时，结合实际案例和项目，让学生理解和掌握跨学科知识在实际应用中的价值。

4. 建立跨学科教师团队

在高职教学中，构建跨学科教师团队是提升教学质量、培养学生综合素质和创新能力的关键举措。以下是一套系统性的策略与实践建议：

（1）明确团队目标。高职教育的核心宗旨在于培育能够胜任生产、建设、服务及管理等一线工作的高端技术技能人才。跨学科教师团队应紧密围绕这一教育目标，结合不同学科的知识与技能，为学生提供综合的、跨学科的学习体验。例如，培养既精通技术又具备管理能力的复合型人才。明确的目标能够吸引并凝聚不同学科背景的教师，成为团队组建和发展的基石。同时，团队目标应与高职院校的整体目标相契合，兼顾教师的个人发展需求，实现团队与个人的共同成长。

（2）优化团队结构。吸纳具有不同学科背景、年龄、性别、教学经验和技能特长的教师加入，构建多元化的团队。团队成员在年龄、性别、个性等方面的多样性有助于激发团队的活力和创新力。此外，我们还应积极引进企业一线的专家，他们带来的实际操作经验、最新技术和市场需求信息，能够使跨学科教学更加贴近实际工作需求，提升学生的就业竞争力。选拔优秀带头人也是优化团队结构的关键，他们应具备领导力、人格魅力和跨学科知识背景，能够引领团队向正确的方向发展。

（3）加强团队协作。跨学科教师团队应当定期举办交流与研讨会，分享教学经验、共同探索教学方法的优化路径以及课程改革的前沿议题。此类活动有助于加深团队成员间的相互理解、增进彼此信任以及提升整个团队的凝聚力。

（4）强化教师培养。学校应定期组织跨学科教师团队参与培训，内容涵盖学科最新知识、教学方法与技巧等，以提升团队成员的专业素养和教学水平。同时，学校应积极鼓励团队成员投身学术研究，如发表科研论文、参与课题研究等，旨在提高他们的学术造诣和创新能力。

（5）完善评价与激励机制。为了激发团队成员的工作积极性和创造力，学校应建立科学的跨学科教师团队评价体系。该体系应包括对教学成果、教学质量、团队协作等方面的评价，以全面反映团队的工作成效。同时，学校还应完善激励机制，包括物质奖励和精神激励，以表彰和奖励在跨学科教学中表现突出的教师。这些激励措施有助于促进团队的持续发展，提升整体教学质量。

（6）强化保障措施。首先，学院需构建一套完备的制度体系，涵盖教学团队的组建、团队领军人物的选拔、团队绩效的评估以及优秀团队的甄选等方面。这些制度的建立能够确保跨学科教师团队的规范化运作与健康发展，为团队建设提供坚实的制度保障。其次，学院需划拨专项资金，用于购置跨学科教学所需的软硬件设施、教师培训等方面的支出，确保团队建设拥有充足的物质基础。此外，学校应积极营造一种鼓励跨学科交流与合作的校园文化氛围，激励教师之间开展深入的跨学科合作与交流。

通过实施上述措施，高职院校可以构建一支高效、多元、充满活力的跨学科教师团队。这不仅有助于提升教学质量，还能拓宽学生的视野，为培养具有综合素养和创新能力的高素质技术技能人才奠定坚实基础。同时，跨学科教师团队的建设也是高职教育适应时代变化、满足社会需求的必然选择。

（七）融入课程思政

在新时代教育转型的关键时期，课程思政作为高等教育领域的一股强劲力量，正日益成为不可忽视的重要议题。其核心在于，通过巧妙且有机地将思想政治教育元素渗透至各类专业课程之中，旨在构建一个全员参与、全程覆盖、全方位渗透的育人体系，从而全面提升学生的综合素质，并深刻强化他们的社会责任感与国家认同感。然而，如何在专业课程中精准识别、有效挖掘并恰当融入这些思政元素，使之不仅不显得突兀，反而能够自然地促进知识传授与价值引领的双重目标，对高校教师与教育研究者提出了全新的挑战与要求。

1. 教学设计融入思政教育

在课程设计的初始阶段，除了明确专业知识与技能目标外，还需设定与之相辅相成的思政教育目标。例如，在建筑工程类专业课程中，深入挖掘课程中的思政元素，能在确保学生在掌握专业知识的同时，在施工实践中树立起责任和安全意识。

2. 内容重构与思政融入

从课程的知识点、技能点、素养点出发，对内容进行重新梳理，将思政元素融入其中，这种融合不是简单地叠加，而是要实现两者间的有机渗透。比如在讲解砌体结构建筑的构造柱施工时，在介绍构造柱的由来与发展历程中，可挖掘其中的创新元素与工匠精神，培养学生的创新精神与职业素养。

3. 学科视角下的思政深化

在融入思政要素时，应立足于学科的独特视角、理论和方法，采取分散渗透、重点突出的策略，在深度与广度上下功夫。例如，新发展理念的融入不应一次性完成，而应结合课程内容，采取分步推进、深入剖析的方式，让学生在潜移默化中接受并理解这些理念，形成正确的世界观、人生观、价值观。

4. 现实问题驱动的思政引导

以学生密切关注的现实难题为突破口，巧妙融合专业课程，引领学生深度剖析与探讨关乎国计民生的热点问题。这一融合策略能够极大地提升学生的参与热情，促使思政教育更加紧密地联系实际、贴近生活和学生心声，从而实现教育效果的显著提升。

5. 教学手段的多样化与思政融合

（1）策略与方式创新。根据课程大纲和学生特点，采用多媒体教学、互动式教学、项目式学习等多种教学策略，提升教学成效，激发学生的学习兴趣和课堂参与度。同时，注意根据不同专业和课程的特点，灵活调整思政要素的融入方式与呈现形式。

（2）网络资源的充分利用。充分利用优质的网络思政资源，如在线思政课程、专题网站等，拓宽思政教育的渠道和视野，为学生提供更加丰富、多元的学习资源和互动平台。

（3）国际视野的拓展。从学科知识、发展历程和国际热点问题中挖掘思政要素，通过国际交流与合作项目，让学生有机会亲身体验不同国家的文化和教育模式，培养国际视野和跨文化交流能力。

（4）学科文化的育人作用。利用学科文化中蕴含的知识体系、价值体系和行为习惯，发挥其育人功能，将思政要素融入其中，通过学科文化的熏陶和感染，实现课程思政的预期效果。

（5）校园文化的融入。将高职教育中独特的校园文化元素融入课程思政中，如工匠精神、团结协作等，进一步丰富思政教育的内涵和外延，形成具有特色的校园文化氛围。

6. 课程思政贯穿教学全过程

（1）课前准备。教师在备课时深入挖掘专业课程中的思政要素，制定有针对性的教学计划和教案，布置具有思政导向的预习任务，引导学生提前思考和探讨相关话题。

（2）课堂讲授。在课堂上，教师应勇于探索新颖的教学方法，巧妙融入思政要素，借助生动鲜活的案例、引人入胜的故事，点燃学生的学习兴趣之火，引导他们进行深度思考，透彻理解思政内容的精髓所在。

（3）实践教学。在实践教学中，同样注重思政元素的渗透，让学生在真实的工作情境中接受思政教育与职业训练，从而增强其社会责任感和使命感。

（4）课后作业与反思。布置富含思政元素的课后作业，例如，在"建筑施工技术"课程的装饰装修模块中，让学生调研当地装饰装修引发的环境污染问题，并提出解决方案，以此培养学生的社会责任感，并促使他们反思自身在环保事业中的角色与担当。同时，教师也应对课程思政的实施效果进行深刻反思与总结，及时调整教学策略，以期持续改进。

7. 通过合适的教学环节、选择合适的方式融入

（1）导入环节。在课程起始阶段，巧妙引入思政元素。例如，在砌体工程教学导入时，讲述砌块的发展历程，激发学生的环保意识与学习兴趣，为课程学习奠定积极的情感基调。

（2）知识讲解环节。在讲解专业知识的过程中，自然而然地渗透思政教育。例如，在"建筑施工技术"课程讲解钢筋混凝土工程质量时，不仅强调工程质量的重要性，还提及诚信施工的原则，以及企业应遵守市场规则、拒绝偷工减料、勇于承担社会责任等思政内容，使学生在学习专业知识的同时，也能受到思政教育的熏陶。

（3）总结环节。在课程总结时，进一步强化思政教育。例如，在"建筑施工技术"课程的"基坑验槽"任务结束时明确指出，基槽（坑）的质量是建筑

物安全与稳定的基石，直接关系到人民群众的生命财产安全。因此，基坑验槽的作业人员必须承担高度的社会责任，对待验槽工作必须秉持严谨的科学态度，严格遵守操作规范，不敷衍、不马虎，坚守职业道德底线。在验槽过程中，要保持公正、客观，不被利益所驱使，培养学生诚实守信、廉洁奉公的品德，确保验槽质量过关，为建筑物的安全与稳定贡献力量。

8. 发挥学科文化的育人功能

深入挖掘学科文化中的思政元素，如科学精神、人文素养和职业道德等，将其融入教学中。同时，结合时事热点，引导学生关注社会、思考未来，培养学生的社会责任感和使命感。例如，在传媒类专业课程中分析社交媒体时代信息传播的特点和问题，培养学生的舆论导向意识和社会责任感。

9. 消解西方话语主导与弘扬中华民族精神

在专业课的教学过程中，教师肩负的不仅是传授知识的重任，更承载着进行价值观引导的使命。在广泛吸收并借鉴西方先进理论成果的同时，我们必须坚守本土文化的根基，将深厚的民族情感融入其中。通过生动讲好中国故事，展现中国悠久的历史文化，呈现中国智慧在现代社会的应用与创新。

专业课教师应紧密结合各自学科的独特特点，积极弘扬中华民族精神。这包括但不限于精益求精的工匠精神、勇于探索的创新精神、团结协作的团队精神等。通过这些精神的弘扬，让专业课教学闪耀着知识的光芒，彰显出独特的中国风格与中国气派。这样的教学方式，不仅能够增强学生的文化自信，还能激发他们为中华民族伟大复兴贡献力量的热情。

（九）完善课程思政评价机制

（1）设计综合评估框架。为全面衡量思政课程的教学成效，需构建一个包含学生反馈、同行审议及自我审视等多维度的科学评估框架。

（2）强化过程跟踪评价。在课程进行中，密切关注学生的思想动态、价值观念接受情况及行为实践，以便迅速识别问题并适时调整教学策略。

（3）深化评估结果运用。将思政课程的评估结果纳入教学质量衡量与教师业绩考核体系，以此激发教师投身思政课程建设的积极性。

（十）构建完善的激励与约束体系

通过构建一套完善的激励与约束体系，充分发挥先进典型的示范效应与制度规范的育人功能。对在思政教学中表现突出的教师给予表彰，以此激励更多教师探索思政课程与其他学科的深度融合之道。同时，重视评估结果在教师教学质量、绩效考核及职称评定中的权重，激活思政教育的活力与效能。

三、打造智慧学习环境，增强信息化教学能力

打造智慧学习环境是提升教育信息化能力的关键步骤。随着信息技术的日新月异和智能技术与教育的深度融合，诸如智能教室、智慧校园等新型智能学习空间应运而生，为学习者打造了一个既高效便捷又充满舒适体验的学习新天地，我们称之为智能学习生态系统。这一系统具备高度的情境感知能力，能够即时捕捉学习场景的动态变化，并精准把握学习者的个性化需求。此外，它还能智能化地匹配最适合的学习资源，提供用户友好的互动平台，并自动追踪记录学习轨迹，对学习成效进行精准评估，从而有效促进学习者的深度学习。作为传统数字化学习环境的进阶版，智能学习生态系统无疑是教育技术演进的必然路径，对于推动教学模式的创新，以及增强高职院校的教育信息化能力，均发挥着举足轻重的作用。

（一）智慧学习环境的内涵与特征

1. 智慧学习环境的内涵

智慧学习环境是利用现代信息技术手段，深度整合学习资源、学习工具和学习社区等核心要素，为学习者打造的一个个性化、智能化且泛在化的学习空间。借助智能技术的强大力量，它显著提升了教学效率、增强了教学的灵活性，并大幅度提高了个性化教学水平。在这个生态系统中，学生不仅能更高效地获取知识与技能，还能有效提升自主学习与终身学习的能力。同时，教师也拥有了更为丰富多样的教学工具和更为精确的评估方法。智慧学习环境使得学生能够更好地掌握学习内容，而教师则能更精准地把握学生的学习状况和需求，从

而制定出更加贴合学生特点的教学计划和策略，更有效地实现教学目标。

从更宽广的视角来看，智能教育是数字时代教育的新模式，而智能学习生态系统则是其不可或缺的组成部分。它打破了传统学校教育的界限，将物理空间、社交空间与数字空间紧密融合，实现了教育类型、资源与要素的多样化整合，构建了一个人人可学习、处处可学习、时时可学习的个性化终身学习体系。智能学习生态系统主要由教育云平台与“教学—技术—文化”综合系统两大环境形态构成。其中，“教学—技术—文化”综合系统又涵盖教学智慧、数据智慧与文化智慧三个层面，它们分别在教育导向、决策辅助与行动优化方面发挥着重要作用。例如，智能教室作为智能学习生态系统的一种具体表现形式，以现代信息技术为基石，通过整合多媒体设备、互联网、物联网、大数据与人工智能等先进技术，构建了一个智能、互动、高效的教学环境，彻底颠覆了传统的教学模式，显著提升了教学的效果与互动性。

2. 智慧教学环境的主要特征

（1）高度技术融合性。智慧教学环境深度融合物联网、云计算、大数据处理、增强现实等尖端科技，构筑起一个智能化的教育生态系统。物联网技术赋予了教学设施与教室环境远程自动化管理能力，大幅度削减了运维成本。例如，教室中密布的传感器宛如智慧之眼，实时监测温度、湿度及光照等关键环境指标，并依据预设的智能算法自主调节。如光线充足且教室空置时，照明系统会自动熄灭，实现绿色节能。云计算技术如同知识的海洋，整合了浩如烟海的教学资源，让师生无论身处何地都能轻松访问与共享。而大数据处理技术则如同精准的导航仪，通过对学生学习数据的深度挖掘与分析，为教师提供科学的教学决策支持，同时也为每位学生量身定制个性化的学习路径。

（2）定制化学习辅助。智慧教学环境能够依据学生的个性化差异，如学习进度、兴趣偏好、学习模式等，提供定制化的学习路径与资源。在智能课堂中，教师可以依据学生的预习情况及历史学习数据，推送不同难度和类型的学习任务，确保每位学生都能在适合自己的节奏下学习。对于优秀学生，提供挑战性内容；对于学习有困难的学生，则提供基础强化性资源，真正实现了因材施教。

（3）高交互性体验。智慧教学环境极大提升了师生及生生间的互动水平。

借助先进的多媒体展示与投屏设备，分组讨论、小组成果展示及资源共享变得前所未有的便捷高效。无线投射技术的运用，使得移动终端的信息能够即时呈现于大屏幕，极大地促进了学习者间的分享与深度交流。此外，在线学习平台的引入，彻底打破了时间与空间的束缚，学生可以随时提出问题，教师亦能迅速给予反馈；学生之间亦可轻松开展在线讨论、协同作业，这一系列变革极大地加速了知识的共享与深度传播，为学习社群注入了新的活力。

（4）智能监测性。智慧教学环境以其卓越的监测能力著称，能够实时捕捉学习情境并精准识别学习者的个性特征。它深入剖析学生在在线学习平台上的行为轨迹，诸如学习时长、答题正确率、课程偏好等多维度数据，从而精准描绘出学生的学习模式、知识掌握程度及兴趣所在。此外，它还能敏锐监测教室内的各类环境因素，如人数分布、光线强弱等，并据此智能化地调节环境配置，为师生共同营造出一个既舒适又高效的教学与学习空间。这一智能监测机制，为个性化教学的深入实施奠定了坚实的基础，使得教育更加贴合每个学生的独特需求。

（5）学习历程的深度追踪与综合解析。智慧教学环境具备强大的自动化记录功能，能够全面捕捉学生的学习历程，涵盖学习时间、学习内容、学习行为等多个维度的数据，并对其进行深度剖析。这些详尽的分析结果，不仅助力教师全方位洞察学生的学习状况，及时发现潜在问题并迅速采取应对措施，灵活调整教学策略，同时也赋予了学生自我反思的能力，使他们得以通过回顾自己的学习轨迹，总结宝贵经验，汲取深刻教训，从而不断优化学习方法。这一深度追踪与综合解析的功能，为教学质量的稳步提升构筑了坚实的后盾，确保了教育过程的持续优化与精进。

（二）构建智慧学习环境的重要性

智慧学习环境的构建是高职院校推进“三教”改革的重要举措，它充分利用先进的技术手段和资源，全面提升教学质量和学生学习体验，在高职教学改革中具有重要的作用。

（1）提升教学效率。智慧学习环境凭借其卓越的数据处理能力，能够迅速且精准地解析海量的教学数据，从而极大地减轻了教师的工作负担。这使得教师们能够将更多的精力倾注于教学内容的革新与教学策略的优化之中，进而全面提升整体的教学效能。

（2）增强学习体验。智能化学习空间借助多样化的多媒体资源和便捷的互动平台，为学生打造了一个充满趣味性和互动性的学习环境。这样的环境不仅激发了学生的学习热情，还提升了他们的学习参与度和满意度，使他们在轻松愉悦的氛围中更有效地吸收知识。

（3）促进教育公平。智能化学习空间打破了地域和时间的局限，使优质教育资源能够跨越时空的壁垒，广泛惠及偏远地区的学生。这一特性显著缩小了教育差距，为全体学生提供了平等获取高质量教育的机会，从而促进了教育的均衡发展。

（三）构建智慧学习环境的策略

1. 汇聚并优化数字化教育资源

（1）打造资源集成高地。高职院校应积极促进各类数字化教育资源的融合，构筑一个综合性的资源集成高地。可借鉴国家智慧教育公共服务平台的卓越模式，将专业课程库、在线精品课程、开放视频课程等资源悉数纳入。学校可自主构建校内资源集成平台，对国家平台的资源进行深度挖掘与精细梳理，同时激励教师上传自创的教学素材，推动校内资源的持续精进与共享。

（2）开辟虚拟实训新纪元。鉴于高职教育鲜明的实践导向特性，开发虚拟实训资源尤为关键。可以借助虚拟仿真、数字镜像等尖端科技模拟逼真的工作环境，让学生在虚拟场景中大展身手，进行实践操作。此举不仅能大幅降低实训成本，还能显著提升实训的安全性与可重复性。

2. 提升师生的数字化能力

（1）夯实教师数字化技能基石。在智慧学习环境的构建中，教师作为引领学生探索知识海洋的领航者，其数字化能力的提升显得尤为关键。学校应精心组织教师参与数字化技能培训，内容涵盖现代教育技术的全面应用，诸如多媒体课件的精心设计与制作、在线教学平台的熟练驾驭、教学数据的深度剖析等。可定期策划并举办线上或线下的专题培训、工作坊等活动，诚邀教育技术领域的资深专家前来传道授业，为教师们答疑解惑。同时，积极鼓励教师投身于教育信息化相关的科研项目与实践探索，通过实战经验的积累，不断精进自身的数字化应用能力，为智能化教学注入源源不断的活力。

（2）培育学生数字化学习习惯。引导学生融入智能化学习环境，培养他们利用数字化工具进行自主学习的良好习惯。教师可以在课程教学中巧妙融入数字化资源的使用指导，如如何在海量的网络资源中淘金，如何运用在线平台进行课程的预习、复习与作业提交等。同时，通过组织数字化学习竞赛、项目式学习等丰富多彩的活动，激发学生的数字化学习兴趣，提高他们的自主学习能力。

3. 深化智慧校园建设

（1）夯实校园网络基础设施根基。稳定、高速、全面的校园网络基础设施是智慧校园建设的坚固基石。当前，高职院校的校园网络基础设施水平参差不齐，为了满足智慧校园建设的需求，应从多方面进行升级改造。高职院校应引入先进的网络技术，提升校园网络的速度、稳定性和安全性，以满足在线教学、大数据分析等功能的数据传输需求。这有助于实现校园内信息的畅通无阻与高效共享，为智慧校园的各项应用提供强有力的网络保障。同时，优化终端设备，如教室、图书馆等场所应实现环境感知与智能调控功能，提升师生的使用体验。

（2）构建智能教学管理系统。构建智能教学管理系统是高职智慧校园建设的核心使命，能够大幅提升教学管理的效率与质量，实现教育教学的智能化。

第一，教学资源的高效整合与共享。通过整合校内的各类教学资源，如课程资料、教学课件、在线课程等，构建一个统一的教学资源库。利用大数据和云计算技术，实现资源的高效存储、管理与共享，方便教师和学生随时随地获取所需资源，打破传统教学资源分散、难以共享的僵局，促进教学资源的充分利用。

第二，教学资源个性化精准推送。智能教学管理系统具备敏锐的洞察力，能够精确捕捉教师的教学需求与学生的学习进展，从而进行个性化的教学资源推送。譬如，系统会根据学生课程学习的具体情况，智能推荐与之匹配的拓展学习素材、针对性练习题等，使学习更具目标导向与实效性，助力学生精准提升。

第三，教学过程智能化管理。实现教学计划、课程安排、考试管理等教学流程的自动化与智能化。例如，系统能够根据课程设置和教师资源自动生成科学合理的课程表，有效避免课程冲突；在考试管理方面，可以实现智能组卷、在线考试、自动评分等功能，极大地减轻教师的负担，提高管理效率。

（3）构筑智慧型教室新生态。智慧型教室作为智慧校园不可或缺的一环，通过配备前沿的智能硬件设备，诸如智能交互屏幕、智能录制与播放系统等，极大地丰富了课堂的互动形式，显著提升了学生的课堂参与度。在此基础上，我们积极探索并实践多样化的智慧教学模式，如翻转课堂的深度应用、小组合作学习的创新实践等，全方位培养学生的自主学习能力，激发他们的创新思维，为智慧教育的发展注入新的活力。

第一，智能硬件设备的匠心配置。安装智能交互屏幕，取代传统的黑板和投影仪，支持教师和学生进行无缝互动式教学。教师可以直接在屏幕上挥洒自如地进行书写、标注、展示多媒体内容，学生也能够便捷地展示自己的学习成果，让课堂的互动性与学生的参与度再上新台阶。

第二，配备智能录制播放设备，实现课堂教学的自动录制与直播。这不仅为学生课后复习提供了极大便利，还能为远程教学、在线课程建设提供丰富素材，同时也有助于教师进行教学反思与教学研究。

第三，智慧教学模式的灵活融合与实践。智慧型教室为多种智慧教学模式的灵活开展提供了广阔舞台，如翻转课堂的深度实施、小组合作学习的创新探索等。教师可以巧妙借助智慧型教室的先进设备与软件平台，预先发布精心设计的学习任务与丰富的学习资料，引导学生在课前进行自主预习与探索，使课堂转变为深度讨论、精准答疑与知识拓展的阵地，从而切实增强学生的自主学习能力。

通过物联网技术，实现教室设备的互联互通与智能控制。例如，教师可以通过手机或中控系统，一键控制教室的灯光、窗帘、空调等设备，根据教学场景进行智能化调节，为学生营造一个舒适宜人的学习环境。

（4）构建线上线下融合的智慧评价体系。建立多元化的评价指标，涵盖学生的课堂表现、作业完成情况、实践操作水平，以及教师的教学方法与学生的互动情况等。利用大数据技术收集与分析评价数据，生成全面、客观的评价报告，为改进教学质量提供有力支撑。

（四）深化产教融合与校企合作

（1）共建智能化学习平台。与企业携手并肩共建智能化学习平台，将行业的最新技术、实际工作案例等资源巧妙融入平台，使学生所学内容与企业需求无缝对接。

（2）开展实践教学合作项目。学校与企业深度合作开展实践教学项目，企业为学生提供实习岗位、实践项目和悉心指导，使学生在真实的工作环境中将所学知识付诸实践，从而加深对专业知识的理解。此外，也要与合作企业共同制定实践教学方案，确保实践教学的质量与效果。订单式人才培养项目便是产教融合、校企合作的生动写照。

第三节　教学效果评价体系重构

教学质量评价，作为教学过程中的重要组成部分，不仅是教学活动、学生学习成果与教师自我提升的联结点，更是推动教学质量提升、教学创新及学生全面发展的关键力量。一个完善的教学质量评价体系，能够全面、系统地评估教学活动的各个方面，为教学质量的持续改进提供有力支撑。

一、教学质量评价的内涵

教学质量评价，是一个以既定教学目标为基准，借助科学的评估指标、明确的评估主体及合理的评估手段，对教学活动及其成果进行全面价值评判的精密过程。这一过程不仅着眼于教学产出的效果，更致力于对教学活动全过程的优化与革新。实质上，它是对教师教学工作的全方位、深层次考量。

在评估教师教学工作之际，评价主体需秉持全面而综合的视角，既要衡量教师的教学素养、专业技能，也要审视教学活动的各个环节，特别是课堂教学的实际成效。这种评估模式有助于教师精准发现自身教学实践中的闪光点与不足之处，从而激励他们不断精进教学能力，为学生提供更高品质的教学服务。

二、教学质量评价的多重功能

教学质量评价在教学流程中处于核心地位，发挥着多重且关键的作用：

（1）指引功能。教学质量评价通过设定明确的评价目标与标准，为师生指明了清晰的前进方向。这种指引力评价确保了对象教学活动的有序开展，使师生能够精准把握教学与学习的目标，从而有针对性地规划与实施教学活动和学习策略。

（2）评估功能。教学质量评价具备对被评价者达到既定标准或目标达成程度进行准确评估的能力。通过评价，我们可以对教学效果的好坏作出精确判断，为教学改进提供坚实的依据。这种评估功能有助于我们及时发现教学中的短板，以便采取针对性的改进措施。

（3）调节功能。教学质量评价能够调整教学活动的进程与节奏，使其更加贴合学生的实际需求和学习特点。借助评价结果的反馈，教师可以灵活调整教学策略与方法，以更好地适应学生的学习需求，从而提升教学效果。

（4）匹配功能。教学质量评价还具备使教学活动与学生实际需求和学习节奏相匹配的能力。基于评价结果的反馈，教师能够适时调整教学策略与方法，确保教学活动与学生的学习需求相契合，进而提升教学质量。

（5）诊断功能。教学质量评价具有深入剖析教学过程中存在的问题与不足的能力。通过评价，我们可以全面洞察学生的学习状况与教学需求，发现教学中的薄弱环节，并为教学改进提供具体的指导建议。这种诊断功能有助于我们制定更为有效的教学计划，以持续提升教学质量。

（6）激励功能。教学质量评价通过正面激励如表扬与鼓励等方式，能够极大地激发学生的学习动力与教师的教学积极性。这种激励作用有助于营造积极向上的教学氛围和学习环境，激发学生的学习热情与教师的教学热情，推动师生的共同进步与成长。

综上所述，教学质量评价在教学过程中发挥着举足轻重的作用，并承载着多样化的功能。通过科学、客观的教学质量评价，我们可以不断提升教学质量与效果，促进师生的共同成长与发展。

三、教学质量评价的多方面影响

（1）构建反馈机制。教学质量评价首先充当了一个至关重要的反馈机制。它不仅向教师揭示了教学中的亮点与待提升之处，助力其灵活调整教学策略以优化教学质量，同时也让学生清晰地认识到自己的学习进度与存在的问题，为他们的学习之路指明方向。

（2）激发学习热情。正面的教学质量评价如同强大的动力源泉，极大地激发学生的学习热情与自信心。当学生看到自己的成就与进步得到肯定时，他们的学习动力将显著增强，持续保持对知识的探索与追求。此外，评价中的鼓励与赞扬还能塑造学生积极的学习态度与价值观。

（3）明确学习导向。教学质量评价如同一盏明灯，让学生清晰地看到自己的学习现状，发现存在的短板与不足，从而能够有针对性地制定改进计划，明确学习目标，提升学习效率。

（4）助力教师专业成长。教学质量评价是教师自我反思与专业成长的有力助手。它促使教师深入审视教学实践，总结经验教训，不断提升教学水平，是教师专业成长道路上不可或缺的一环。

（5）优化教育管理决策。教学质量评价为教育管理者提供了宝贵的决策参考。通过深入分析评价结果，管理者能够精准把握教学动态，及时调整教育政策，优化资源配置，确保教学质量的持续提升。

（6）夯实教学质量基础。教学质量评价是教学质量保障的基石。通过定期且系统的评价，管理者能够全面了解教学体系的运行状况，从教师教学能力、教学资源利用到学生学习成效，为制定科学合理的教育政策提供有力支撑。

（7）推动教育改革步伐。教学质量评价不仅是对现有教学活动的评估，更是推动教育改革的重要力量。通过对评价结果的分析和反思，教育管理者和教师可以发现现有教育体系中存在的问题和不足，从而提出改革方案和建议。这些改革有助于提升教育的整体水平和质量，更好地满足社会发展的需要。

（8）促进师生交流互动。教学质量评价搭建了师生沟通的桥梁，促进了双方的深入交流与合作。在评价过程中，师生共同探讨学习目标、教学方法与评价标准，这种互动不仅增进了彼此的理解与信任，更为双方提供了宝贵的自我反思与成长机会。

(9) 维护教育公平。教学质量评价还有助于维护教育公平。通过确保评价标准的公正性和客观性，教学质量评价可以防止因个人偏见或歧视而导致的不公平现象，确保了每位学生都能得到公正的评价与机会，促进了教育资源的均衡分配与合理利用，为教育公平的实现提供了有力保障。

四、高职院校教学质量评价的现状

教学质量评价作为教师教学过程中的关键环节，对于提升教学质量、促进教师专业成长具有重要意义。然而，当前高职教学质量评价的现状却存在诸多不足，影响了教学质量评价的有效性，也制约了高职教育的健康发展。

（一）评价理念落后

当前，多数高职专科院校的教学质量评价标准仍由教务处或督导处等管理部门制定，而这些部门往往缺乏实践教学经验，对高职教育的特殊性认识不足。因此，在制定评价标准时，往往参照普通教育的评价制度，忽视了高职教育与普通教育在培养目标、教学内容和教学方法等方面的本质区别。这种落后的评价理念导致评价标准无法全面体现高职教育的特征，不利于高职院校独特教学方法的发展和创新。

（二）评价主体单一，多元化评价缺失

高职院校教学质量评价的主体大多局限于学校内部，主要包括学生、教师、教学监督人员及教学管理人员等，而企业的深度参与却显得尤为不足。企业作为高职教育的直接受益方和核心利益相关者，对学生所需的专业技能和职业素养有着最为直观且深入的了解。然而，由于企业在评价过程中的参与度较低，导致教学方法难以精准对接企业的实际需求，进而影响了学生的就业竞争力和未来的职业发展。此外，尽管学生评价在教学质量评价中占据着重要地位，但其主观性和局限性同样不容忽视，难以全面且客观地反映教师的教学水平和教学效果，使得评价结果的全面性和准确性大打折扣。

（三）评价内容存在局限性

当前高职院校的教学质量评价体系，其重心主要倾斜于对课堂教学效果的

评估，而对教学方法的创新性、灵活性，以及对学生实践能力、职业素养培养等方面的考量则显得相对薄弱。例如，某些高职课程可能深陷教学方法单一、创新匮乏的泥淖，却仅凭教学设备的妥善运用、教师表达的流畅自如等表象因素，便能在评价体系中获得不俗的成绩。这种评价内容的局限性，无疑遏制了教学方法在激发学生创新思维、提升实际操作能力方面的潜力，进而阻碍了教学质量的整体跃升。

（四）评价指标的设置不科学

表 5-1 至表 5-3 为某职业技术学院对教师的教学质量评价表。可以看出，该校评价体系存在评价指标的设置模糊、各指标的权重分配不够合理等问题，这也是高职院校教师教学质量评价普遍存在的问题。

（1）评价指标不完善。当前，高职院校教师教学质量评价过度注重教师的基本功和教学态度等表面因素，而缺乏对教师教学方法创新性和教学研究能力的评价。例如，对采用混合式教学方法的教师，往往只考察课堂教学情况，而忽视了课程资源建设、课后辅导等方面的工作。这种评价指标的不完善导致评价结果无法全面反映教师的教学水平和努力程度。

（2）缺乏对专业与课程特性的考量。不同学科专业、不同类型的教师，其工作性质各异，所承担的教学课程内容亦各具特色。然而，当前的高职院校教学质量评价表往往未能充分反映这些特性，评价内容显得不够全面且针对性欠佳。这种忽略专业与课程特性差异的评价方式，导致评价结果难以精准衡量教师的教学质量和教学效果，从而无法为教师提供有针对性的改进建议。

（3）评价范围局限且标准宽泛模糊。在部分高职院校的教学质量评价体系中，存在一种偏重结果、轻视过程的倾向，即过分聚焦于教学最终成果与成效，忽略了教学过程的全面审视。此外，评价标准设定得过于宽泛且笼统，缺乏明确的针对性和指导性，难以有效引领教学改进的方向。例如，在学生对教师教学成效的评价中，“讲授效果好”这类表述显得过于含糊，使得学生难以精准把握评价标准的具体内涵。这种评价范围狭窄且标准宽泛模糊的问题，不仅削弱了教学质量评价的可信度，更难以为教学改进提供切实有效的指引。

表 5-1　××职业技术学院教师教学工作情况评价表（学生用表）

一级评价指标	二级评价指标（内容）	权重（%）		评价等级					评价
				A	B	C	D	E	
				91—100分	81—90分	71—80分	61—70分	0—60分	
教学内容和方法	1. 讲授内容安排合理，深度、广度适宜	55	5	A	B	C	D	E	
	2. 重点突出、难点讲清、要领清晰		5	A	B	C	D	E	
	3. 理论联系实际，注意反映新动态		5	A	B	C	D	E	
	4. 备课充分，教材熟悉，讲解熟练		5	A	B	C	D	E	
	5. 教学结构紧凑，条理清楚		5	A	B	C	D	E	
	6. 教法多样，实施灵活，容易领悟		5	A	B	C	D	E	
	7. 富于启发性，注意培养和发展学生能力、智力		5	A	B	C	D	E	
	8. 课题引入自然，小结简明		5	A	B	C	D	E	
	9. 板书工整，设计合理，便于记录		5	A	B	C	D	E	
	10. 语言流畅，表达生动、课堂气氛活跃		5	A	B	C	D	E	
	11. 治学严谨，对学生严格要求，结合教学进行思想教育		5	A	B	C	D	E	
教学态度	12. 按时上、下课，注意课堂纪律，维持课堂秩序	15	5	A	B	C	D	E	
	13. 教学认真负责，注意言传身教，为人师表		5	A	B	C	D	E	
	14. 注意反馈信息，及时调整、改进教学		5	A	B	C	D	E	
作业与辅导	15. 作业、报告适量，批改认真及时	10	5	A	B	C	D	E	
	16. 辅导答疑，热情耐心		5	A	B	C	D	E	
教学效果	17. 学生对讲授内容能较好地理解、掌握	20	10	A	B	C	D	E	
	18. 讲授效果好，实验（实习）成效大		10	A	B	C	D	E	
总计		100							
评议意见	满意度调查								
	你对教师的教学：非常满意 比较满意 一般 不太满意 非常不满意（在你认为适合栏上打“√”）								
说明	1. 实事求是地填写、评价；2. 请在评价栏内填上相应等级，并在总计栏中填入分数								

表 5–2 ××职业技术学院教师课堂教学质量评价表（同行、督导用表）

授课教师		授课课程		授课班级	
授课地点		授课时间	年 月 日（星期 ）第 节	听课人	
学生人数	应到 人，实到 人，迟到 人				
授课内容					

一级评价指标	二级评价指标（内容）	权重（%）		评价等级 A 91—100分	B 81—90分	C 71—80分	D 61—70分	E 0—60分	评价
教学目的和内容	1. 教学目的明确，重点突出，难点讲透，融入新知识、新技术	34	13	A	B	C	D	E	
	2. 理论联系实际		9	A	B	C	D	E	
	3. 小结简明、概括		6	A	B	C	D	E	
	4. 结合授课内容，开展思想教育自然贴切		6	A	B	C	D	E	
教学组织	5. 授课有新意、有特点，教法恰当，实施灵活	58	8	A	B	C	D	E	
	6. 发挥教师主导作用，维持课堂秩序，注意学生综合能力培养		12	A	B	C	D	E	
	7. 授课逻辑分明、层次清楚		7	A	B	C	D	E	
	8. 组织教学能力强，课堂气氛活跃，教学效果好		12	A	B	C	D	E	
	9. 课件、板书、板画设计合理，清晰，书写整洁		8	A	B	C	D	E	
	10. 语言简练、生动，声音清晰，速度适中		6	A	B	C	D	E	
	11. 时间控制准确，教学结构紧凑合理		5	A	B	C	D	E	
其他	12. 为人师表，精神饱满，语言文明，教态自然	8	8	A	B	C	D	E	
总计		100							
评议意见	教学中突出的优点和特色：								
评议意见	教学中存在的问题及建议：								

注：请在评价栏内填上相应等级，并在总计栏中填入分数。

表 5-3 ××职业技术学院实训课（实验课）教学质量评价表（同行、督导用表）

责任教师		实训课程		实训班级	
实训地点		实训时间	年　月　日（星期　）第　节	听课人	
学生人数	应到　　人，实到　　人，迟到　　人				
实训内容					

一级评价指标	二级评价指标（内容）	权重（%）		评价等级					评价
				A	B	C	D	E	
				91—100 分	81—90 分	71—80 分	61—70 分	0—60 分	
工作态度	1. 实训有计划、有方案、有进度安排	30	10	A	B	C	D	E	
	2. 教师提前到达实训场地，准备相关仪器、设备、教具等，现场清洁，物品有序		10	A	B	C	D	E	
	3. 对学生参加实训有考勤记录		5	A	B	C	D	E	
	4. 教师在学生实训过程中不擅离岗位		5	A	B	C	D	E	
实训过程	5. 教师讲解明确，演示正确、规范	55	10	A	B	C	D	E	
	6. 实训目的、任务、要求具体，学生明确知晓		10	A	B	C	D	E	
	7. 学生实训分组和仪器、工具等配置合理		8	A	B	C	D	E	
	8. 学生人人有事做，无懒散现象；实训场所安静，实训活动有序进行		10	A	B	C	D	E	
	9. 教师严格维持实训秩序，对学生实训认真巡视、督促，热情、耐心答疑和指导		10	A	B	C	D	E	
	10. 学生严格遵守实训规程，操作规范、符合安全要求		7	A	B	C	D	E	
其他	11. 不把明文禁止的物品带入实训场所；不发生人为损坏公物情况	15	7	A	B	C	D	E	
	12. 学生参训不迟到、不早退、不无故旷训		8	A	B	C	D	E	
总计		100							
评议意见	教学中突出的优点和特色：								
	教学中存在的问题及建议：								

注：请在评价栏内填上相应等级，并在总计栏中填入分数。

（4）评价方法滞后，现代化评价手段缺失。大多高职院校在教学方法评价方面，仍旧沿用传统的评价手段，如纸质问卷调查、人工数据汇总等。此类评价手段设计上的不严谨，可能导致收集到的数据缺乏客观性与真实性。随着信息技术的日新月异，高职教育领域的教学方法也在不断推陈出新，诸如线上线下融合式教学、虚拟仿真实训教学等新模式层出不穷。然而，传统的评价手段在面对这些新兴教学方法时，显得力不从心，难以对其进行全面且精准的评估。以线上教学为例，传统评价手段往往无法有效捕捉与分析其平台上的互动数据、学生的在线学习行为分析等关键信息，影响了对线上教学效果的准确评判。因此，亟须引入更为科学的数据采集与分析方法，比如利用大数据技术构建教学质量评价体系，以此来提升评价的准确性与客观性，让评价更加贴合现代教育的实际需求。

（5）评价机制趋于形式化，实质性评价亟待加强。在高职院校教学方法的评价体系中，形式化问题尤为凸显。当前的评价往往侧重于表面化的指标，如教学文件的完备性、教学环节的完整性等。以课程教学为例，评价可能仅仅停留于检查教师是否备有完整的教案、是否按照既定时长完成教学内容等浅层次方面。然而，对于教学方法是否真正激发了学生的学习兴趣、是否切实提升了学生的职业能力等更为实质性的问题，则缺乏深入细致的探讨与考量。以高职实训课程为例，尽管形式上安排了实操环节，但可能因设备老化、教师指导不力等因素，导致学生未能真正掌握所需技能，而这类深层次的问题在形式化的评价框架下往往会被忽视，未能得到应有的重视与解决。

（6）评价反馈滞后，缺乏改进建议。当前，众多院校的教师授课质量评价体系中，对于评价结果反馈机制的具体规定相对匮乏，这导致教师在评价完成后难以及时获取反馈信息。“以评促改”作为教学质量评价的关键，在实践中未能得到充分体现。在一些情形下，评价结果仅在涉及教师考核评比、奖惩晋升等环节时才发挥作用，从而背离了评价的初衷。原本应聚焦于教学过程的优化与改进的评价，却异化成一种对教师的鉴定和证明手段，过度突出了选拔功能，授课质量评价对于教学发展的积极推动作用则被边缘化。更令人遗憾的是，许多教师对于评价中揭示的自身教学问题知之甚少。

（7）评价目的偏离初衷，奖惩性导向过重。当前，高职教师教学能力的评价体系仍以奖惩性为主导，这种评价取向时常被误用作检查教学质量的主要工具，或是教师职称评定和晋升的评判依据，更有甚者，评价的目的仅仅是惩罚。这种现象导致教师可能仅为了应对评价而采取行动，而非真正致力于教学方法的优化和创新。例如，部分教师可能会在评价期间过分注重形式上的表现，如教学文件的完备性、教学环节的完整性等，而忽视了教学方法的内涵建设和实质内容的提升。这种奖惩性过重的评价导向不仅无法有效激发教师改进教学方法的积极性，还可能对教师的职业发展产生负面影响，阻碍教学质量的整体提升。因此，需要重新审视和调整评价目的，确保评价能够真正促进教学改进和教师个人发展，而非仅仅成为奖惩的工具。

五、优化高职院校教师教学质量评价机制的策略

优化高职院校教师教学质量评价机制是一个复杂而系统的任务，需要从多个维度出发，以确保评价的全面性、科学性和有效性。为构建一个更加合理、公正且能促进教师教学质量持续提升的评价体系，笔者结合多年的教学经验，在深入研究的基础上，提出以下策略：

（一）更新评价观念

（1）树立过程与结果并重的评价理念。以往的教学质量评价往往侧重于对结果的考核，而忽视了教师在教学过程中的成长与进步。因此，我们需要将评价的重心从单纯的结果评价转向过程与结果并重的综合评价，关注教师在课程建设、教学设计、课堂实施、教学方法的创新、学生互动及教学反思等各个环节的表现，鼓励教师在教学实践中不断探索与创新，实现个人教学能力的持续提升。

（2）树立以人为本的评价观念。以人为本就是要把教师看作有血有肉、有情感需求的个体。教学质量评价不仅是对教学成果和教学过程的数字化衡量，更是一种促进教师全面发展的手段。在评价中，除了关注教师的教学投入、教学态度、教学业务能力，也要关注教师的职业发展需求、教学压力、工作环境等可能对教学质量产生影响的因素。例如，有的教师可能因为承担了过多的非教学任务而影响了教学准备工作，有的教师如果面临较大的工作压力，可能会

影响其教学状态。如果不考虑这些因素，单纯地对教学效果进行评价就有失公平。以人为本的评价观念就是要综合考虑这些因素，通过评价来帮助教师解决教学过程中的实际问题，提高教师的职业满意度，进而提升教学质量。

（3）重视高职教育的特色。高职教育以其独特的“职业性”特质，区别于普通高校的教育模式。在构建评价观念时，我们应摒弃对普通高校教学质量评价体系的过度借鉴与依赖。以往的评价体系未能充分凸显高职教育的职业属性，难以精准贴合高职教育的实际需求。因此，新的评价观念亟须突出高职教育以培育学生实践能力、职业素养为核心的独特价值，并以此为立足点，构建一套与之相匹配的评价体系，以期更好地顺应并推动高职教育的蓬勃发展。

（4）强化评价的激励与导向功能。评价不应仅仅是对教师教学工作的一种简单评判，还应成为一种激励教师不断进步、促进教师不断成长、引导教学改革方向的有效手段。通过建立科学合理的奖励机制，对在教学工作中表现突出的教师进行表彰和奖励，激发其教学积极性和创造力。同时，针对评价中发现的问题和不足，提出具体的改进建议，为教师指明努力的方向，促进其教学质量的持续提升。

综上所述，优化高职教师教学质量评价机制需要从评价理念入手，实现过程与结果的并重、以人为本的关怀、高职特色的凸显以及激励与导向功能的强化。这些策略的实施将有助于构建一个更加合理、公正且能促进教师教学质量持续提升的评价体系。

（二）构建全面教学质量评价框架

在构建教学质量评价框架的过程中，需综合考虑多方面因素，以确保评价体系的科学性、客观性和实用性。

（1）教学目标的清晰度与针对性。教学目标是教学活动的导向和归宿，其清晰度、具体性和可衡量性是评价教学质量的基础。对于高职教育而言，培养学生的实践操作能力和职业素养是核心目标，因此，教学目标应紧密围绕这些核心要素进行设定。同时，应针对不同专业课程的特点和需求，制定差异化的教学目标。在评价时，需关注教学目标的明确性、具体性、可衡量性以及其与专业需求的契合度。

（2）教学内容的精准性与前瞻性。教学内容需精准无误、深入透彻且覆盖面广，条理清晰，逻辑缜密，能够紧密贴合实际，充分满足高职教育的专业需求。同时，教学内容应紧跟行业发展趋势，确保学生所学知识的时效性与实用性并重。在评价过程中，需细致考察教学内容是否精准捕捉并反映了专业核心需求，是否紧密贴近实际工作场景，以及是否融入了行业的最新技术与前沿知识，从而确保教学内容的时效性与实用性得到保障。

（3）教学方法的丰富多样性与创新引领性。教学方法应与教学内容相匹配，切实贴合高职学生的特性，有效激发学生的求知热情与学习动力。同时，教学方法应具备前瞻性的创新元素，如巧妙融合新技术、勇于尝试新颖的教学模式等，以期提升教学效果至新高度。在评价环节，需着重关注教学方法的多样性、创新程度以及对学生学习成效的积极推动作用，确保教学方法既丰富多彩又富有成效。

（4）教学过程的完整性与流畅性。教学过程应完整、流畅，包括导入、讲解、互动、练习、总结等环节。教师应合理安排时间，有效运用教学资源，确保学生在每个环节都能得到充分的学习和实践机会。在评价时，需考察教学过程的完整性、流畅性以及教师的时间管理和资源运用能力。

（5）教学手段的现代融合与多样化展现。教学手段应巧妙融合现代信息技术，如在线教学平台等，以增强教学的直观性和生动性，使知识传递更加形象具体。同时，也应合理融入传统教具，以丰富教学资源，实现教学手段的多元化。在评价过程中，需重点关注教学手段的现代化水平、多样性以及它们对学生学习成效的积极影响，确保教学手段既先进又富有成效，能够全方位助力学生的学习与发展。

（6）实践教学的质量与效果。高职教育强调实践教学，因此，需设置专门的实践教学质量评价指标。这些指标应包括教师的实践教学设计能力、实践操作技能等。通过评价实践教学质量，可以确保学生在实际工作中具备较强的操作能力。在评价时，需关注实践教学的组织、实施以及学生实践能力的培养情况。

（7）教师专业素养与实践经验。教师的专业素养与实践经验是教学质量的关键支撑。在评价教师时，需全面考量其专业知识的广度与深度、实践操作的熟练程度以及教学研究的能力。此外，教师是否具备企业实战经验或行业实践背景，对于增强教学的实用性和针对性至关重要。在评价过程中，应细致观察教师的专业素养在实践教学中的展现、其实践经验如何融入课堂，以及这些素养与经验对学生学习效果产生的积极影响，确保教师拥有扎实的理论功底，在实践中为学生树立榜样，引领学生在专业领域不断前行。

（8）教学效果反馈机制。教学效果是衡量教学质量的核心标尺。评估教学效果时，需综合考虑教学目标的达成度、学生学习积极性的提升，以及学生职业素养的增强等多个维度。通过细致评价教学效果，我们能够及时调整和优化教学方法与内容，确保教学质量的持续提升。在评价环节，应着重关注教学目标的实际达成情况、学生学习热情的高涨态势，以及学生职业素养的显著进步，以便精准把握教学效果，推动教学方法与内容的不断精进。

（9）教学互动的频次与深度。优质的教学互动是激发学生主动学习、积极参与的催化剂。在评价教学互动的过程中，需细致观察师生互动的频次、互动的质量高低，以及反馈与矫正的迅速性和有效性。这些要素对于提升教学效果、促进学生的全面发展具有重要意义。在评价时，应着重关注教学互动的频次是否适中、互动的深度是否足以引发学生的深度思考，以及这种互动对学生学习成效的积极推动作用，从而确保教学互动既频繁又深刻，真正助力学生的学习进步。

（10）教师的教学态度与责任感。教师的教学态度是学生学习体验与成效的直接映射。教师应秉持认真负责的职业操守，因材施教，细致入微地关注学生的个体差异，力求满足每一位学生的学习需求。这种积极的教学态度能够营造一种积极向上、充满活力的学习氛围，为学生的全面发展铺设坚实的基石。在评价时，需着重考察教师的教学热忱、责任感以及对学生个体差异的细致关注，确保教师不仅传授知识，更在心灵上给予学生温暖与引导，助力学生茁壮成长。

（三）多元化评价主体的融入

传统的高职院校教师教学质量评价往往只注重学校管理层或同行的意见。然而，为了确保评价的全面性，在评价教学质量时，应引入多元的评价主体。

除了学生、同行之外，还可以包括企业专家等，构建多方参与的多元化评价组织或委员会，并建立高效的沟通桥梁，以促进各评价主体间的信息共享与协同合作，从而确保评价过程的积极性以及评价结果的公正性和客观性。

（1）学校教师的核心作用。在高职院校教师教学质量评价体系中，学校教师发挥着举足轻重的作用。他们凭借深厚的专业知识、丰富的教学经验和对学生课堂动态的深入了解，能够从多维度对教学效果进行精准评估。例如，教师能够判断教学内容是否贴合高职学生的知识背景和职业需求，教学方法是否能有效激发学生的学习热情和主动性。同时，通过观察学生的课堂活跃度、作业完成情况等，对教学效果进行初步评判。

（2）企业专家的积极参与。企业专家凭借对行业动态的敏锐洞察和对市场需求的深入理解，能够从实际应用的角度，对高职课程设置、教学内容的实用性和前瞻性以及学生的职业技能水平进行全面考量。企业可以通过提供实习实践机会、参与专业建设指导等方式，对学生在实习期间的表现和学校的课程设置提出宝贵建议。

（3）学生反馈的核心价值。学生作为教学活动的直接参与者与体验者，其反馈意见对于持续优化教学效果具有不可替代的重要性。高职院校应积极支持学生投身教学质量评估活动，借助匿名在线问卷、小组深入研讨等多种渠道，对教师的工作态度、授课策略及最终成效给予公正、客观的评价。同时，应引导学生理性评价，避免个人情感色彩对评价结果的影响，并对评价数据进行科学统计和分析。

（4）同行互评的价值。同行互评能够让同行从相似的教学视角对教学内容和教学方法进行评价。例如，同专业的教师可以对课程内容的难易度、教学方法的合理性等进行评估，他们凭借自身的教学经验能够提供专业的见解。学校可以组织教师互相观摩课堂教学，并随后进行评价。以建筑工程类专业为例，不同教师可以就项目式教学法在培养学生施工现场管理能力方面的效果进行互评，分享成功经验并探讨改进措施。

（四）改进评价方法与工具

（1）融合定性与定量评价的优势，提高评价的准确性。在教学评价过程中，定性与定量评价各具特色，二者的结合能够更全面地反映教学方法的成效。定性评价有助于深入剖析教学方法的特色与潜在问题，而定量评价则能提供具体的数据支撑。以“建筑施工技术”课程的教学评估为例，通过课堂观察，可以细致记录教师的教学风格、专业术语的恰当运用及与学生的互动情况，进行深入的定性分析。同时，结合学生的考试成绩、实践操作测试的达标率等量化数据，形成全面的评价。对于如学生的创新思维、团队协作能力等难以量化的指标，可通过学生自评、教师观察等定性方式进行评估；而对于如技能操作的精确度、理论知识掌握水平等易于量化的指标，则采用定量评价。

（2）过程性与总结性评价并重，确保教学质量评价的全面性。过程性评价侧重于关注教学方法在教学过程中的实施细节，有助于及时调整教学策略。在建筑工程类专业的项目式教学或实训实习中，过程性评价可应用于学生设计方案的构思、施工图纸的绘制、施工现场的协作与问题解决等各个环节，确保教学质量的稳步提升。总结性评价则在教学周期结束后进行，通过项目成果展示、综合考核等手段，全面评估教学方法的整体成效。以“建筑设计”课程为例，过程性评价可在学生设计初稿、模型制作等阶段实施，而总结性评价则在完成最终设计方案后，通过设计评审会议进行。这种结合方式既关注了学生技能与知识的逐步积累，又确保了教学方法最终效果的全面评估。

（3）现代信息技术赋能评价手段，提升效率与科学性。在线教学平台、大数据分析等现代信息技术，为教学质量评价注入新活力。在线教学平台能够记录学生的学习行为数据，如视频观看频次、在线讨论活跃度等，为定量分析提供坚实基础。大数据分析技术则能够深入挖掘数据背后的关联与趋势，揭示教学方法的优势与不足，为教学改进提供科学依据。例如，通过分析学生在“建筑制图”课程中的在线学习数据，教师可以精确识别学生的学习难点，从而调整教学策略，提升教学效果。

（五）深化教学质量评价反馈与持续改进体系

（1）提升评价反馈的时效性和针对性。为确保教学质量评价的实效性，评价结果需迅速反馈给教师，并附带具体、明确的改进指导。这不仅能帮助教师快速定位教学中的短板，还能为他们指明改进的具体路径。同时，鼓励教师积极参与评价流程，通过自我审视与同行交流，携手促进教学质量评价体系的不断完善，形成评价、反馈、改进的紧密闭环。

（2）建立评价结果追踪与实施体系。为切实提升教师教学能力，需构建评价结果追踪体系。该体系要求教师在接收评价结果后，结合个人教学实践，制定详细的教学改进计划，并设定清晰的时间节点与阶段性任务。学校或院系应设立专门机构，定期审查教师改进计划的执行情况，通过教学观摩、学生访谈等多种渠道，确保改进措施得到有效执行。通过持续的追踪与反馈，不断优化教学策略，提升教学质量。

（3）灵活调整评价策略并融入新技术、新思维。教学质量评价策略应紧跟时代步伐，根据评价结果、教师反馈及教育领域的新趋势、新技术进行灵活调整与优化。特别关注信息技术、人工智能等在教育领域的融合应用，积极探索将新技术、新思维融入评价体系的新方法与新途径，如利用大数据分析、智能评估等技术手段，提升评价的精确度和效率。同时，鼓励教师学习并采纳新的教学理念与方法，如探究式学习、混合式学习等，以评价驱动改革，以改革促进发展，持续提升高职教育的整体水平。

综上所述，完善高职院校教师教学质量评价的策略需涵盖评价体系的多元化构建、评价方法与手段的优化升级以及评价反馈与持续改进体系的深化等多个层面。通过落实这一系列举措，可以全面推动高职院校教师教学水平的提升，为培养更多具有创新精神与实践能力的高素质技术技能人才奠定坚实基础。

第四节　混合式教学的实施路径

一、混合式教学概述

（一）混合式教学的内涵

混合式教学作为教育领域的一大创新，巧妙地将传统面对面教学与在线学习两种模式融为一体，旨在实现教学效果的最优化。它并非对传统教学与计算机辅助教学的简单拼接，而是构建了一个融合多种教学策略与技术工具的综合性学习框架。在实际教学实践中，教师往往以面对面的实体教学和线上教学为核心，同时融入其他多元化的教学手段。这种教学模式既充分利用了在线资源的灵活性与便捷性，又保留了传统教学中师生互动、情感联结的独特价值。

混合式教学的精髓在于，它鼓励学生利用课余时间，在在线平台完成知识的学习与相关任务的实践，而将宝贵的课堂时间用于互动，深化和巩固所学知识。在课前预习阶段，教师会根据教材内容，精心设计与制作 Moocs、短视频等网络学习资源，并将其上传至在线学习平台，供学生自主学习与探究。整个教学流程涵盖了课前、课中与课后三个紧密相连的阶段。在课前阶段，教师负责设计与发布在线课程，学生则通过平台完成学习任务，并自主搜集资料、提出疑问；在课中阶段，教师会根据学生课前的学习情况，组织讨论、解答疑惑、深化教学内容；在课后阶段，学生则需结合在线资源与课堂所学，完成复习与拓展任务，以巩固学习成果。

（二）混合式教学的显著优势

混合式教学作为一种新兴的教育模式，结合了传统面对面教学和在线学习的优势，显著改善了教学效果。以下是混合式教学的一些主要优势：

（1）学习模式的革新性飞跃。混合式教学毅然摒弃了陈旧的“单向灌输”与“被动接受”模式，通过线上与线下教学的无缝对接，极大地激发了学生的学习主动性与积极性。这一模式不仅为学生自主学习技能的培育开辟了新径，更为其形成终身学习的良好习惯铺设了坚实的基石。

（2）教学灵活性的飞跃提升。混合式教学彻底打破了时间与空间的桎梏，使学生能够根据个人实际情况自如地安排学习时间。这种前所未有的灵活性不仅显著提升了学习效率，更为学生培养卓越的时间管理与规划能力提供了有力支持。

（3）学习互动性的显著增强。得益于在线平台的助力，学生与教师、学生与学生之间的即时互动变得愈发便捷。这种深度的互动性不仅加深了师生间的相互理解，更为教学的持续优化与学生良好学习体验的提升注入了强劲动力。

（4）个性化教学的精准实施。混合式教学赋予了学生依据自身学习风格、兴趣及能力水平自主选择学习内容的权利。教师可以充分利用大数据分析与反馈机制，为学生提供量身定制的指导与支持，从而精准满足每一位学生的个性化学习需求。

（5）学习兴趣与动力的深度唤醒。通过“课前线上预习+课堂学习+课后线上复习”这一融合模式的巧妙运用，混合式教学成功唤醒了学生的学习兴趣与动力。这一模式不仅极大地提升了学生学习的积极性、主动性、创造性，更为深度学习提供了肥沃的土壤。

（6）信息素养与自主学习技能的精心培育。在混合式教学中，学生需要独立思考并有效处理课堂教学与在线教学资源。这一过程不仅有助于提升学生的课程理解能力、自主学习与独立思考能力，更为其信息素养与自主学习技能的精心培育奠定了坚实的基础。

（7）教学质量的全面跃升。借助在线学习平台的数据记录与分析功能，教师可以更加系统、全面地掌握学生的学习进度与质量。这些宝贵的数据为教学内容的精准设计与优化提供了强有力的支撑，从而实现了教学质量的全面跃升。

综上所述，混合式教学以其独树一帜的教学方式，为教育领域带来了颠覆性变革。它不仅显著提升了教学效率与质量，更为学生综合素质的发展开辟了广阔天地。

（三）高职教育中混合式教学面临的挑战

随着信息技术的飞速进步，混合式教学这一融合了传统面对面教学与现代在线教学精髓的教学模式，在高职教育领域得到了广泛的应用与推广。然而，在实践中，混合式教学也面临着许多挑战，在一定程度上影响了其在高职教育中的应用。

（1）在线课程质量差异显著。当前高职院校的在线课程建设现状令人担忧，质量差异显著。部分课程内容陈旧不堪，未能与时俱进、紧跟行业发展的步伐，导致教学内容与实际工作需求之间产生了明显的断层。同时，一些课程在设计上显得杂乱无章，知识点散落无序，难以帮助学生构建起清晰完整的知识体系。更为严重的是，课程资源匮乏且质量参差不齐，多媒体素材稀缺，案例与实践项目缺乏真实性和实用性，难以满足学生自主学习的迫切需求，也难以有效激发学生的学习兴趣和积极性。

（2）混合式教学应用流于形式。尽管高职院校都在积极推广混合式教学，但部分教师在实施过程中却仅仅将其视为一种形式上的创新。他们往往缺乏对混合式教学的深入了解，只是简单地将课程内容迁移到线上平台，而没有真正实现线上线下资源的有效整合和学习过程的优化。这种流于表面的混合式教学不仅无法发挥其在提高教学效果和学习体验方面的优势，反而可能削弱教学的实效性。

（3）互动交流匮乏。混合式教学的成功在很大程度上取决于师生、生生之间的有效互动。然而，在实际教学中，由于平台功能受限、时间安排不合理以及师生互动意识薄弱等因素，有效互动往往难以实现。在线环境中，学生可能感到孤立，教师也难以实时掌握学生的学习动态。同时，线下课堂中的师生互动也常受传统教学理念束缚，缺乏深度与平等性。这些问题都影响了学生的学习热情，导致学生参与度不高，影响了教学效果。

（4）教师实施意愿与能力不足。混合式教学对教师的能力提出了更为严苛与全面的要求，包括信息技术素养、教学设计能力以及对学生线上学习数据的分析能力等。然而，部分教师对混合式教学的重视不够，缺乏系统的学习和实践，导致他们在实施过程中感到力不从心。同时，鉴于混合式教学的特性，教师需要付出更多时间和心力来筹备课程资源、设计教学活动以及分析学生数据等，部分教师在面临繁重的教学任务时可能缺乏足够的动力和时间去实施混合式教学。

（5）学生自主学习动力与能力不足。学生在混合式教学中的自主学习能力对于教学效果的提升至关重要。然而，许多高职学生在自主学习领域普遍动力欠缺或存在能力短板。他们常常没有明确的学习目标与规划，自我管理效能低下，难以有效整合线上学习资源。此外，受传统教育观念的束缚，部分学生习惯于知识的被动接受，缺乏主动探索与协作学习的精神。这些问题都制约了混合式教学在高职教育中的有效实施。

（6）学校管理不到位与教学质量监督缺失。有效的管理、监督和评价是保障混合式教学质量的关键。然而，部分高职院校在混合式教学管理方面存在着明显不足。学校对混合式教学的政策支持不够完善，缺乏有效的监督和指导机制，导致教师在教学过程中缺乏统一的标准和规范。同时，学校在人力、物力、资金等方面的支持也不足，影响了教师实施混合式教学的积极性和效果。此外，教学质量监督和评价的缺失也使得混合式教学在提高教学质量方面的作用难以充分发挥。

（7）技术支持不足与个性化学习需求难以满足。技术是混合式教学的基石。然而，一些高职院校信息技术基础设施建设水平落后，难以满足混合式教学的需要，时常引发网络不稳定、教学资源无法流畅访问等问题。同时，在线教育平台的功能尚存缺陷，尤其是缺乏个性化的学习支持，不能依据学生的学习进度和表现智能推荐学习资源与建议，影响了学生的在线学习体验和学习效果的提升。

针对以上问题，高职院校需要采取一系列措施，如提高学生自主学习能力；加强在线课程建设、优化在线课程资源、提高课程质量；加强教师培训；强化师生互动；完善教学管理机制；等等，以充分发挥混合式教学的优势，提升高职教育质量。

二、建设在线开放课程

在线开放课程是借助互联网技术，通过网络平台广泛地向学习者开放并支持共享的高质量课程资源。这些资源形式多样，涵盖教学视频、课件、练习题、案例分析以及拓展资源等，使学习者能够在任何有网络连接的地方，根据自己的需求和时间安排进行学习。作为线上教学的一种重要资源，丰富且完整的在线开放课程是实施混合式教学的基石。

（一）在线开放课程的作用

在线开放课程在混合式教学中发挥着至关重要的作用，具体体现在以下几个方面：

1. 提供丰富的学习材料与辅助教学

在线开放课程资源为学习者提供了丰富的学习材料，包括视频讲解、电子书籍、动画演示、模拟实验、在线测试等。这些多样化的资源能够满足不同学习者的需求，拓宽学生的知识面，并加深他们对课程内容的理解。同时，这些资源也为教师提供了有力的辅助教学工具，提升了教学效果。

2. 满足个性化学习需求

（1）助力自主学习进程。在线开放课程以其以学生为核心的个性化学习模式，成了混合式教学的关键。学生可依据自身的学习步调与能力层次，在平台上自由地选择学习内容与进程。学习能力较强的学生能够迅速预习并掌握基础知识，并在课堂上开展更深层次的学习探索；而学习能力稍弱的学生则可以借助反复观看在线课程视频的方式，逐步理解并消化知识点，再在课堂学习中进一步巩固基础，实现知识的内化与提升。

（2）满足多样化学习风格。在线开放课程汇聚了琳琅满目的学习资源，能够充分满足不同学习风格学生的多样化需求。学生可以依据个人的偏好与学习习惯，自主选择最适合自己的学习路径。例如，对于视觉偏好型的学生而言，他们可以更多地利用视频课程资源，通过直观的视觉体验来加深理解；而对于动觉偏好型的学生，则可以聚焦于实践案例或模拟实验环节，通过动手操作来激发学习热情，进而提升学习效果。

3. 支持多元化的互动模式

众多在线开放课程平台均融入了多样化的互动功能，如在线讨论区、答疑专区等，这些功能极大地促进了混合式教学中的师生互动与生生互动。在课前预习阶段，学生可以在讨论区内就预习过程中遇到的难题进行深入的交流与探讨，而教师也能迅速响应，给予及时且精准的解答；课中，教师可以依据在线互动反馈，精准捕捉学生的疑惑点，从而进行更具针对性的讲解，使教学更加高效；课后，学生依然可以通过平台，与教师及同学保持持续的互动交流，进一步巩固所学知识，深化对课程内容的理解。

4. 驱动教学模式的创新

（1）在线开放课程为翻转课堂模式的实现提供了强有力的支撑。作为混合式教学的杰出代表，翻转课堂彻底颠覆了传统教学中的时间分配格局，对课堂内外的学习活动进行了创新性重构。学生在课前可以依托在线开放课程自主学习并掌握基础知识，而课堂则转变为师生深度探讨、共同解决学习难题的主阵地。这一教学模式的革新，不仅极大地提升了学生的自主学习能力，还显著增强了他们在课堂上的参与热情和互动性，让学习变得更加高效和生动。

（2）提供技术与平台的全面支撑。在线开放课程平台通常集成了诸多先进的教学技术功能，如学习进度实时追踪、在线测试与即时评估、详尽的学习数据分析等。这些功能为混合式教学的顺利推进提供了强大的技术支持。教师可以充分利用这些功能，深入了解学生的课前线上学习状况，从而灵活调整教学策略；通过在线测试与即时评估功能，迅速掌握学生对知识的掌握程度；借助学习数据分析功能，深入挖掘学生的学习行为特征与学习难点，为实施个性化教学提供科学依据。

（二）职业教育在线开放课程的设计

在线开放课程设计是指利用网络技术和多媒体手段，将传统课堂教学内容转化为在线形式，为学生提供在线学习体验的教学设计过程。其重要性在于打破时间和空间的束缚，满足学生及在职人员等学习者的职业发展与技能提升需求。

1. 基本原则

在线开放课程作为现代教育的重要载体，其设计与实施应以“提高人才培养质量”为主线，通过数字化平台提供灵活、高效、有针对性的学习体验，以满足学生、在职人员等不同学习者的职业发展与技能提升需求。在线开放课程的设计应遵循以下原则：

（1）以学生为中心。首要考虑的是学生基础与学习能力的差异性，并据此提供个性化的学习辅助。职业教育的学生群体庞大，其基础与学习能力自然各不相同。以学生为中心，即要求深刻洞察并尊重这种差异，为不同水平的学生提供量身定制的学习支持。在课程内容的设计上，可以精心设置梯度化的学习任务，让基础薄弱的学生能够循序渐进、稳步提升，而学有余力的学生也能获得更深层次的拓展与深化。此外，在线开放课程的设计还需深切关注学生的学习体验。这意味着在线开放课程不仅要确保学习界面的友好亲和与操作的简便流畅，如课程页面布局需合理有序，视频播放需流畅无阻，文字表述需清晰准确，从而避免学生在学习过程中因技术障碍而分心。为了进一步优化学习体验，在线开放课程还应提供丰富多样的学习方式，如视频教学、在线测试、互动讨论等，以满足不同学生的学习偏好，让每位学生都能找到最适合自己的学习路径，享受学习的乐趣与成就感。

（2）教学内容与资源紧贴产业发展原则。首先，教学内容与资源需紧密贴合产业发展的实际需求。职业教育的宗旨在于为社会输送实战型人才，因此，课程内容和资源务必紧随产业发展的步伐，不断迭代更新。以人工智能技术在制造业中的广泛应用为例，机械制造相关的职业教育在线开放课程就应及时融入人工智能在该领域的最新应用知识，如机器人操作编程、智能生产线的维护管理等，确保学生所学能够与实际产业需求无缝对接。其次，课程内容需严格对标职业标准和规范。课程的设计应严格遵循职业标准，确保教学内容与职业要求高度契合。以“建筑施工技术”课程为例，该课程应全面覆盖施工员职业资格考试所要求的知识点和技能点，如各类工种的操作规范、质量检查方法等，同时，还需密切关注建筑行业最新的规范和指南，确保学生所学能够符合职业标准，为毕业后顺利步入职场奠定坚实基础。

（3）遵循学生学习规律，颗粒化组织教学内容与资源。一是课程设计需契合学生的认知规律。学生的学习历程往往遵循由易到难、由基础至复杂的自然进程。因此，在课程设计时，我们应遵循这一规律，科学组织教学内容。譬如，先深入浅出地阐述基础概念和原理，再循序渐进地引入实际案例与应用场景。面对复杂的知识点，不妨将其巧妙拆解为多个小知识点逐一讲解，犹如将一台精密的机器拆解为各个零部件，逐一解析其功能与组装原理，从而助力学生更好地消化与吸收知识。二是颗粒化资源组织。将教学内容精心细分为一个个小知识点或技能点，每个短视频模块后巧妙嵌入测试题或讨论题，这种精细化的组织方式不仅能够促使学生及时巩固所学，还便于教师精准评估学生的学习成效。以钢筋焊接技术为例，一个 5—20 分钟的短视频即可聚焦讲解一个具体的操作要点，随后紧跟一道测试题，让学生即刻运用所学知识进行解答，实现学以致用。

（4）强化课程的创新性。一是教学方法的革新。我们积极探索并采纳新颖的教学方法，如虚拟仿真教学。在“建筑施工技术”课程中，利用虚拟仿真软件，让学生在虚拟环境中亲身体验脚手架搭设的全过程，并模拟各种故障场景进行应对，这种创新的教学模式极大地激发了学生的学习兴趣，并有效提升了他们的实际操作能力。二是内容呈现形式的创新。我们不再拘泥于传统的文字和视频讲解，而是采用动画、3D 模型等多种生动形式来呈现教学内容。以“建筑构造”课程为例，通过 3D 模型立体展示建筑构造，使学生能够更直观、更深入地理解建筑原理与空间布局，从而显著增强了学习效果。此外，专业课程教学内容的持续更新同样重要。教师应紧跟新技术、新工艺、新规范和典型生产案例的步伐，不断将前沿知识和技能融入教学内容，引导学生掌握行业最新动态，为他们的未来发展奠定坚实基础。

（5）实用性原则。一是聚焦真实工作场景。课程内容要围绕真实的工作任务、项目及工作流程来设计。以酒店管理专业为例，课程可以设置酒店客房管理、餐饮服务等实际工作场景下的学习任务，让学生在学习过程中熟悉未来的工作内容和流程，提高学生的岗位适应能力。二是强调技能培养。减少纯理论学习的比重，增加实践技能的教学内容。例如，建筑工程技术专业的课程，要把重点放在常见工种实际操作技能的获得上，让学生掌握真正有用的职业技能。

（6）互动性原则。为了弥补在线开放课程师生之间、学生之间互动性较差的问题，在课程设计中应提高课程的互动性。一是师生互动。教师要积极参与学生的学习过程，通过在线答疑、讨论区引导等方式与学生进行互动，提高学生的学习积极性。二是学生间的互动。设立学生互动的平台，如在线讨论小组等。在“建筑构造”课程中，可以让学生分组进行建筑构造的设计项目，小组成员之间通过在线平台进行分工合作、讨论交流，培养学生的团队合作能力和沟通能力，同时也促进知识的共享和共同进步。

2. 在线开放课程的设计过程及要点

在线开放课程的设计过程及要点如下表所示。

表 5-4　在线开放课程的设计过程及要点

设计过程		要点	
1	前期调研	教师能力分析	了解教师在相关知识和技能方面的情况，如教师在数据基础知识、数据甄别能力、数据处理分析与解读方面的能力有所欠缺时，设计者应在课程内容设计时提高这些方面内容的比重
		借鉴其他课程	研究其他国家精品在线开放课程在概述页、介绍视频、内容形式、活动等方面的优缺点，并在设计和开发过程中加以借鉴
		课程需求调查	关注学习者最喜欢的学习内容（如操作类知识）和最喜爱的学习资源形式（如动画、讲授视频和文档等），在学习内容的组织、课程活动的设计、课程形式的选择中要有所偏重
2	课程目标设计	考虑学生学情	要考虑学习者自身特点、发展的需求；学科发展的客观要求与课程内容重难点
3	课程内容选择	确定具体内容知识点	如“建筑施工技术”课程中，按照“以施工过程为导向”的思路，课程选择土方工程、基础工程、主体工程、防水工程、装饰装修工程等为内容，而在土方工程中，常见的工作任务有施工方案的编制、工程量的计算、土方开挖、基坑支护、排水降水等
4	课程内容组织	整体架构搭建	构建课程的整体框架，明确各部分内容的先后顺序和逻辑关系。例如，在线课程中视频组织形式分为计算机录屏、演播室实录等十类，需要根据课程内容合理安排这些视频形式的分布
		具体内容编排	对每个章节、知识点进行细致的编排，确保内容的连贯性和逻辑性
5	课程资源设计		包括选择合适的学习资源形式，如动画、讲授视频、文档等，以满足学习者的需求，像“建筑施工技术”课程中每个典型工作任务都有对应的辅助教学资源
6	课程活动设计		确定在线课程学习活动的主要形式，如在线异步讨论、小组活动、选人、抢答、教师答疑、作业、同伴互评、线下讨论、问卷、实时讨论和一对一辅导等，以促进学习者的参与和知识掌握
7	课程评价设计	确定评价类型及评价主体	明确采用哪种或哪几种评价方式进行评价，由谁来评
		确定评价指标	明确在线课程中学习评价的内容，如随堂小测、出勤、单元测验、单元作业、参与讨论、课堂互动、课件浏览、调查、线下考试、期末考试、学习积极性、综合素质表现等，全面、公正地评估学生学习效果
		确保评价与目标关联	评价内容要与教学目标紧密相关

3. 课程目标设计

(1) 明确课程培养目标

在策划在线开放课程之初，首要且核心的任务是精准设定课程的培养目标，这些目标需严格对应职业教育国家教学标准、人才培养蓝图及课程标准中的各项规定。课程目标的构建需紧依SMART原则来精心雕琢：它们需具体而清晰，便于准确理解；具备可量化性，以便评估成效；保持可行性，确保目标可达；紧密关联实际需求，体现实用价值；并附带明确的时间框架，确保按时达成。

第一，精确性（Specific）：课程目标的阐述需精确无误，避免泛泛而谈。举例来说，在"建筑施工技术"课程中，不应仅仅确立"提升学生的建筑施工技术能力"这一宽泛目标，而应具体化为"让学生能够精通混凝土结构施工技术，包括模板安装、钢筋绑扎以及混凝土浇筑的具体步骤和核心要点"。

第二，量化性（Measurable）：课程目标需配备可量化的评估指标。以"建筑施工技术"课程为例，对于"掌握一顺一丁砌筑法"的目标，可以设定为学生能够在规定时长内（例如2小时）精确完成特定规格（如长1.5 m、高1 m）的240墙体砌筑，且砖缝误差严格控制在±2 mm之内。

第三，可达性（Attainable）：目标需设定在学生力所能及范围内，同时兼具挑战性。对于高职学生而言，要求他们在一个学期内独立完成大型商业建筑的施工方案可能过于苛求，但可以设定为他们能够依据给定的小型住宅建筑图纸，制定出科学合理的基槽开挖施工方案。

第四，相关性（Relevant）：课程目标需与课程内容、学生的职业发展路径以及行业实际需求紧密相连。例如，"建筑施工技术"课程的目标应与学生未来在建筑行业的实际需求相结合，如"使学生能够结合工程实际，编制出符合施工现场需求的XX工程施工技术交底文件"。

第五，时限性（Time-based）：课程目标需明确时间节点。在"建筑施工技术"课程中，可以设定学生需在课程进行到第12周之前，完成基础工程施工技术的学习与实践操作。

通过明确并遵循SMART原则来设定课程目标，可以确保课程内容、教学活动以及评价方式都紧密围绕这些目标展开，从而显著提升课程的教学质量。

（2）在线开放课程的定位

第一，核心要点。课程定位旨在明确在线开放课程在整体教学体系中的位置、功能与目标，以及与其他课程的相互关联。对于高职教育而言，在线开放课程的定位至关重要，它直接指引着课程的设计思路、教学内容及教学方法的选择。具体要点如下：专业需求与人才培养目标。依据课程所属的专业领域，精准界定学习者通过该课程应学到的知识、技能，这有助于课程设计者构建科学的教学大纲和精选教学内容；行业发展趋势与市场需求。深入分析行业的发展动态与市场需求，掌握企业对高职毕业生在专业知识、技能等方面的具体要求，以此为基础进行课程定位。确保课程内容紧贴当前及未来的职业要求，增强学习者的就业竞争力和职业发展潜力；学生特征与学习能力。充分考虑高职学生的特点和学习习惯，以便为他们提供个性化的学习资源与辅导。例如，注重实践操作、案例分析等教学环节，提升学生的动手能力和问题解决能力。同时，结合学习者的实际需求和学习兴趣，设计富有吸引力、实用性和针对性的课程内容，激发学生的学习积极性和满意度；在线开放课程的特色与优势。充分利用在线开放课程的灵活性、互动性、资源丰富等特性进行课程定位。例如，通过设计多样化的教学活动、提供在线答疑和交流平台等举措，提升学生的学习体验和满意度。

第二，定位方法。市场调研：采用问卷调查、访谈等手段收集目标学习者的需求和意见，掌握他们对在线开放课程的期望和偏好。同时，分析行业发展趋势和市场需求，明确课程内容的重点和发展方向；课程规划：根据市场调研结果和教育目标定位，制定详尽的课程规划，涵盖课程目标、教学内容、教学方法、评估机制等方面。设计合理的课程结构和组织形式，确保课程内容系统、连贯且易于理解；资源整合：整合优质的教学资源，包括教材、课件、视频、案例等，为学习者提供丰富多样的学习材料。加强与企业、高校及研究机构的合作，引入前沿的科研成果和实践经验，提升课程的实用性和前瞻性；持续优化：根据学习者的反馈与教学效果的评估结果，持续对课程内容、教学方法及评估机制进行优化与调整，不断提升课程的教学质量和学习者的满意度。与此同时，紧密关注行业动态与技术发展，及时更新课程内容与技术手段，确保课程的时效性与创新性。这一持续改进的过程对于保持课程的竞争力和满足学习者的需求至关重要。

综上所述，高职教育在线开放课程的定位是一个综合性的过程，需要考虑多个方面的因素。通过科学合理的课程定位，可以确保在线开放课程在高职教育中发挥更大的作用和价值。

4. 在线开放课程内容的精心策划与组织

职业教育在线开放课程的内容组织，实质上是对课程内所含的知识、技能等核心要素进行系统性的规划、整合与有序安排，旨在构建出一个逻辑严密、架构清晰、便于学习与理解的知识网络。这一过程不仅关乎课程本身的系统性与逻辑性，更深刻地影响着学习者的学习效率。一个合理的内容组织框架，能够助力学习者更好地吸纳知识，激发他们的学习热情，并提升课程的完成率。然而，当前高职在线开放课程建设面临的一大核心挑战，便是如何有效地组织课程内容，以确保教学质量与学习效果的最大化。此处将从教学内容的精挑细选、整体框架的巧妙搭建以及具体内容的精细编排三个维度，深入剖析高职在线开放课程内容的组织策略。

（1）精选教学内容：以强化人才培养质量为核心要义

第一，精准定位课程目标。在精选教学内容的过程中，首要任务是明确并精准定位课程目标。这些目标需紧密贴合高职教育的根本宗旨，即致力于培养具备精湛专业技能与综合素质的高素质技术技能人才。课程目标应详尽阐述学习者通过该课程应达成的知识水平、技能熟练度以及情感态度和价值观等方面的全面提升。在此基础上，精心筛选出与课程目标高度相关的知识点与技能点，并按照其内在的逻辑脉络进行有序组织。例如，若课程旨在培养建筑施工现场的实操能力，则应遵循由浅入深、层层递进的原则，先传授基础知识，再逐步过渡到复杂的施工工艺与操作技能的学习。

第二，紧密对接岗位需求。课程内容的选择应紧密贴合行业发展的实际需求，及时反映最新的技术动态，确保学生所学知识与未来的职业发展紧密相连。应结合行业发展的前沿趋势及具体岗位的需求，注重产教深度融合，确保课程内容的实用性与针对性。公共基础课程应侧重于夯实学生的科学文化基础，培养他们的思想政治素养与学科核心素养；而专业（技能）课程则应着重提升学生的专业能力，让他们熟练掌握专业技能，并同步培养他们的职业道德与综合素养。

第三，按照“必需、有用、够用”的思路精选教学内容。明确“必需”的内容。首先，课程内容严格遵循课程标准，涵盖必须讲授的核心知识点和基本技能，这些知识将构成学生后续学习及职业发展的坚实基石。其次，课程内容需紧密贴合职业需求，确保与相关行业标准和规范相契合，满足学生未来职业生涯的发展需求，并帮助他们理解及适应行业的基本规范与要求。最后，在线课程设计需致力于实现育人与育才的双重目标，因此，在强调专业技能培养的同时，还应高度重视学生创新思维、团队协作能力、沟通技巧等综合素养的提升。为此，课程应融入跨学科知识、文化素养教育及职业道德教育等内容，以促进学生全面发展，这些要素对于学生未来职业生涯的成功均至关重要；强调“有用”的内容。首先，在线开放课程内容需紧密与岗位需求对接，强调实践性、应用性和创新性，鲜明展现职业教育的特色。课程内容的选定需建立在深度的行业调研与严谨的学术分析基础之上，确保既全面覆盖基础理论知识，又深度融合企业真实案例、项目实践、模拟操作等实战环节，以及技能竞赛内容，着重培养学生的实践技能和职业能力。通过让学生在解决实际问题的过程中深化理论认识，提升实战能力，从而大大增强知识的实用性和可操作性。教学内容的组织与编排应紧密围绕“有用”这一核心，例如，在建筑工程技术专业的教学中，直接引入真实企业的工程项目案例进行深入剖析。其次，课程内容需紧跟时代步伐，动态调整与持续优化，不断融入行业前沿的新方法、新技术、新工艺、新标准，以及行业最新的技术趋势、研究成果和前沿知识。这不仅能够确保课程内容的时效性和前沿性，使学生能够熟练掌握最新技术，紧跟行业动态，还能够激发学生对新技术、新知识的探索热情，为他们的职业生涯发展奠定坚实的基础；控制“够用”的内容。一是课程内容需充分支撑课程目标的实现。在线开放课程应聚焦于岗位实际需求的知识和技能，精选内容，避免冗余的理论知识堆砌，确保学生在有限的学习时间内能精准掌握与就业直接相关的核心内容，有效提升其就业竞争力。二是课程内容需与工作岗位紧密对接，全面覆盖行业内的典型工作任务。通过精准对接岗位需求，确保学生在完成学业后能够迅速适应并胜任工作岗位，实现学习与工作的有效衔接。三是课程内容的安排需遵循学生的认知发展脉络。教学内容应由浅入深、由简至繁，循序渐进地展开。初期，应侧重于基础知识和概念的传授，为学生的知识大厦奠定坚实的基础。随后，逐步引入更复杂的主题和技能，使学生在循序渐进的学习过程中不断巩固和提升，避免因内容过于繁杂而产生学习障碍。四是课程内容应巧妙融入课程思政元素，实现育人与育才的和谐统一。

第四，产教融合，精选实例。在精选教学内容时，应充分考虑行业企业的实际需求，引入真实案例和项目。这些案例和项目应紧密贴合课程内容，使学生在学习中能够接触并解决实际问题，从而提升其实践能力和对行业动态的敏锐度。同时，通过与企业的合作，可以不断更新和优化课程内容，确保其与行业需求保持同步。

(2) 在线开放课程整体框架的搭建：构建系统、逻辑清晰的课程结构

在线开放课程的整体框架是指课程的各个组成部分及其相互关系，包括课程的章节安排、教学内容的组织、教学活动的设计、学习资源的配置等方面。它旨在为学习者提供一个清晰、有序、逻辑连贯的学习路径，以帮助他们有效地获取知识和技能。

第一，选择教学平台。目前，我国的在线教育平台很多，其中较为著名的有中国大学 MOOC、学银在线、智慧树等，这些平台提供了丰富的功能模块，有助于高效搭建课程框架。但不同的平台功能、操作习惯以及互动性可能有较大差别，带给学生的学习体验也不一样，因此，选择在线平台对学生的学习兴趣有重要影响。选择在线平台首先要考虑平台所具备功能的完善性。平台应具备存储、直播、录播、签名、发布通知、讨论、互动、作业、考试、在线测试、课件制作、防止作弊等多种功能，以满足教学和管理的需求。同时，平台应支持多种设备访问，包括 PC、手机、平板等，以适应不同用户的使用场景。此外，平台应操作简单、易于使用、学习进度可随时保存，方便学生随时随地学习，能根据学生需求定制个性化的学习计划等功能。

第二，设计课程结构。设计在线开放课程的结构形式时，可以灵活采用线性组织形式、模块化组织形式、项目化组织形式以及主题式组织形式等多种策略，以满足不同学习需求和教学目标。线性组织形式遵循知识的自然逻辑顺序，从简单到复杂、从基础到高级逐步展开。这种组织形式特别适用于需要系统学

习基础知识的课程，如语言学习。在语言学习课程中，可以先从字母、单词等基础元素入手，逐步过渡到句子、短文，最后达到复杂文章阅读和写作的水平。这种循序渐进的学习方式有助于学生打下坚实的基础，并逐步提升他们的语言运用能力；模块化组织形式把课程内容分割成多个既独立又相互衔接的模块，每个模块聚焦于一个中心议题或技能要点，从而构建出完备的知识框架。在模块化构建中，学习者能够依据个人需求和兴趣，灵活选择学习模块，或者遵循推荐的顺序进行系统性学习。以“建筑施工技术”在线开放课程为例，它将课程内容整合为土方工程、基础工程施工、砌体工程施工等多个独立模块，每个模块均涵盖了一系列具有代表性的工作任务，并围绕知识传授、能力培养、素质提升这三个维度来规划教学内容和构建课程资源。这种结构化布局不仅有助于学生有条不紊地掌握专业知识，还能有效提升他们的实践技能和综合素养。

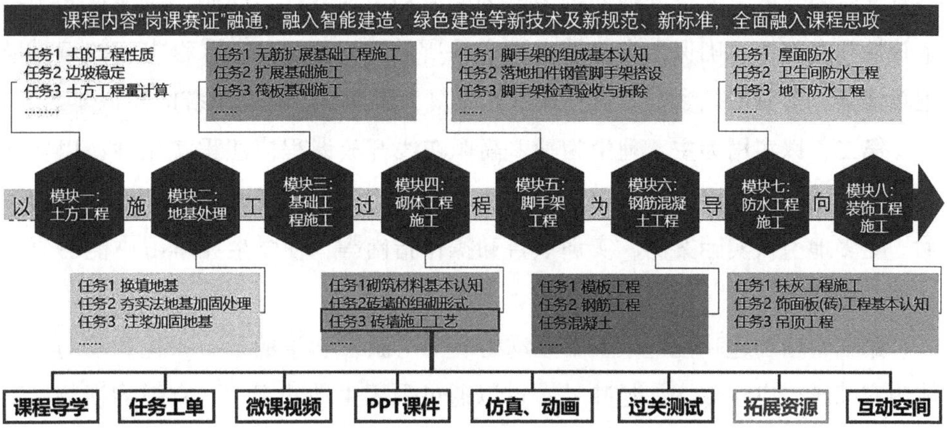

图 5—1　建筑施工技术在线开放课程架构

项目化组织形式是一种以学生为中心的教学方法，它强调通过组织学生参与实际项目的设计、实施和评估来促进学生的知识建构、技能提升和问题解决能力的发展。在在线开放课程中，课程内容的项目化组织形式可以按照项目式学习的要求进行构建和安排。通过参与实际项目，学生可以将所学知识应用于实践中，从而加深理解并提升个人能力。主题式组织形式围绕特定的主题来组织课程内容。这种组织形式特别适用于需要跨学科整合知识的课程。例如，在文化课程中，可以以不同的国家文化为主题，每个主题下包含该国的历史、艺术、习俗等相关内容。通过主题式学习，学生可以更加全面地了解不同文化的特点和内涵，培养他们的跨文化交流能力和全球视野。

第三，构建互动机制。在课程设计中融入签到、问卷调查、问题抢答、在线讨论等互动环节，增强师生、生生之间的交流与合作，提高学习积极性和参与度。

第四，导航清晰，便于检索。整体框架的搭建还应注重导航的清晰性和检索的便利性。提供清晰的课程目录和导航链接，使学生能够快速定位到所需内容。同时，应提供关键词搜索功能，方便学生根据关键词检索相关信息和资源。

(3) 具体内容编排：确保课程内容的科学性、实用性和趣味性

第一，科学编排，注重逻辑。具体内容编排时，应注重知识的内在逻辑和关联性。课程内容的编排应符合认知规律，应按照知识的难易程度、重要程度以及学生的学习习惯，合理安排内容的顺序和呈现方式。同时，应注重知识的系统性和完整性，确保学生能够全面掌握所学知识。另外，课程内容的编排应逻辑清晰，前后衔接紧密，避免跳跃和重复，帮助学生建立系统的知识体系。

第二，以实用为主，理论为辅。高职在线开放课程应注重实用性，以实际需求为导向，编排内容时应以实用为主、理论为辅，尽量减少纯理论知识的灌输，更多地引入实际案例、实训项目和操作指南等，使学生在学习中能够直接掌握实用技能。

第三，增加趣味性，激发学习动力。为了激发学生的学习兴趣和动力，具体内容编排时应注重增加趣味性。可以通过采用生动的案例、有趣的视频、互动的游戏等方式，使学习内容更加生动有趣。同时，还可以设置奖励机制，如积分、证书等，以激励学生积极参与学习。

第四，注重反馈与调整。具体内容编排应根据学生的学习反馈和实际效果进行不断调整和优化。可以通过设置问卷调查、在线讨论等方式收集学生的意见和建议，以便及时发现问题并进行改进。

（三）建构优质在线课程资源，提高课程吸引力

混合式教学资源的构建是混合式教学模式推行中的一项关键举措。从其本

质而言，混合式教学资源主要由两大类构成：线上资源，也即在线课程资源，以及线下资源。其中，线上资源以数字化的形态存在，借助互联网平台得以提供，彻底打破了时间与空间的局限，让学生能够在任何时间、任何地点便捷地获取所需的学习素材。

在线课程资源涵盖了多种类型，如文本资源（电子教材、在线文档等）、视频资源（教学视频、在线课程视频等）、音频资源（语音讲解、外语听力材料等），以及动画和图像资源（教学动画、课程相关图片等）。这些资源不仅丰富多样，而且能够满足不同学生的学习需求，为他们的学习提供强有力的支持。

1. 在线课程资源在混合式教学中的作用

互联网技术日新月异，教育信息化的浪潮势不可当。在此背景下，高职在线开放课程的课程资源建设，成为推动高职教育迈向现代化的关键步伐。在线课程资源在混合式教学模式中扮演着举足轻重的角色。

（1）在线课程资源是衡量在线课程品质与价值的标尺。作为在线课程的核心构成，课程资源的丰富程度与质量高低，直接关乎在线课程的吸引力和实际价值。通过提供多元化的课程资源，例如视频教程、深度案例分析、即时在线测试等，可以精准对接不同学生的学习偏好与进度需求。同时，优质的课程资源能够极大地增强课程内容的生动性和吸引力，优化学生的学习体验，从而激发他们投身学习的热情与积极性。

（2）满足多样化学习的需求。在线课程资源的广泛性与多样性，为不同学习者的个性化需求提供了充分满足的空间。学习者能够依据个人的兴趣所向、学习步伐及设定的目标，在浩如烟海的在线课程资源中精挑细选，找到贴合自身需求的学习材料。这种高度的自主性与灵活性，让在线课程成为一种更加个性化、适应性强的学习途径，尤其契合拥有多元化学习背景与需求的高职学生群体。

（3）增强学习成效。多样化的在线课程资源为学习者开辟了更为广阔的知识视野与学习契机。通过接触来自五湖四海、各具特色的教师的教学素材与资源，学习者能够极大地丰富自己的知识体系，进而提升学习成效。此外，精心打造的课程资源不仅有助于提升教师的教学质量，还能激发学生的学习热情，形成良性循环，再次推动学习成效的显著提升。

（4）促进教学创新。在线课程资源的蓬勃发展，不仅为教学模式带来了革命性的变化，还催生了教学评价体系的多元化发展。诸如 MOOCs 等新兴在线课程模式的涌现，颠覆了传统以教师为主导的面对面实时授课模式，实现了从单一个体学习向团队协作与个性化学习并重的模式转型。同时，借助在线平台，教师能够迅速收集并审阅学生作业，提供及时且针对性的反馈，这一评价方式不仅大幅提升了教学效率，还引领了教学评价方法的创新潮流。

2. 在线课程资源建设的要求

高职教育致力于培育符合生产、建设、管理及服务一线需求的高级技术应用型专业人才，这一培养目标对在线开放课程资源的构建设定了特定标准。一方面，课程设计需遵循职业教育教学的基本规律，着重于以职业能力为核心的培养目标和以工作过程为基础的课程研发，着重培养学生的实践操作技能和专业技能；另一方面，课程内容需与行业、企业的实际需求紧密相连，并保持持续更新，以确保与职业岗位变迁的同步性。针对当前高职在线开放课程资源构建所面临的挑战，以下提出在线课程资源构建的“十性”标准：

（1）实操性。在线课程资源应紧密围绕高职教育的实际需求，着重提升学生的实际操作能力和问题解决能力。课程内容需与实际工程项目案例、工作实际操作场景相融合，旨在帮助学生掌握未来职业生涯中所需的专业知识和实操技能。

（2）丰富性。课程资源应涵盖广泛，包括基础理论知识、实践操作、案例分析、前沿技术等多个维度。资源的展现形式应多元化，诸如文字、图像、音频、视频、动画等，以迎合不同学习习惯的学生群体。同时，课程资源需兼具深度与广度，既要稳固专业基础，也要触及学科的拓展领域与前沿探索。

（3）规范性。规范性是保障高职在线课程资源质量和有效应用的关键，体现在以下多个方面。第一，视频方面。视频时长应合理，避免过长或过短影响学习效果；构图要合理，保证画面清晰、重点突出；声音清晰可听，无杂音，并且字幕呈现准确、规范，例如字幕的字体大小、颜色、位置等都要便于观看。教学视频的时长可根据知识点的复杂程度控制在 5—15 分钟左右，方便学生集中精力学习。第二，文档方面。如课件、教材、文字排版等文档的格式统一规范，文字表述准确、规范，避免出现错别字、语法错误等。第三，资源类型规范。符合相应行业、国家标准等。例如，电子教材的编写要遵循教育部门对于教材编写的相关规定，实训资源的开发要符合相关行业的操作标准和安全规范。

（4）交互性。在线课程资源应集成在线测评、作业提交、考试检验、疑问解答及交流讨论等功能模块，以促进师生间更为紧密的互动与沟通。此外，可开发具备交互特性的教学演示材料，旨在增添学习过程的趣味性与学习者的主动参与度。

（5）时效性。课程内容需持续不断地保持实时更新，确保能够及时纳入行业领域内最新的技术进展、工艺标准规范以及行业发展的前沿技术与突破性研究成果。这种紧密的融合不仅要求课程紧跟时代步伐，更要前瞻性地预测并引领行业趋势，使学习者能够掌握最前沿的知识和技能。通过这样周密的更新机制，课程内容得以保持高度的时效性与前沿引领性，为学习者提供最具价值的学习资源。

（6）定制性。课程资源应灵活适应每位学生的独特学习需求和兴趣点。依据学生的学习进度快慢、能力高低等个性化因素，提供量身定制的学习建议及辅导素材。

（7）艺术性。艺术性能够增强课程内容的吸引力和感染力。构成资源的视频、图像要符合审美规律，色彩搭配协调，画面具有美感。例如，在设计教学动画时，色彩的选择要符合主题，形象设计生动有趣；声音的节奏、语调等要适宜，背景音乐的选择要与课程内容相匹配，避免过于嘈杂或突兀的声音影响学习情绪。

（8）系统性。课程资源的架构需贴合学习者的认知规律与知识结构特性，遵循由浅入深、循序渐进的原则进行知识点的排列。此外，线上资源需与线下教学环节无缝对接，协同促进教学流程的顺畅进行。

（9）便捷性。便捷性能够提高学生对高职在线课程资源的利用效率。首先，课程所在的在线平台应易于操作，学生能够方便地找到所需的课程资源，如课程目录清晰、搜索功能强大等；其次，资源的下载、在线观看等操作简单，不需要复杂的步骤和额外的软件支持。例如，教学视频可以直接在平台上流畅播放，相关文档能够一键下载；再者，课程资源应方便学生在不同设备（如电脑、手机、平板）上获取，并且操作简单。例如，课程平台的界面设计简洁明了，使学生能够快速找到所需的学习资源，无需复杂的操作流程。此外，无论是教学视频还是其他文档资源，都能够快速加载，减少学生等待时间，避免影响学习积极性。

（10）可扩展性。可扩展性为高职在线课程资源的持续发展和完善提供了可能。课程资源应具有可扩展性，能够方便地添加新的知识点、案例、教学视频等内容。例如，随着行业的发展，可以及时开发相应的教学视频、课件等资源并添加到课程体系中；课程所在的在线平台要具备良好的可扩展性，能够适应不断增加的用户数量、功能需求等，如随着教学需求的变化，可以增加在线考试的新题型、新的教学评价功能等，可以方便地接入新的教学工具或与其他教育资源平台进行对接。

3. 线下教学资源的适配性

混合式教学的高效实施，离不开与之相匹配的线下教学设施与资源。教室、实验室等基础设施需满足混合式教学的需求，提供适宜的学习环境。同时，线下教学资源如教材、教具、虚拟仿真实训室及实训工场等，应与线上教学资源形成互补，共同服务于教学目标。以“建筑材料”课程为例，线上资源可涵盖实验原理、操作步骤的详尽讲解，而线下则配备相应的实验设备和场地，供学生进行实践操作，这种线上线下相结合的方式能够显著提升教学效果。

4. 混合式教学资源构建的策略

（1）深化校企协作，融入实战精髓。与企业建立深度合作关系，携手共创课程资源，确保课程内容与行业规范及实际工作案例紧密相连，从而大幅提升课程的实用价值与针对性，为学生的未来职业生涯铺设坚实基石。

（2）凝聚团队力量，全面整合资源。混合式教学资源构建的核心在于课程团队的组建。应构建一支涵盖校内专业教师与企业资深专家的多元化课程开发团队，将教学经验、专业知识、信息技术等多元能力和资源进行有效整合，共同锻造出高质量的教学资源。通过团队成员间的紧密配合，确保课程内容的精确性、深度及实用性得到充分保障。

（3）教师培训，提升能力。第一，教学理念培训。深入培训现代教学理念，如以学生为中心的教学法、线上线下融合的混合式教学模式等，使教师能够深刻理解并践行这些理念，设计出更具互动性和个性化的教学资源。第二，技术能力培训。提供视频编辑、动画制作等信息技术培训，提升教师制作高质量教学资源的能力，如制作精美的课件、流畅的教学视频等，以增强学生的学习兴趣和参与度。

（4）整体设计，关键突破。在混合式教学资源建设中，整体设计和关键性资源建设是两个核心要素，它们共同作用于教学质量提升。第一，整体设计。在混合式教学资源建设中，进行全面的整体规划至关重要。这包括明确教学资源的体系结构，如不同阶段（预习、学习、复习）的资源配置，以及线上资源和线下资源如何相互衔接和补充。整体设计还应考虑不同类型资源（如课件、测试题、案例等）之间的关联性，确保资源的系统性和连贯性，使学生能够在有序的资源体系中进行学习。第二，关键性资源建设。学习任务单。精心设计学习任务单，明确学习目标、学习步骤和学习要求。学习任务单可以引导学生的学习过程，使他们清楚知道自己要做什么、怎么做，提高学习的自主性。例如，在任务单中设置具体的问题引导学生预习，或者在课后设置拓展性任务，促进学生深入思考；教学课件。制作规范、内容丰富、形式多样的教学课件。课件内容应简洁明了、重点突出，同时可以运用图片、图表、动画等多种元素来增强视觉效果，提高学生的学习兴趣。例如，在讲解复杂的概念时，可以通过动画演示来帮助学生理解；可视化资源。重视可视化资源（如视频、动画等）的建设。可视化资源能够更直观地呈现教学内容，对于一些抽象的概念、复杂的操作等具有很好的解释效果。例如，在工科相关课程中，通过视频展示实验操作过程，比单纯的文字描述更易于学生掌握；测试题。构建高质量的测试题资源。测试题应涵盖不同的知识点和能力层次，能够准确地检测学生的学习效果。同时，可以设置不同类型的测试题，如选择题、填空题、简答题、案例分析题等，以全面评估学生的知识掌握和应用能力。

（5）持续优化，与时俱进。依据学生的学习成效反馈与技术革新趋势，定期对课程资源实施优化与革新，以保障课程内容的时效性与前沿领先地位。

（6）构建全面激励机制。第一，对教师的激励举措。为了充分激发教师参与混合式教学资源建设的热情与创造力，设立全面而细致的奖励体系。对于在资源建设中展现出卓越贡献的教师，不仅要授予诸如“教学成果卓越奖”“优秀课程资源开发奖”等荣誉奖项，还应配套提供实质性的奖励，如科研经费支持、职业发展机会优先权等。这些举措旨在从精神与物质双重层面激励教师，促使他们更加积极地投身于优质教学资源的研发与创新中。第二，对学生的激励策略。在混合式教学模式下，学生的参与及反馈同样至关重要。为此，教师应设计激励机制，鼓励学生积极为资源建设提供宝贵意见。具体而言，对于提出具有建设性、能够显著提升资源质量改进建议的学生，可给予学分加分的奖励，或是赠送学习资料、定制纪念品等小礼品，以此表达对他们贡献的认可与鼓励。学生的这些反馈如同宝贵的镜子，帮助教师精准把握资源使用的实际效果，从而更加精准地定位资源优化的方向。

（7）资源互通，推动均衡教育。第一，校际联动协作。鼓励不同学校间建立合作关系，共同分享各自持有的高质量教学资源。具体而言，拥有显著学科优势的学校，可大方分享其精品课程资料、教学视频等宝贵资源，与其他学校实现资源上的互补互助。此举不仅能有效扩充各校的教学资源库容量，还能在更广泛的层面上促进教育的均衡发展。第二，构建资源共享平台。借助现代信息技术的强大力量，我们致力于打造一个稳定、便捷且功能完备的在线学习资源共享平台。这一平台将极大地方便教师与学生获取并高效利用各类教学资源，为课程资源建设提供坚实而可靠的技术保障。

（8）政策支持，资金保障。学校应出台相关政策支持混合式教学资源建设，并提供必要的资金保障，确保项目的顺利实施和持续发展。具体而言，学校可以设立专项基金，专门用于混合式教学资源的研发、维护与更新。此外，应制定明确的政策导向，鼓励教师积极参与资源建设，如将资源建设成果纳入教师评价体系，作为职称晋升、绩效考核的重要指标之一。同时，学校还应积极争取上级教育部门的资金支持和政策倾斜，为混合式教学资源建设提供更加广阔的发展空间和更加坚实的资金后盾。在实施过程中，学校应建立严格的资金监管机制，确保每一笔资金都能精准到位，高效利用，为混合式教学资源建设的持续、健康发展提供强有力的保障。

三、混合式教学的实施

（一）编制教学单元设计，制定教学计划

编制教学单元设计与制定教学计划是高职教育中混合式教学的关键环节，以下是笔者结合多年的教学工作得出的一些经验总结：

1. 学情分析

学情分析是在教学设计初期不可或缺的一环。它要求教师深入挖掘学生的实际需求、能力层级及认知偏好，旨在为学生量身定制教学内容，优化教学流程，以期更高效地达成既定的教学目标，并提升教学效率。这一步骤涵盖多个维度，是确立教与学目标的基石。唯有精准把握学生的既有知识架构与心理认知特征，方能明确其潜在发展区间，进而清晰界定教与学的目标框架。同时，学生情况深度洞察也为教学内容分析（含教材剖析）提供了坚实的依据，助力教师精确识别教学重点、难点及核心要素。此外，它还是教学策略遴选与教学活动设计的最终归宿。

（1）学生特性解析

首先聚焦于心理行为层面，高职学生展现出独特且鲜明的特征。他们内心具有强烈的自我意识，渴望外界的认可与尊重。面对学业与生活挑战时，他们倾向于遵循个人意愿，彰显出强烈的自主性与主导力。在校园活动的策划与执行中，他们主动贡献创意，力求在活动中展现个人价值，凸显独特风采。然而，部分高职学生也可能面临自信心不足的问题。这源于社会对高职教育的偏见及与普通高校学生的对比心理。在学习过程中，一旦遇到难题，他们可能更容易退缩，尤其是在面对复杂专业课程时，可能会轻易放弃。

然后探讨其学习特质，高职学生的学习动力呈现多元化趋势。一部分学生以提升职业技能为核心目标，热衷于参与实训课程和实习项目，以期毕业后顺利步入职场。例如，计算机专业学生怀揣互联网行业梦想，自发钻研编程和软件应用，以在就业市场中占据先机。相反，也有部分学生动力不足，学习方向模糊，可能受周遭环境或自身职业规划不明确影响，课堂上表现出消极态度。

在学习方法上，高职学生虽存在一定局限性，但也具有独特优势。他们倾向于传统的接受式学习，课堂上高度依赖教师讲授，较少主动探索未知领域。面对理论性强的课程时，他们往往满足于课堂所学，缺乏主动拓展知识的意识。然而，在实践操作方面，高职学生表现出色，能快速掌握技能，将理论知识与实际操作紧密结合。例如，机械制造专业学生在实训中能迅速上手机床操作，深刻理解机械原理在实际中的应用，展现出较强的实践能力和理论联系实际的能力。

此外，高职教育的扩招趋势使得生源构成日益多元化，这成为高职学生群体的显著特点。这些学生来自不同背景，在成长经历、职业履历等方面各具特色。一部分学生为应届高中毕业生，具备扎实的理论基础，但缺乏实际操作经验；而另一部分则为社会在职人士，拥有丰富的职场经验，但理论知识可能稍显不足。这种多元化的生源格局为高职教育的课程设计、教学策略及管理体系带来全新挑战。教师需要灵活调整，针对不同生源特质，量身定制教学方案，以满足每位学生的学习需求。

（2）学生专业基础分析

首要问题在于学生专业基础知识的差异性显著。高职学生的专业基础知识水平存在较大差异，这种差异既源于他们的入学起点，也受过往学习环境和个人努力程度的影响。以建筑工程技术专业的学生为例，部分学生可能在入学前已接受过相关培训或自学，对建筑材料、建筑施工等基础知识有一定了解，因此在专业课程的学习中能迅速跟上教师的步伐。然而，另一些学生可能因在入校前对物理、数学等基础学科掌握不牢固，导致在学习专业课程时，遇到如力学计算和结构分析等较为复杂的计算问题时，会感到吃力。

其次，学生对所学专业的认知和兴趣也存在显著差异。一些学生对所学专业充满热情，他们在入学前就对行业的发展前景、就业方向等有所了解，并主动选择了该专业。例如，在建筑装饰设计专业的学生中，不乏因热爱建筑装饰设计而积极参与各类设计比赛，主动学习设计软件和设计技巧的。然而，也有部分学生因高考分数限制或家长建议等原因选择了当前专业，对专业缺乏深入了解，兴趣不足，导致在学习过程中缺乏积极性，对专业课程的学习往往只是敷衍了事。

最后，从职业核心素养的角度来看，高职学生仍有较大的提升空间。在沟通交流能力方面，部分学生在团队项目合作中难以清晰表达自己的观点和意见，影响了项目的顺利进行。在主动学习能力方面，不少学生缺乏主动探索新知识、新技术的意识，过于依赖教师的课堂讲授。而在适应能力方面，当面临行业发展带来的新技术、新材料的应用时，有些学生难以迅速适应。在职业核心素养培养途径的调查中，多数学生认为企业实习、参与实际工程项目等实践活动是培养职业核心素养的有效途径，而课堂学习则相对被忽视。这也反映出目前建筑工程类专业学生在职业核心素养培养方面的现状和倾向。

（3）学生个体差异的深度探索

首要探讨的是学生性格的多样性。学生群体性格迥异，外向者热情洋溢，乐于课堂互动，勇于表达己见；内向者则可能较为内敛，不轻易发言。在混合式教学的背景下，教师需巧妙设计多样化的教学活动，以适配不同性格学生的需求。例如，为外向型学生设计小组讨论和成果展示任务，激发其团队协作与领导力；而为内向型学生提供线上个人作业与反馈平台，让他们在私密环境中按自己的节奏学习，逐步建立自信。此外，性格差异还可能导致学习风格的多样性，外向者偏爱合作与实践，内向者则更倾向独立思考与自主学习。

其次，高职学生的自我效能感亦呈现显著差异。自我效能感，即个体成功完成某项任务的主观信念受多种因素影响。研究表明，高职学生在生源地、是否为独生子女及社团活动参与等方面，自我效能感存在明显差异。生源地差异可能导致教育资源获取与文化背景的不同，进而影响自我效能感；独生子女与非独生子女在家庭环境与成长经历上的差异，亦在自我效能感上有所体现；参与社团活动的学生，通过锻炼组织能力与人际交往能力，往往能提升自我效能感。因此，教师在教学中需关注学生的心理状态，适时给予鼓励与引导，增强其学习自信。

最后，高职学生的学习行为亦呈现多元化。课前准备方面，学生间差异显著。问卷调查显示，超过半数学生缺乏课前预习习惯，即便预习，也大多浅尝辄止，深入预习者寥寥无几。课中状态方面，学生表现各异。部分学生认真记笔记，而大部分学生则不然，这一现象随时间推移愈发明显。课堂讨论时，多数学生仅对自己感兴趣的内容发言，这表明个人兴趣对课堂参与度与专注度有显著影响。此外，课中手机使用普遍，但目的各异，包括查看消息、查找资料、娱乐等，这反映出学生在课堂自律性上的差异。课后学习与复习备考方面，学生间同样存在差异。部分学生能主动复习当天所学，完成作业，并通过阅读、参加学习小组等方式拓展知识，而另一些学生则缺乏课后学习意识，复习备考时往往临时抱佛脚，缺乏系统计划。

(4) 学习能力差异的深度解析

在高职学生的知识吸收能力上存在显著的个体差异。一部分学生接受能力较强，他们能够迅速捕捉并深入理解新知识，具有较强的逻辑思维与抽象思维能力，即便面对复杂深奥的理论知识，也能游刃有余，轻松掌握。然而，另一部分学生则在知识吸收的道路上显得步伐较为缓慢，他们需要更多的时间和具体的实例来逐步揭开抽象概念的神秘面纱。因此，在教学实践中，教师需根据学生的学习能力灵活调整教学策略，比如，在教授晦涩难懂的知识点时，运用实例演示、动画辅助等多样化的教学手段，为学习能力稍弱的学生搭建一座易于理解的知识桥梁。

在自主学习能力方面，一部分学生自学拥有强烈的自主学习意愿和自我约束能力，能够自主规划学习路径，科学安排学习时间，并善于利用线上线下资源，实现高效自主的学习。然而，也有一部分学生自我约束能力较弱，自主学习能力较差，亟须教师的耐心引导与细致监督。在混合式教学的背景下，教师可以通过精心设计线上学习任务、定期追踪学习进度等策略，逐步培养学生的自主学习能力，帮助他们成为学习旅程的自主探索者。

在实践操作能力方面，部分学生展现出较强的实践能力，他们能快速理解理论知识，并在实践中灵活运用，有效将所学转化为技能，彰显出实践智慧与创新意识。在实验室及实训基地，他们表现出色，每次实践都成为其能力提升的关键节点。然而，也有部分学生实践操作相对生疏，尽管理论知识掌握较好，但在知识转化为技能的过程中常遇挑战，需要更多实践机会及细致指导。针对此情况，教师应强化理论与实践的结合，通过项目式学习、校企合作等途径，为学生提供多样的实践平台与机会，使其在实践中逐步摸索、积累经验，进而提升实践操作能力。

在团队协作与沟通能力方面，一部分学生具备卓越的沟通协调能力和团队协作精神，能够迅速融入团队并有效推动团队目标的实现。在团队项目中，他们通常扮演倾听各方意见、协调各方利益的关键角色，对团队的和谐与进步起着至关重要的作用。然而，也有部分学生在团队协作中表现较为消极，尽管个人能力并不逊色，但在与团队成员的沟通与协作上，常因缺乏主动性和技巧而难以充分发挥个人本领。针对此现象，教师可采取组织团队建设活动、开展团队协作技能培训等措施，以增强学生的团队协作意识与沟通能力，促使他们在团队中学会倾听、表达与合作，共同为团队的成功贡献力量。

(5) 信息素养剖析

信息素养作为现代社会人才不可或缺的基本能力，对高职学生而言具有尤为重要的意义。在数字化时代背景下，具备良好的信息素养不仅是高职学生适应信息化社会发展需求的关键，也是高职教育顺应信息化趋势的必然要求，更是推动学生全面发展的重要能力构成。

信息素养在高职学生的学习及未来职业生涯中发挥着至关重要的作用。在学习过程中，学生凭借信息素养能够迅速获取学习资料，有效解决学习难题；而在职业生涯中，信息素养则使他们能够及时掌握行业动态和新技术信息，从而提升个人竞争力。

然而，高职学生在信息素养方面表现出一定的差异性。第一，在信息技术应用能力上，学生间存在显著差异。部分学生精通计算机及网络技术，能够熟练使用各类软件和在线学习平台，如图形设计软件、视频编辑软件等，这对他们学习涉及多媒体展示或线上操作的内容大有裨益。相反，部分学生仅掌握基本的办公软件操作技能，信息技术应用能力相对较弱。因此，在混合式教学中，教师应充分考虑这种差异，针对信息技术应用要求较高的教学内容，提供详尽的操作指南和培训资料，确保每位学生都能顺利完成任务。

第二，在信息获取与筛选能力方面，学生间同样存在差异。部分学生能够快速且准确地从海量信息中筛选出所需学习资源，并对信息的可靠性和有效性作出判断。而部分学生则在面对大量信息时感到无所适从，缺乏筛选有用信息的能力。为此，教师可在课程中融入信息素养培养内容，如教授学生使用学术数据库、评估信息来源可信度的方法等，以提升学生的信息获取与筛选能力。

2. 教学单元设计的编制

(1) 确立清晰的教学目标

在混合式教学的课程单元设计中，明确教学目标至关重要。教学目标犹如教学活动的指南针，引领教师科学规划教学内容、合理选择教学方法，并有效评估教学效果。它使教师能够清晰地界定学生应达成的学习成果，同时也为学生指明了学习的航向。

第一，紧贴高职教育特性，精准设定目标。高职教育的核心在于培养全面发展、兼具科学素养、人文素养、职业道德与创新意识的高素质技术技能人才，以满足生产、建设、管理、服务等一线岗位的实际需求。在课程单元设计中，教学目标需紧密围绕这一核心展开。以"建筑施工技术"课程单元为例，不仅要传授建筑工程的专业理论知识和实操技能，更要注重塑造学生的职业素养，涵盖严谨细致的工作态度、牢固的安全生产意识、严格的质量把控意识以及高度的环保意识等关键要素。

第二，依据课程标准细化目标。课程标准界定了课程的性质、目标及内容框架。教师应根据课程标准，对每个单元的教学目标进行细化。在"建筑施工技术"课程单元中，教学目标应明确学生需掌握的基本操作技能，如基坑支护、砌筑工艺等，并培养学生的团队合作能力和职业精神，以适应建筑工程技术领域的沟通与合作需求。对于工程造价专业课程，如建筑工程预算单元，教学目标则侧重于学生对工程计算方法的掌握、预算软件的应用及实践能力的培养。

第三，基于学情调整目标。在设定教学目标前，需分析学生的知识基础、学习能力和兴趣。例如，若学生数学基础薄弱，涉及数学计算的课程单元应从基础开始，先让学生掌握数学公式在工程预算中的应用，再逐步提高要求。

第四，结合教学内容设定目标。教学内容是实现教学目标的载体。在确定教学目标时，应结合单元内容，明确知识、能力和素质目标。以"建筑施工技术"课程的"土钉墙支护"任务为例，教学目标可设定为：知识目标为能准确说出土钉墙的组成，正确率达到 x%以上；给定 5 个不同的工程场景（包含不同的土质、工程规模和周边环境等条件），能准确判断土钉墙支护是否适用，判断准确率达到 y%以上；能够准确描述土钉墙施工工艺要点，正确率在 z%以上。能力目标为能结合工程情况，正确编制施工方案并指导施工；素质目标为培养自主学习习惯、严谨务实的职业精神、法治意识、责任意识、环保意识及团结协作的工作作风，树立工匠精神。

第五，教学目标的表述规范。具体性。教学目标应具体明确，避免模糊。例如，采用行为动词明确目标，如“说出”“解释”“操作”等，使目标可衡量。如“学生能够准确说出混凝土工程的 6 道工序及其施工要点”；可衡量性。目标达成情况应可量化评估。如在英语口语课程中，设定“学生在模拟职场面试场景下，流利进行 3—5 分钟英语自我介绍，发音准确、表达清晰，语法错误不超过 3 处”的目标，以便通过口语测试衡量达成情况；可实现性。目标需考虑学生实际水平和教学条件，确保通过努力可实现。过高目标会打击学生积极性，过低则无法满足高职教育要求；相关性。教学目标应与课程整体目标、专业培养目标及高职教育方向保持一致。如“建筑施工技术”课程中，“脚手架搭设”的教学目标应与课程整体能力培养目标相关联，为学生未来从事建筑施工工作奠定基础；时限性。在混合式教学的单元教学目标中，应明确学习任务的时间限制，如线上学习任务在一周内完成，线下实践和总结任务在随后一周完成，以助学生合理安排学习进度，教师控制教学节奏。

（2）优化教学内容设计

混合式教学融合了传统课堂与在线教学的优势，形成了一种新型教学模式。在这一模式中，教学内容的设计至关重要，它要求有效整合线上线下资源，以适应不同学习风格的学生，进而提升教学质量。

第一，线上线下资源的有效整合。线上资源涵盖微课、在线课程平台等多种形式，内容丰富。在规划教学内容时，需精心挑选与课程单元目标相匹配的优质线上资源。例如，在“平法识图与钢筋算量”课程中，可选用知名高校或企业的教学视频，亦可自建线上资源。同时，线下教学内容亦需重视，需将传统教材中的核心知识点、实践操作等与线上资源有机融合。如在“建筑施工技术”课程中，线下可安排学生参观施工现场、开展小组讨论及专业工种实操等活动，将线上学习的理论知识应用于实践操作。

通过整合，传统教材内容与多媒体资源、网络课程等得以有效结合。以

"建筑施工技术"课程为例，除课本知识外，线上可提供施工案例、仿真动画、最新规范及前沿技术等资源，丰富教学内容的表现形式，增加教学资源的多样性，从而激发学生的学习兴趣。

第二，构建循序渐进的知识体系。在规划课程单元的教学内容时，应遵循知识的逻辑性和学生的认知规律，按照由浅入深、由易到难的顺序组织。以"建筑力学与结构"课程为例，应先教授学生基础的力学知识，如力、约束等基本概念及其特性，再逐步深入至力的平衡分析等内容。在线上资源安排上，可先提供关于力、约束的简要介绍视频，线下进行实物展示及简单构件连接的实验；随着课程的深入，线上可推出组合构件力学分析的视频课程，线下则可进行结构设计的实践项目。

第三，考虑学生掌握知识的速度与方式。在规划教学内容时，宜依据学习内容的难易程度和重要性，实施分层设计，旨在为学生提供定制化的学习路径。以"建筑力学与结构"课程为例，针对基础薄弱的学生，线上平台可提供详尽的基础知识讲解及配套练习题；而对于学有余力的学生，则可增设如《建筑结构》竞赛等拓展性内容，以满足不同层级学生的学习需求，进而提升资源利用效率。

第四，融职业素养培育于教学内容。高职教育着重于学生职业素养的培养。因此，在规划专业课程教学内容时，应将职业素养培育有机融入其中。以"建筑施工技术"课程为例，在土钉墙支护教学单元，除传授土钉墙构造原理、施工工艺流程、关键施工要点及质量标准等专业知识外，还需融入如案例分析能力、团队协作精神、质量意识及环保意识等职业素养培育。可通过引入案例分析、组织小组合作等方式，使学生在学习专业知识的同时，锤炼职业素养。比如，设计一个深基坑支护案例，引导学生分组研讨支护方案，以此锻炼他们的应变能力和团队协作精神。

(3) 制定教学策略

教学策略，乃是以特定的教学理念及理论为支撑，旨在达成既定的教学目标，完成教学任务，收获预期的教学效果，并据此制定且在执行过程中不断调整与优化的整体教学规划。它涵盖了科学组织教学要素、合理运用教学手段与方法，以及明确师生行为程序等多个方面。简而言之，教学策略是教师为实现特定目标，针对学生所采用的教学方法、手段及教学流程的组织与安排。在混合式教学中，教师应根据教学内容和学生特性，精选教学策略，以提升教学成效。

第一，依据教学内容选定教学策略。理论密集型教学内容。针对如建筑力学等理论密集型学科，可采取“线上预习—线下深度解析—线上巩固提升”的策略。在线上预习阶段，教师提供详尽的预习资料，包括预习视频、学习材料等，如概念阐释、定理推导动画等，以助力学生初步把握抽象概念，形成对即将学习的理论知识的框架性认知，为后续线下课堂学习奠定基础，提高学习效率。线下课堂中，教师针对重难点进行深入剖析，解答学生预习中的疑惑，借助板书、实例等手段进行详细讲解。课后，则安排线上练习题、拓展阅读材料等，以加深学生对理论知识的理解；实践密集型教学内容。在实验性课程中，可采用“线上知识传授、观看实操（或仿真）视频—线下实践操作—线上交流反馈”的策略。线上先全面讲解实验原理、步骤及注意事项，并提供虚拟实验演示视频供学生学习。线下则由教师进行演示，学生分组进行实践操作，教师在旁指导，及时纠正错误并解答疑问。实践操作结束后，学生将实践结果、心得等通过线上平台进行分享交流，以拓宽视野，促进对实践内容的深入理解，同时教师也能更全面地掌握学生对实践知识的掌握情况。

第二，依据学生特性选定教学策略。针对学习自主性强的学生，可采取“线上自主研习+线下小组研讨+线上项目实践”的策略。线上平台提供多元化的学习资源，诸如学术论文、拓展课程视频等，鼓励学生自主深入探索与学习。线下则组织小组研讨活动，促进学生间线上学习成果的分享与交流，深化对知识的理解。最终，在线上布置富有挑战性的项目任务，要求学生以小组或个人形式完成，以此锻炼其综合运用知识及创新思考的能力。针对学习自主性较弱的学生，可实施“线上任务导向学习+线下监督指导+线上正向反馈”的策略。在线上为学生设定清晰的学习任务，包括观看指定教学视频、完成预设测试题等，并明确任务完成的时间限制。在线下课堂中，教师要加强对学生学习过程的监督，及时发现并纠正其学习中存在的问题，给予必要的指导。线上则依据学生的任务完成情况，提供正向的反馈与激励，例如颁发电子证书、给予正面评价等，以逐步激发其学习兴趣与自主性。

第三，结合教学内容与学生特性的综合教学策略。面对具备基础且学习热情高涨的学生，在学习复杂知识内容时，教师应实施“线上定制化学习资源推荐+线下专家讲座与案例深度研讨+线上协作探究项目”的策略。在线上，依据学生的既有知识基础，精准推送个性化的学习资源，涵盖该领域的最新研究成果、深度剖析的学术报告等。线下则邀请行业专家开展讲座，结合实际案例，引导学生进行深度分析与研讨，以此拓宽其知识广度与思维深度。最终，在线上组织协作探究项目，要求学生运用所学知识及新获取的信息，解决实际问题，从而培养其团队协作能力与综合素养；面对基础知识薄弱且学习动力欠缺的学生，在学习基础知识内容时，教师应采用“线上基础知识阐释与趣味学习资源融合+线下一对一辅导或小组互助+线上定期测评与正面激励评价”的策略。在线上，将基础知识讲解与趣味元素相结合，如制作知识口诀动画、设计趣味问答等，以提升学生的学习兴趣。线下则安排教师进行一对一辅导或组织小组互助活动，帮助学生弥补知识漏洞。同时，在线上定期进行测评，及时了解学生的学习进度，并给予正面激励评价，以增强其自信心，逐步激发其学习动力，提升其对基础知识的掌握程度。

（4）教学活动规划

教学活动是教师引导学生参与各类学习活动的过程，旨在锤炼学生的多元技能，引领其形成正确的价值观，并激发积极的情感体验。因此，在单元设计中，应精心规划丰富多彩的线上线下教学活动，涵盖线上活动、线下活动及其衔接，以激发学生的学习兴趣与主动性。

第一，线上教学活动规划。自主学习引导。为学生准备线上学习指南、任务清单等材料，清晰界定学习任务与要求。以“建筑施工技术”课程为例，教师可在课程平台上发布各模块（或典型工作任务）的学习任务清单，包含任务描述、授课视频学习指引、过关测试、拓展学习资源及模块作业等，并设定明确的完成时限。同时，设置引导性问题以辅助学生理解学习内容，设置探究性问题以激发学生的思考深度。例如，在土方工程量计算任务中，可提出问题：“若作为工程承包方参与某基坑土方工程的投标，应如何计算报价以确保不亏本?”以此引导学生深入思考；在线讨论与互动。利用线上平台的讨论板块，组织学生开展讨论。在“建筑施工技术”课程中，教师可发布混凝土配合比设计任务，引导学生在讨论区交流设计思路、分享案例，并相互评价设计方案。教师亦可积极参与讨论，提供指导与点评，以此促进学生间的知识共享，同时培养其团队协作能力与批判性思维；线上测评与反馈。定期组织线上测评，以检验学生的学习成效。测评形式可多样化，涵盖作业题、案例分析、技术文件编制等。在“建筑施工技术”课程中，每个典型工作任务学习结束后，教师可安排线上测评，内容涵盖基本原理、施工工艺等知识点及其应用。测评结束后，及时向学生反馈测评结果，指出错误与不足，并提供具体的学习建议，以助其改进与提升。

第二，线下教学活动设计。深化课堂讲授与直观展示的融合。在线下教学场景中，教师应充分利用实体教室的条件，对核心知识点进行透彻且易于理解的讲授。以“建筑施工技术”课程为例，在讲解如砌体结构等复杂概念时，教师需结合生动形象的语言描述，并借助房屋建筑实物模型、多媒体动画或虚拟现实技术等现代教学手段，进行直观且形象的展示。这种教学方式有助于学生将抽象的理论知识与实际施工场景相联系，从而深化理解。同时，在实训工场进行现场操作演示，能够让学生近距离观察并学习施工步骤，准确把握操作要点；促进小组合作学习与深度互动。小组合作学习是提升学生团队协作与问题解决能力的有效方式。在“建筑构造”等课程中，教师应精心策划小组合作学习任务，并指导学生进行合理分工。在合作过程中，鼓励学生相互学习、相互启发，共同面对并解决问题。教师应适时参与，提供必要的引导与支持，确保小组合作学习的顺利推进；拓展实践操作与实训模式。实践操作与实训是提升学生专业技能的关键步骤。学校应建立完善的实训基地和虚拟仿真实训平台，为学生提供多样化的实践机会。教师应指导学生按照工种施工工艺流程进行实训操作，确保学生在安全的环境中熟练掌握施工技能。此外，学校还应积极寻求与校外建筑企业的合作，为学生提供实习实训岗位，让学生在真实的工作场景中学习并积累实践经验。通过这样的实践锻炼，学生的施工实践技能将得到显著提升。

第三，线上线下教学活动的有效衔接。在课程单元设计中，线上线下教学活动的有效衔接至关重要。具体而言，线上学习的内容可奠定线下课堂讨论与实践操作的基础，而线下课堂的总结与拓展则可引领学生进行下一轮的线上深入学习。以“建筑构造”课程为例，线上环节可安排建筑构造的基础理论、发展趋势探讨等内容的学习；线下课堂则依据线上所学，引导学生进行建筑构造草图的绘制等实践操作。随后，教师对学生的实践成果进行细致点评与总结，提出具体的改进建议。在此基础上，引导学生重返线上学习平台，查找并研究相关的优秀设计案例，以进行对比学习，从而进一步完善其设计方案。

3. 教学计划的制定

（1）教学进度的合理安排。依据教学单元设计的具体内容与既定目标，科学规划教学进度，确保每一教学环节均能获得充分的时间保障。

（2）时间安排的精心规划。第一，融合学习节奏与课程要求。在规划时间安排时，需深入考量学生的学习习惯与节奏，同时紧密结合课程要求，对线上预习、线下学习及实践操作的时间段进行科学分配。第二，依据内容难度灵活调配。在混合式教学的课程单元设计中，针对教学内容的不同难度，应合理调整教学时间的分配。例如，在“建筑力学”课程中，对于复杂的物体系统平衡部分，可适当增加线上预习与线下深入学习的时间；而对于较为简单的基本公式与概念，则可适当缩减教学时间，通过简短的线上预习与线下快速回顾即可完成。第三，预留弹性调整空间。在教学时间与进度规划中，需预留一定的弹性时间，以应对可能出现的不可预见情况，如学生对知识点的理解困难、线上学习平台的技术故障等。在“建筑材料”课程中，若学生在实践操作环节遇阻，教师可利用预留的弹性时间进行个别辅导或重新组织小组讨论，协助学生解决问题。

（3）线上线下教学环节的均衡配置。在混合式教学的课程单元设计中，线上与线下教学环节的均衡配置至关重要。过度侧重线上教学可能导致学生缺乏实践操作经验，而过度依赖线下教学则可能使学生错失线上资源的拓展学习机会。以“建筑施工技术”课程为例，应根据课程特性及教学目标，合理划分线上与线下教学时间。对于理论性较强的单元，可安排约 50%—60% 的时间用于线上自主学习，剩余 40%—50% 的时间则用于线下课堂讲授、讨论及作业指导；而对于实践性强的单元，则可将 50%—60% 的时间投入线下实践操作、实习实训，同时保留 40%—50% 的时间在线上学习理论知识、观看操作演示等，以此实现线上线下教学的有效融合与互补。

（4）教学资源的合理分配。为确保教学活动的顺利开展，需根据教学活动的实际需求，合理分配教学资源。第一，教师资源的优化配置。根据课程内容和教学需求，合理安排教师的教学任务，确保每位教师能够充分发挥其专业特长。第二，教室与实训设备的预订。根据教学进度和环节需求，提前预订教室和实训设备，以保障教学活动的有序进行。第三，网络资源的充分利用。充分利用线上学习平台和教学管理系统，为学生提供便捷的学习资源和学习支持。第四，资源配置的优化。通过优化资源配置，为每位学生创造最佳的学习环境，助力其实现个人学习目标。同时，关注资源的可持续利用与共享，提高资源的使用效率。

4. 拟定教学方法

（1）基于教学目标和内容选择方法。在教学单元设计中，教学方法的选择应紧密围绕教学目标和内容。不同的教学目标和内容需要采用不同的教学方法，以达到最佳的教学效果。当教学目标侧重培养学生的记忆和理解能力时，例如，在“平法识图与钢筋算量”课程中讲解构件构造、标注方法等知识点时，宜采用讲授法，由教师系统性地进行知识讲解。而对于以培养学生实践操作能力为目标的教学内容，如“建筑施工技术”课程，则更适合采用实践教学法，安排学生在建筑工程实训工场进行实际工种操作训练。对于一些需要培养学生创新思维和团队协作能力的教学内容，如“建筑装饰设计”课程中的建筑空间创意项目，可以采用项目式教学法，将学生分成小组，共同完成建筑空间创意的策划、设计和制作。

（2）针对高职学生特质，灵活施教。鉴于高职学生特有的学习特性，教学方法的选择应具备足够的吸引力和互动性。在教学单元设计中，教师应深入考量高职学生的特点，并据此灵活运用教学策略。例如，鉴于高职学生自主学习能力相对欠缺，可采用任务驱动法。通过设定明确的学习任务，激发学生的内在动力，驱动其主动学习。以“建筑施工技术”课程为例，教师可分配一个小型项目的施工技术交底任务，让学生在实践中掌握施工工艺与规范。为满足不同学习风格学生的需求，教学方法应多元化。视觉型学习者，可通过多媒体演示，借助图片、视频等资源直观呈现教学内容；动觉型学习者，则可加大实验、实习等实践性教学方法的比重。多样化的教学方法，不仅能激发学生的学习兴趣，还能有效提升其学习成效。

（3）混合运用多种教学方法。在混合式教学的课程单元设计中，教师应混合运用多种教学方法，以提高教学效果，满足不同教学环节和学生学习的需求。例如，在“建筑施工技术”课程中，可以先采用案例教学法，通过实际的工程案例引出课程的知识点；然后用讲授法讲授概念性、原理性知识；再结合工程案例，采用案例教学法分析实际的工程案例，让学生明白知识的用途；然后布置任务，采用小组讨论法让学生分组讨论并完成特定任务；最后再运用实践教学法，让学生到实训工场练习工种操作。此外，在教学过程中，教师应根据学生的学习情况和反馈，灵活调整教学方法。如果发现某种教学方法效果不佳，应及时更换或补充其他教学方法，以确保教学效果的达成。

（二）教学实施阶段：激发学生学习兴趣，提高教学效果

混合式教学是一种结合了线上学习与线下面对面教学优势的教学模式，旨在通过两者的结合以及多元化的教学手段和策略，全面提升学生的学习体验和效果。这种教学模式不仅强调教师的引导作用，还注重学生的主动性和创造性，从而促进个性化学习。

1. 课前引导阶段

课前引导是混合式教学的起始环节，其核心在于利用在线资源和活动，激发学生的求知欲，预习课程内容，并为课堂教学奠定坚实基础。此阶段旨在帮助学生熟悉即将学习的知识点，明确学习目标，从而在课堂中更加积极地参与讨论和互动。同时，课前引导能有效减轻课堂教学的负担，使教师能更专注于深度讲解和解答学生疑问。

（1）发布学习材料。教师应精心策划并制作在线课程资源，包括课程导学、任务清单、视频讲座、电子课件、阅读材料、课前小测验等，通过在线平台向学生开放，引导学生了解学习内容、明确学习任务，并自主进行预习。

（2）布置学习任务。为确保预习效果，教师应设定清晰的线上学习任务，

如观看指定视频、阅读相关文献、完成在线小测验等，并要求学生按时完成。通过任务引导，激发学生的自主学习意识，培养其独立思考能力。

（3）激发学习动机。教师可通过设置悬念、提出问题、分享与生活工作紧密相关的案例等方式，激发学生的好奇心和学习兴趣。例如，在“建筑力学”课程中，可引入力学领域的杰出人物和事迹，激发学生的爱国热情和学习动力，提升课程吸引力。

（4）促进线上交流与互动。利用在线论坛、社交媒体等工具，鼓励学生就预习内容进行初步交流和讨论。教师应适时参与，引导学生深入思考，形成积极的学习氛围。

（5）检测预习效果。通过在线测试、问卷调查等手段，了解学生对预习内容的掌握情况，为课堂教学提供有针对性的反馈。根据反馈结果，教师可调整教学策略，以满足学生的学习需求。

2. 课堂教学阶段

（1）精心设计课程

第一，引人入胜的导入。好的导入是成功课堂的一半。通过设置悬念、提出引人深思的问题或分享与课程内容紧密相关的趣事，迅速吸引学生的注意力，激发他们的好奇心，为后续的课堂学习奠定积极基调。例如，在“建筑构造”课程中，教师可以展示地震后建筑受损的图片或视频，引导学生思考如何提高建筑的抗震性能，以此作为课程的切入点。第二，合理设定挑战性任务。为学生提供既具挑战性又不至于让他们感到挫败的学习任务。这些任务旨在激发学生的求知欲和探索欲，促使他们更加投入地学习。如在“建筑力学”教学中，教师可以通过逐步增加问题的复杂度，引导学生深入思考，逐步构建完整的解题思路。第三，线下活动设计。结合线上学习，设计丰富多彩的线下课堂互动、实践活动和讨论环节，以增强学生的动手能力和团队协作能力。第四，联系实际生活。将学习内容与学生的日常生活、兴趣和经验相结合，展示知识的实际应用价值。通过解决实际问题或参与实践活动，让学生感受到学习的实用性和趣味性。

（2）多样化的教学方法

第一，案例教学法。通过真实或模拟的案例，让学生参与分析、讨论和解决，培养他们的批判性思维、创新能力和问题解决能力。在“建筑施工技术”课程中，可以引入真实的建筑事故案例，如脚手架坍塌事故，作为教学内容的一部分。第二，项目驱动法。师生共同实施一个完整的项目，通过实际操作解决具体问题。在职业学校中，项目可以是设计、制作产品、排除故障或提供服务等。例如，在“建筑施工技术”课程中，让学生参与梁模板支设或柱模板支设的项目，以加深对建筑模板系统的理解。第三，情境教学法。根据教学内容创设合适的情境，让学生在模拟的环境中学习。如在“建筑施工技术”课程中，可以带领学生参观施工现场，观察不同类型的施工过程、施工工艺以及所使用的机械设备等。这可以让学生将课本上的知识与实际场景相结合，更深入地理解基础工程的原理和操作要点。在讲授建筑装饰装修工程时，带学生参观正在装修的住宅或商业建筑，让他们感受不同装修风格、装修材料的使用效果以及施工工序。例如，观察墙面的抹灰、贴砖，地面的找平、铺设地板或地砖等施工操作，增强学生对装饰装修工程的感性认识。此外，还可以运用小组协作学习、角色扮演、游戏化学习等方法，以避免学生产生审美疲劳，激发他们的积极思考。

（3）个性化教育

尊重学生的主体地位，实施个性化教育。根据学生的学习风格、兴趣和需求，制定个性化的学习计划，提供一对一辅导等支持。例如，在“建筑施工技术”课程中，教师可以利用在线学习平台分析学生的学习情况，为他们推荐适合的学习资料和模拟练习软件。认识到每个学生都是独特的个体，具有不同的学习风格、兴趣和需求，因材施教，为每个学生提供适合他们的学习资源，以激发他们的学习兴趣和动力。如学生在学习“建筑施工技术”课程时，教师可以利用现有的在线学习平台，根据平台记录的学生的学习历史、测试成绩等数据，分析学生的学习情况，为每个学生推荐适合他们的学习资料。如果学生在混凝土结构施工方面的测试成绩较差，教师可以推荐更多关于混凝土结构施工技术讲解、案例分析的视频资料和相关模拟练习软件。

（4）实时反馈与调整

一是课堂及时反馈。在课堂教学中，教师要及时观察学生的课堂表现，如参与度、理解程度、反应等，根据学生的反馈及时调整教学策略。如果发现大部分学生对某个知识点理解困难，教师可以放慢教学进度，增加案例或重新解释。例如，在“建筑施工技术”课程的课堂上，教师讲解土方工程量的计算时，通过提问和观察学生的反应，发现学生对基槽土方工程量知识点存在疑惑，遂及时调整讲解方式，重新解释该知识点，确保学生理解，提高教学的有效性。二是作业反馈。认真批改学生的作业，针对作业中存在的问题给予详细的反馈。比如在“建筑施工技术”课程“井点降水系统的设计”作业中，教师发现学生在涌水量的计算方面存在普遍错误，就在课堂上专门讲解基坑涌水量的计算方法，并针对每个学生作业中的具体问题进行单独指导，帮助学生改进。三是在线学习数据反馈。利用在线教学平台提供的学习数据，如学生的登录次数、学习时长、测试成绩等，分析学生的学习情况。如果发现学生在某一任务的在线学习中参与度低或者测试成绩不理想，教师就可以调整教学内容或者教学方法，如增加补充资料或者重新录制讲解视频等。四是当学生取得进步或表现出色时，及时给予正面反馈和表扬。这种积极的反馈能够增强学生的自信心和成就感，从而激发他们继续学习的兴趣和动力。

（5）营造良好的课堂氛围

良好的课堂氛围是提升教学质量不可或缺的一环，它涵盖了教学过程中师生间的情感交流、态度展现、交往模式及互动状态。以下是一些营造良好课堂氛围的方法：

第一，建立和谐的师生关系。和谐的师生关系是营造良好课堂氛围的基石。教师应秉持以学生为中心的理念，设身处地为学生着想，深入了解他们的知识背景、学习障碍及心理状态。通过尊重与关爱学生，让学生感受到教师不仅是知识的传递者，更是他们成长道路上的支持者。公平对待每位学生，珍视他们的个性与差异，赋予他们试错与改进的空间，密切关注他们的内心世界。当学生感受到教师的关怀与尊重时，他们会更乐于与教师进行眼神与言语的交流，并在课堂上展现出更高的积极性。例如，教师可以通过课后交流了解学生的兴趣、学习状况及生活困扰，以此拉近与学生的距离；在课堂上鼓励学生大胆发言，对错误回答给予建设性反馈，营造积极向上的学习氛围，激发学生的学习兴趣。

第二，促进课堂互动。创造互动环境，激励学生积极参与课堂交流。在高职教育中，可以采用小组讨论、案例分析、角色扮演、团队合作等多种形式，增强学生的互动与协作。通过师生互动与生生互动，营造一个开放、包容、轻松、活跃的学习环境，让学生成为学习过程的主体，激发其学习动力。例如，在"建筑力学与结构"课程中，教师可以组织学生利用轻质材料模拟搭建框架梁，分组完成任务并展示成果，让学生在实践中分享想法、提升沟通能力与团队协作能力，同时活跃课堂氛围。教师应及时给予正面反馈，肯定学生的独特见解或深刻回答，增强其自信心与参与意愿。此外，设立合理的奖励机制，如课堂积分奖励，以激发学生的竞争意识与内在动力。

第三，引入竞争机制。在高职课堂中设置竞赛活动，如知识竞赛、技能比拼等，激发学生的好胜心与求知欲。例如，在机械制造专业的课程中，组织机械零件加工技能比赛，对表现优异的学生给予表彰与奖励。这种竞争环境能够促使学生更加投入学习，提高学习效率与教学质量。

第四，提升教师素养。教师的职业道德、专业知识与教学能力对课堂氛围具有直接影响。生动有趣、内容丰富的授课能够吸引学生的注意力，激发其学习兴趣。例如，在讲解混凝土工程时，融入我国混凝土工程的标志性建筑案例，丰富课堂内容，增强学生的自豪感与自信心。同时，教师的语音语调与情绪管理同样重要。幽默风趣的教学语言、抑扬顿挫的讲解方式能够提升学生的听课兴趣；积极稳定的情绪能够感染学生，让课堂充满活力。面对学生的错误或突发情况，教师应冷静应对，以平和的态度引导学生，维护和谐的课堂氛围。

(6) 加强专业教育，培养学生专业自信心

在高职教育中，强化专业教育对于提升课堂教学有效性具有显著作用。首先，强化专业教育能够显著提升学生的学习专注度。通过深化专业教育，学生得以更清晰地认知所学专业的定位、发展趋势及就业前景，进而明确学习目标。以建筑工程技术专业为例，当学生了解到该专业对国民经济的重要贡献及企业对专业技能的迫切需求后，其学习相关知识与技能的动力会显著增强，进而促进课堂教学有效性的提升。其次，强化专业教育有助于增强学生对知识的理解和应用能力。通过系统的专业教育，学生能够构建起更为完善的专业知识体系。在课堂学习中，他们能够更有效地将新知识融入既有知识框架，深化对知识的理解和掌握。以"建筑施工技术"课程为例，学生在接受系统专业教育后，能

够轻松地将该课程与“建筑力学与构造”“平法识图”等前期课程相联系，深入理解建筑施工技术的原理，并更有效地将这些知识应用于实际案例分析和模拟项目中，提升课堂学习效果。此外，强化专业教育还能有效激发学生的学习积极性。深入的专业教育往往涵盖领域前沿知识、成功案例等内容，这些元素能够充分激发学生的学习兴趣。在建筑工程技术专业中，通过向学生展示国内外优秀的建筑工程案例和先进技术，能够极大地激发学生的专业热情，促使他们以更加积极的态度参与课堂教学活动，从而进一步提升课堂教学的有效性。

(7) 培养学生自我效能感

培养学生自我效能感是一个综合性的任务，它关乎个体对自己完成特定任务或行为能力的信念与判断，会对学生的自我认同、决策行为、情绪体验及适应能力等多个方面产生深远影响。为了激发学生的学习动力，增强他们的自信心和自我效能感，教学过程中可以采取以下多维度的策略和方法：

第一，强化实践体验与技能培训。提供丰富的专业技能培训与认证机会，帮助学生快速掌握专业知识和技能，通过实际成果的取得来增强自我效能感。同时，鼓励学生参与专业相关的竞赛、项目实践及认证考试，以实际成绩作为自我效能感的正向反馈。

第二，实践导向的教学模式。教学内容紧密贴合社会需求，注重实践体验，开设与创新创业紧密相关的实践课程，让学生在实践中学习、成长。通过模拟职场环境、项目合作等方式，提高学生的创新能力和实践能力，从而增强自我效能感。

第三，职业生涯规划指导。加强职业生涯规划教育，通过职业能力测试、就业前景分析等手段，帮助学生明确职业发展方向，增强对未来职业的信心。提供个性化的职业规划建议，帮助学生制定切实可行的职业发展路径，提升自我效能感。

第四，深化校企合作。与企业合作开展就业实习、双向选拔等活动，让学生亲身体验职场环境，积累实践经验，提升就业竞争力。通过企业导师指导、职场文化体验等方式，增强学生的职场适应能力和自我效能感。

第五，树立榜样力量。邀请本专业高年级校友或行业成功人士分享职场成功经历，为学生树立可学习的榜样，激发他们的学习动力和职业追求。通过榜样故事传递正能量，引导学生形成积极向上的心态，提升自我效能感。

第六，促进经验交流。组织学生之间的交流、讨论等活动，让学生在分享中学习他人的长处，发现自己的潜能和不足。通过团队协作、项目合作等方式，培养学生的沟通能力和团队协作能力，提升自我效能感。

此外，为了全面提高学生的自我效能感，还需加强心理健康教育，建立有效的激励与引导机制，以及提供科学系统的课程训练。这些措施共同作用于学生的成长过程，有助于他们形成积极的自我认知，激发更强的学习动力，为未来的职业发展奠定坚实的基础。

3. 课后巩固与拓展阶段

课后巩固与拓展是混合式教学中的核心环节，其核心目的在于深化学生对课堂知识的理解和应用，进而构建全面且系统的知识体系。此阶段不仅助力学生巩固已学知识，还通过拓展学习开阔其视野，提升综合素养，培育学生的自主学习与创新能力。此阶段的主要举措包括：

（1）推送复习素材。教师应依据课堂教学内容，细致整理并推送复习素材，涵盖讲义、课堂笔记、习题集锦等，助力学生有序回顾并巩固所学内容。

（2）作业设计与拓展挑战。设计多元化的课后作业，如书面作业、实践操作、在线测评等，以适应不同学生的学习偏好与需求。同时，为学有余力的学生设置富有挑战性的拓展任务，如深度阅读材料、探究性课题等，以激发其学习潜能与探索欲。

（3）线上辅导与互动。利用线上平台，为学生提供即时的课后辅导，解答作业或复习中的疑惑。同时，鼓励学生在线分享学习心得与经验，共同攻克学习难关，营造积极的学习氛围。

（4）给予反馈与个性化支持。教师应密切关注学生的课后学习进展，综合评价作业、测试成绩及课堂表现，并及时给予具体、精准的反馈。通过分析相关数据，洞察学生的学习难点与进步轨迹，为其量身定制学习建议与支持，助力其提升自主学习能力。

（5）教学回顾与总结提升。教师应定期对整个教学过程进行回顾与总结，剖析教学中的亮点与不足，提炼成功经验，查找并改进存在的问题。同时，引导学生对自己的学习过程进行反思，指导其总结学习方法与策略，以提升学习效果与自主学习能力。通过师生的共同回顾与总结，为今后的教学改进提供坚实的依据与参考。

4. 强化课程思政，提升混合式教学质量

课程思政旨在通过将思想政治教育融入专业课程，引导并塑造学生的思想品格，实现专业教育与思政教育的深度融合，以达到全面育人的目标。以下是高职院校混合式教学中有效融入课程思政的方法：

（1）深度挖掘课程内容中的思政元素

第一，细致分析专业课程教材。教师应深入研读高职专业课程教材，精准识别并提炼出与思政教育相关联的契合点。例如，在“计算机编程”课程中，可以强调逻辑思维的严谨性和创新意识的培养，这些都是思政教育的重要组成部分。在讲解编程算法时，教师应着重强调逻辑严谨性的价值，以此培养学生的科学思维方式；在介绍新技术时，则应鼓励学生勇于探索和创新，这与现代社会所倡导的价值观不谋而合。

第二，融合专业发展历史与文化。每个专业都有其独特的发展历程和丰富的文化内涵，这些元素都可以成为思政教育的宝贵素材。以机械制造专业为例，从古代的简单机械到现代的精密制造，这一演变历程不仅展现了人类智慧的结晶，更体现了不断进取的精神。在混合式教学中，教师可以通过线上平台展示机械制造历史图片和视频，线下则组织学生围绕机械制造文化进行深入讨论，以此激发学生的专业自豪感和学习热情。

（2）在教学过程各环节中融入思政

第一，课前阶段。教师可在课前线上发布预习资料，并巧妙融入思政元素。例如，在“电子商务”课程的课前预习中，教师可以分享关于诚信经营的电商案例，引导学生提前思考商业道德和诚信经营的重要性。同时，设置与思政相关的预习问题，以激发学生的思考兴趣和深度。

第二，课中阶段。采用案例教学法：在课中讲解时，教师可以选取具有思政教育意义的案例，如酒店管理专业中强调服务人员的敬业精神和职业操守的案例，让学生在分析案例的过程中接受思政教育。组织小组讨论：教师可以设置与思政内容相关的讨论话题，如环境工程专业中的环境保护与社会责任等，让学生在小组讨论中深化对思政内容的理解和认识。

第三，课后阶段。教师可以布置与思政相关的课后作业，如撰写关于企业社会责任营销的报告等，以巩固学生的思政学习效果。同时，利用线上平台开展课后思政拓展活动，如观看思政教育影片并进行线上交流分享，以加深学生对思政内容的理解和记忆。

(3) 强化教师的课程思政建设能力

第一，深化教师培训机制。学校需定期规划并执行教师课程思政培训计划，涵盖思想政治理论精髓及课程思政教学法。通过特邀思政教育权威进行专题演讲、组织教师参与课程思政教学研讨会等形式，切实提升教师的思政理论水平与教学实践能力。

第二，激励教师自我精进。教师应主动投身于思政教育相关领域的学习与研究，敏锐捕捉社会热点中的思政教育元素。借助阅读思政教育经典著作及学术期刊、加入线上学术交流社群等途径，持续提升个人的思政理论素养与课程思政教学设计能力。

通过上述方法，可以进一步深化高职院校混合式教学中的课程思政建设，提升教学质量，实现专业教育与思政教育的深度融合，为培养全面发展的高素质人才奠定坚实基础。

5. 加强教师素养的培养，确保混合式教学顺利实施

混合式教学，作为线上线下教学优势的融合体，正逐渐成为现代教育的主流模式。然而，这一模式的成功实施，离不开教师卓越的专业素养与数字化能力的双重支撑。当前，高职院校部分教师在数字化素养方面存在短板，如操作新教学平台和数字工具不够熟练，难以高效创建和管理线上课程，以及难以有效筛选和整合课程资源等，都对混合式教学的推进构成了阻碍。因此，加强教师素养的培育，是确保混合式教学顺利实施的关键。

(1) 教师应具备的核心素养

第一，知识与技能素养。首先，教师应深入理解混合式教学的核心理念，明确其是将传统课堂教学与在线学习相融合的新型教学模式，旨在提升学生的

自主学习能力，优化学习时间与效率，以及全面提高教学质量。其次，教师应熟练掌握各类在线教育平台（如超星学习通、中国大学MOOC等）的功能，包括课程创建、教学管理等，并能灵活运用虚拟实验室、在线考试系统等工具，以支撑线上教学的顺利进行。然而，目前很多教师在这方面存在不足，虽然大部分教师有基础的计算机操作能力，但对一些专业在线教育平台和技术仍感陌生。另外，教师要根据学生的特点和需求，制定有效的教学策略和评价机制，合理安排传统教学与在线学习的比例，以提高教学效果和学生学习动力。例如，在设计线上教学内容时，要考虑如何利用网络资源的丰富性，设计出更具吸引力和互动性的教学环节。

第二，态度与情感素养。首先，教师应具备高度的责任心和热情，认真对待混合式教学工作，不因教学形式的转变而降低标准。其次，营造卓越的教学氛围至关重要。教师应率先垂范，构筑积极、健康、融洽的师生关系，对网络交流中学生的独到见解予以尊重，激发其参与讨论的热情，共同营造积极向上的学习氛围。最后，教师应具备引领学生自主学习的洞察力。不仅要具备培养学生自主学习习惯的能力，更要引导他们有效利用线上资源，实现自我提升。在混合式教学模式下，师生互动的方式已悄然变化，教师需借助线上线下多种渠道，与学生保持密切沟通，及时洞察学生的学习状态与心理波动，给予他们必要的鼓励与支持，助力学生稳步前行。

（2）教师素养对混合式教学的影响

第一，教师的思想道德素养对教学态度和氛围的塑造。教师的思想道德素养是其教学态度和氛围的重要基石。具备高尚思想道德素养的教师，通常对教育事业怀有深厚热情，对学生充满深切关爱。在混合式教学中，这种积极的态度会全面渗透于教学的各个层面。他们不仅会精心筹备线上教学资源，细致规划线下教学活动，还会积极与学生在线上线下进行互动交流。他们以高度的责任心对待教学工作，不因教学形式的革新而有丝毫懈怠。此外，教师的道德品质对于营造积极向上的教学氛围至关重要。品德高尚、以身作则的教师能够在混合式教学中构建起一种积极健康、和谐融洽的师生关系。他们尊重学生在网络交流中的观点，激励学生踊跃参与讨论，同时在线下教学中以自身言行举止为学生树立榜样，让学生在正能量的氛围中学习成长，从而激发学生的学习积极性和主动性。

第二，教师专业素养对混合式教学质量的核心影响。教师的专业素养在混合式教学中扮演着至关重要的角色。它首先深刻影响着教师的教学设计能力。在混合式教学模式下，教师需综合考量教学目标、学生特性等多重因素，精心策划线上线下教学内容与教学流程。具备高度专业素养的教师，能够设计出既科学严谨又富有创新的教学方案，从而显著提升教学质量。其次，教师的专业素养对其教学实施能力有着显著影响。在混合式教学的实施过程中，教师需要掌握多样化的教学技能。他们不仅要精通线上教学平台的操作，如直播授课、在线答疑等；还需高效组织线下教学活动，如小组讨论、实验操作等。教师的专业素养越高，其教学实施能力便越强，越能灵活应对混合式教学中的各种挑战，如学生学习进度的差异、学习障碍等，从而进一步提升教学效果。此外，教师的专业素养还体现在其教学评价能力上。在混合式教学中，评价方式更为多元，涵盖线上学习过程的评价、线下学习成果的评价等。教师需要依据不同的评价内容与目标，灵活选用恰当的评价手段，如在线测试、作业批改、课堂表现评估等。并且，他们还需根据评价结果及时调整教学策略，以不断优化教学质量，确保混合式教学的持续进步。

（3）培养教师素养的策略

第一，学校管理层面。首先，学校应强化对混合式教学的支持体系，通过增加资金投入和资源供给，为教师提供全方位的培训与资源支持。具体而言，学校可以设立专项基金，资助教师参与高品质的混合式教学培训课程，并采购优质的在线教学资源，如精品网络课程、数字化教材及高效教学软件，同时鼓励教师结合自身学科特点，自主开发富有创意的教学资源。其次，学校应精心策划并组织一系列混合式教学培训活动与研讨会，邀请行业内的资深专家与学者，为教师提供专业而深入的指导。培训内容应涵盖混合式教学的核心理念、教学设计、平台操作技巧等多个维度，旨在全面提升教师的混合式教学能力。此外，为确保混合式教学的质量与效果，学校还应建立健全的教学质量监控与评价机制。通过制定明确的评价标准和考核机制，对混合式教学的实施过程与成果进行定期评估，以此激励教师不断提升自身教学素养，严格按照既定标准与要求，持续优化教学工作。

第二，教师个人层面。首先，教师应树立终身学习的理念，主动探索并学习混合式教学相关的前沿知识与技能。通过阅读教育领域的专业文献、加入在线学习社群、关注教育领域的公众号或学术网站等途径，不断拓宽自己的教育视野，更新教育理念与教学方法。其次，教师应注重教学反思与实践改进。在混合式教学的实践过程中，教师应及时总结自己的教学经验与不足之处，针对存在的问题进行深入剖析，并据此制定切实可行的改进计划。例如，在每次混合式教学课程结束后，教师可以通过分析线上教学环节的参与度、互动效果等数据，识别并调整教学内容与互动方式，以期在下一次课程中取得更好的教学效果。

四、混合式教学质量评价

混合式教学质量评价是基于教学目标，对混合式教学实施及其成果进行全面价值判断的过程。它强调对教与学的深入价值分析，不仅关注最终的教学成果，也重视教学过程中的各个环节。该评价旨在综合考量将传统教学的系统性与线上教学的灵活性相结合的教学模式，在达成教学目标、实施教学过程及实现教学效果等方面的综合表现。

（一）评价指标体系

1. 教学目标的明确性、合理性评价

教学目标是混合式教学质量评价的核心要素之一，混合式教学质量评价应首先关注教学目标是否达成，而目标达成的关键是目标可测可评。

第一，明确性。教学目标是混合式教学质量评价的核心。混合式教学质量评价应首先关注教学目标的明确性。教学目标应清晰、具体，能够准确指导教学活动，并为学生提供明确的学习方向。目标表述应避免使用模糊、抽象的词汇，而应指向学生可观测、可展示的具体行为及其产出。

第二，可测量性。教学目标应具有可测量性，以便对学生的学习成果进行客观评价。如果目标设定使用“了解”“学会”“具备”这类抽象、隐性、模棱两可的词汇，而没有指向学生可观测、展示性的具体行为及其产出，便是不可观测和衡量的，无法有效进行教学目标达成度的评价。因此，需要明确界定各个教学目标，并将其分解为具体可测量的指标。这些指标应能够反映学生在知识掌握、技能提升、情感态度等方面的变化。

第三，合理性。教学目标应难易适度，既不过于简单，也不过于复杂。同时，教学目标应体现知识传授、能力培养、素质提升的相互融合，教师需根据课程性质和学生特点，明确重点培养学生的哪些能力和素质。

第四，实施策略。为实现明确、具体且可测量的教学目标，教师需以模块、任务或其他适合的方式，梳理出每个知识点（知识单元）要达成的目标，并制定相应的评判标准。这些标准应明确说明如何检验培养目标的达成度，以及需要达到的具体程度。

2. 教学过程的质量评价

教学过程的质量直接影响着混合式教学的效果。教学过程的质量评价可以包括教学资源的质量、教师的指导方式、课堂互动效果、课堂教学反馈等多个方面的评估指标。通过收集学生的反馈和教师的自评，可以评估教学过程的质量，发现存在的问题并提出改进建议。例如，教师可以观察教学过程中的学生互动程度、学习氛围等，以评估教学的活跃度和有效性。

（1）教学资源质量

评估在线教学资源（如教学视频、电子教材等）的质量和适用性，确保它们能够满足学生的学习需求。

第一，课程资源要与学生的知识水平相当、内容准确、与时俱进。首先，资源应贴合教学目标与学生的学习需求、认知水平。例如，在“平法识图与钢筋算量”课程的混合式教学中，线上课程资源里的内容要与线下教学所针对的案例和学生水平相匹配，确保学生能够理解并运用这些资源进行学习。课程内容的难度要适合高职学生的学习能力。既不能过于简单，让学生觉得学不到东西；也不能过于复杂，超出学生的理解范围。例如，在讲解建筑工程施工组织设计时，可以从简单的住宅工程案例入手，逐步深入到复杂的公共建筑案例，循序渐进地提升学生的知识水平和解决实际问题的能力。其次，高职建筑工程类课程涉及众多基础理论知识，如建筑力学、建筑结构等。在线课程资源应准确阐述这些理论。例如，在讲解建筑力学中的受力分析时，公式的推导、原理的讲解必须准确无误，不能出现概念混淆或计算错误等情况，这样才能为学生学习打下坚实的理论基础。另外，建筑工程类课程还包含大量实践操作内容，像建筑施工技术中的钢筋绑扎、模板支设等。在线课程资源如果涉及这些实践操作的演示，必须严格按照行业规范和标准来展示，每个步骤、每个操作要点都要准确，保证学生学到正确的实践技能，避免在实际操作中出现安全和质量问题。最后，课程内容要与时俱进。一方面，建筑行业的规范和标准不断更新。例如，随着环保理念的加强，建筑节能标准不断提高；在结构安全方面，抗震设计规范也会根据新的研究成果和地震数据进行修订。高职建筑工程类在线课程资源应及时跟进这些变化，将最新的行业标准融入课程内容中，让学生学到符合当下行业要求的知识和技能。另一方面，建筑工程领域新技术不断涌现，像 BIM（建筑信息模型）技术、装配式建筑技术等。在线课程资源需要包含这些新技术的讲解，使学生了解行业发展趋势，掌握前沿技术知识，提高学生的就业竞争力，适应建筑行业的快速发展需求。

第二，资源的丰富度与多样性。线上教学资源不应过于单一，如除了视频讲解，还应有丰富的电子文档、互动式练习、案例分析等。以“建筑施工技术”课程为例，除了课程内容讲解视频，还可提供丰富的施工规范、抽象施工工艺的动画解说视频、施工案例、施工现场图片等多种资源，满足不同学习风格学生的需求。

（2）教师的指导策略

第一，线上即时解惑。在线上学习过程中，学生若遇难题，教师应迅速响应，如学生在夜晚自学在线课程时提出数学困惑，教师应立即通过在线讨论区或专属答疑平台，给予及时解答。

第二，线下个性辅导。线下课堂教学时，教师的指导需依据学生个体差异进行。以物理实验课为例，面对操作不熟练的学生，教师应精准识别其操作短板，提供一对一的针对性指导，而非笼统讲解。

（3）课堂反馈与策略调整

基于学生的学习反馈与实际表现，教师应灵活调整教学策略与方法，确保教学目标的高效达成。

第一，考察反馈的全面性。教师对学生的学习情况反馈不应只局限于成绩，还应包括学习过程中的优点和不足。比如在施工方案的编制中，教师除了给施工方案进行综合打分外，还要对学生的编制思路、知识的运用等方面给出具体的反馈意见。

第二，考察反馈的有效性。教师的反馈应能帮助学生改进学习。以建筑材料检测的实验课程为例，教师针对学生实验操作失误给出的反馈要能够让学生清楚如何改进操作，提高实验的准确性。

3. 学习者参与度的评价

学习者参与度是评价混合式教学质量的重要指标之一。可以通过活动记录与在线时间、讨论与互动参与度、作业完成情况等多个指标来量化评估学习者的参与程度。

第一，活动记录与在线时间。利用在线学习平台收集学生的课堂出勤率、在线学习时间、登录频次、在线测试成绩等数据，评估学生的参与度。学生的课堂出勤情况是衡量学生参与线下学习的基本指标。

第二，讨论与互动。观察和分析课堂互动的效果，包括学生的参与度、教师的引导方式以及课堂氛围等。良好的课堂互动能够激发学生的学习兴趣和动力，提高教学效果。首先，线上互动的活跃度。观察和分析线上课程中的讨论区、问答板块等互动功能的使用情况。例如，在"工程制图"课程的混合式教学中，教师发布关于某个制图问题的讨论话题后，观察学生参与讨论的人数比例、发言的质量等衡量线上互动活跃度的指标。其次，线下互动的深度。观察和分析线下课堂中师生之间、学生之间互动交流情况。如在小组讨论某个施工问题时，学生是否能深入探讨。最后，在线讨论质量。评估学生在线讨论的深度和广度，例如，讨论是否能够深入课程的核心知识点、是否能够从不同角度展开等。查看在线讨论中的互动模式，是简单的问答式还是有深入的思想碰撞，良好的互动模式有助于提高在线学习的效果。

第三，作业完成情况。仔细观察学生作业的提交率及其完成质量，这也是衡量学生在线学习的参与度和知识掌握程度的一个重要指标，对于衡量学生在线学习的专注度与知识内化程度具有举足轻重的作用。

参与度通常反映学生对课程内容的兴趣和积极性。高参与度意味着学生更积极地投入学习过程中，对课程内容有较高的兴趣和积极性，与教师和同学进行互动交流，从而更有可能取得良好的学习效果。

4. 学习成果的评价

学习成果是评价混合式教学质量的核心指标。这包括考试成绩、实训报告与作业质量、能力提升等多个方面。通过全面评估学习者的学习成果，可以了解他们在知识掌握、技能应用、创新能力等方面的表现。同时，还可以采用问卷调查、课堂观察等方法，收集学生对自己学习成果的认可程度和对混合式教学的满意度等信息，更全面地评价学习成果。

第一，考试成绩。通过定期的测试、考试等方式，评估学生对课程知识的掌握程度。考试成绩能够直观地反映学生在知识掌握方面的成效。

第二，实训报告与作业质量。分析学生提交的实训报告、作业等，了解他们在实践中的知识应用能力和创新能力。这些作品能够展示学生在知识应用、问题解决和团队协作等方面的综合能力。

第三，能力提升。除了知识掌握外，还应关注学生在批判性思维、问题解决、团队协作等方面的能力提升情况。这些能力对于学生的长期发展至关重要。

（二）评价方法

1. 利用科技手段进行精准评价

在混合式教学质量评价过程中，充分利用现代科技手段进行数据的收集与分析至关重要。通过教学平台，我们可以精确记录学生的在线学习轨迹，包括学习时间、进度、成果等关键数据。同时，借助专业软件，我们可以设计并实施针对性的测验，对学生的学习内容进行深度统计分析。这些科技手段为我们提供了丰富、精确的数据支持，使我们能够更全面地了解学生的学习状态，为教学质量评价打下坚实基础。

2. 开展多维度课程评价

第一，学生评价。为了深入了解学生的学习体验和收获，我们应设计一套全面且具体的评价问题，这些问题应涵盖教师教学策略，资源利用，课程内容设计，教学方式，学生参与度，学习目标达成度以及学生对课程的整体认可度、满意度和推荐度等多个方面。例如，我们可以询问学生：“课程提供的学习资料是否有助于您掌握本课程的知识和技能?”确保问题直接、具体，避免模糊或误导性回答。

第二，同行评价。邀请同行教师对混合式教学进行评价同样重要。他们可以从教学方法的创新性、教学内容的合理性、教学资源的利用效率等角度提供专业见解和建议。同行评价有助于我们发现并改进教学中的不足，从而提升混合式教学的整体质量。

3. 持续改进与完善评价体系

混合式教学质量评价体系的实践是一个不断迭代和完善的过程。我们需要根据评价结果和反馈，不断调整和优化评价体系，以适应混合式教学的特点和需求。同时，对评价结果进行深入分析和总结，为进一步提升教学质量提供有力依据和指导。例如，根据评价结果，我们可以调整教学目标、改进教学方法、优化教学资源等，以持续提升混合式教学的质量和效果。

综上所述，评价混合式教学质量需综合考虑多个方面，包括教学目标、学习者参与度、学习成果、教学过程质量、评价指标的多样性和科学性以及科技手段的应用等。通过构建科学、全面、客观的评价体系，并进行持续的改进和完善，我们可以更有效地评估和提升混合式教学的质量。

五、“建筑施工技术”课程混合式教学实施案例

“建筑施工技术”课程是建筑工程技术专业的核心课程，课程团队坚持以立德树人为导向，秉持以学生为中心的课程教学改革理念，采用了混合式教学方式进行教学，大致包括以下几个方面：

（一）课程设计

“建筑施工技术”课程致力于服务建筑产业转型升级，紧密围绕人才培养方案与课程标准，聚焦于施工员等核心岗位需求，将“教、学、做”深度融合，旨在培育具备建筑施工领域扎实专业知识、较强实践能力和全面素质的高

水平技术技能人才。课程设计以施工过程为指引，依托典型工作任务作为教学载体，以陈述性知识作为基础、程序性知识为核心，精心编排课程内容，全面重构课程架构。为了适应建筑行业的最新发展趋势，课程设计中融入了绿色建筑、智能建造、装配式建筑等新技术，以及《砌体结构通用规范》等新规范。这些新技术和新规范的引入，不仅提升了课程的实用性和前沿性，也确保了学生能够接触到最新的行业标准和实践，从而更好地适应未来的工作环境。

课程设计巧妙融入了 1+X 认证考试、职业技能比拼以及科研成果等多种元素，这些不仅能够助力学生顺利取得职业资格认证，还能让学生在激烈的竞赛与深入的科研活动中，得到实践能力和创新能力的质的飞跃。这一多元化的评价体系，极大地激发了学生的学习热情与内在潜能，同时也为学生铺设了更为宽广的职业发展道路。

在专注于专业知识与技能锤炼的同时，课程设计亦高度重视学生职业素养的培育，诸如环保意识、责任心、安全警觉性、质量追求、法治观念以及工匠精神等。这些素养的精心雕琢，不仅为学生树立了正确的价值观与职业道德标杆，更为他们在未来职业生涯中的稳健前行，打下了坚不可摧的基石。

通过上述改革措施，课程设计形成了一个“岗课赛证研思”融通的、“基础知识+核心技能+思政引领+新技术支撑”的知识结构。这种知识结构不仅关注于专业知识和技能的传授，更注重学生综合素质的全面提升。通过融入新技术、新规范、职业资格认证、竞赛元素以及思想政治教育，形成了一个全面、系统的知识结构，为学生未来的就业和发展提供了强有力的支持。

（二）课程建设历程

为调动学生学习积极性，提高学习效果，课程团队探索“岗课赛证研思”融合的“六位一体”的课程改革，大力开发在线课程资源。在线课程于 2021 年在学银在线平台建成并面向全网学员开放，同年获评广西壮族自治区级职业教育在线精品课程、广西职业院校教师教学能力大赛混合式教学大赛二等奖，2022 年获得校“课堂革命”典型案例一等奖、2023 年获评校混合式教学金课，目前为学银在线教学示范包。截至 2024 年 10 月 21 日，网上累计浏览量超过 3000 万次，全国 29 个省（区、市）有超过 260 家机构（单位）、370 名教师应用，累计学习人数35000多名。

（三）课程资源建设与应用

1. 在线资源的建设

课程团队结合课程内容、行业发展新技术、新规范，岗课赛证研思融通，校企合作开发数字化在线资源，资源总数640多个，覆盖所有教学内容。其中微课、现场操作、仿真教学、动画等视频类学习资源220多个，视频资源占比约35%；文档、图片类资源320多个，习题3400多个。课程资源与课程内容匹配，能够满足学生学习、辅助教师教学的作用。课程资源根据岗位工作内容及新技术、新规范的发展而不断调整，逐年完善。

2. 线下资源

校企共建集教学、培训、实操训练、技能鉴定于一体的建筑工程实训基地，配备有实体模型、实训工场、先进的多媒体教室、工程检测实训室、BIM实训室、虚拟仿真实训室等，同时拥有多家校外合作的实践基地，能够满足学校教学和学生认知实训、技能训练等需要。

图 5—2 学生校内实训一角—铺瓷砖

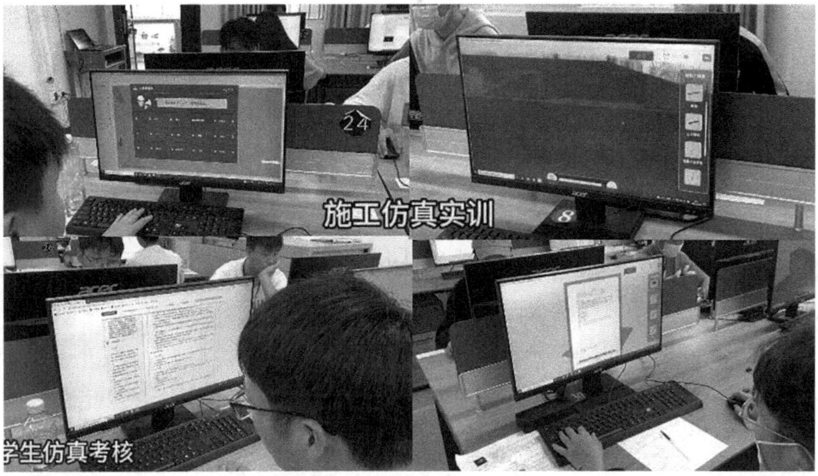

图 5—3　虚拟仿真实训室

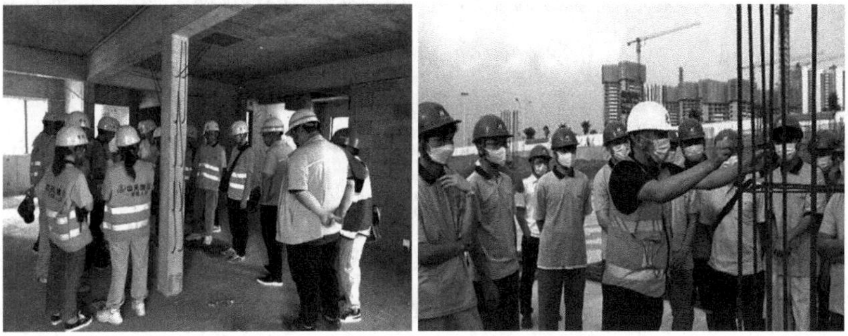

图 5—4　校企合作实训基地

（四）课程实施

1. 课程组织安排

针对校内学生，开展基于信息技术的 2337 教学模式的线上线下混合教学。“2”即以教师的教和学生的学为两条主线；“33”即课前、课中、课后 3 个阶段，线上线下结合、线下理实结合、虚实结合 3 个结合；“7”指课前学生线上探究自学、课中以任务为主线，开展“任务导入、任务分析、重点讲解、真实操练、评价与反馈”五步教学法，以及课后拓展、巩固提升等 7 个环节的混合式教学模式。

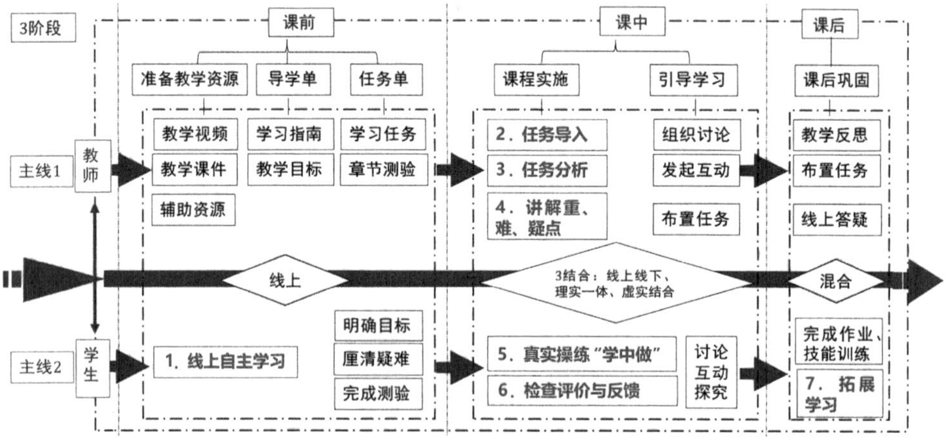

图 5—5 混合式教学 2337教学模式图

2. 教学活动与过程

（1）课前，学生通过学习通平台进行自主学习和测验，逐步养成自主学习习惯。师生通过平台进行互动、答疑。

（2）课中内化知识，实施五步教学法：

第一步：任务导入。激发学生学习的兴趣。

第二步：任务分析。分析学生线上学习存在的疑难问题。

第三步：重点讲解。通过案例分析、情境教学、任务驱动、分组讨论等方式对疑难问题进行重点讲解，并结合课程内容，适时发起互动、融入课程思政教育，调动学生积极性，提高学生素质，实现立德树人的目标；

第四步：真实操练。教师发布任务，学生通过分组协作、仿真、实操等方式完成任务，并在自评基础上提交成果。通过做中学、学中做，师生、生生互动等方式，有效突破重点、难点。

第五步：评价与反馈。开展组间互评，教师检查并点评，肯定优点、指出不足。

（3）课后，学生线上完成作业，并通过仿真、实操等技能训练提高技能水平；通过学习拓展资源等方式开展个性化学习，拓宽学习深度与广度。

（五）学生学习评价

依托平台大数据精准采集的学生学习数据，我们实施了一种综合性的评价方式，该方式将过程性考核与终结性考核相交融，增值评价与基础评价并重，质性考核与量化考核相辅相成，线上考核与线下考核无缝对接，从学习过程、学习态度、学习结果等多维度进行评价。

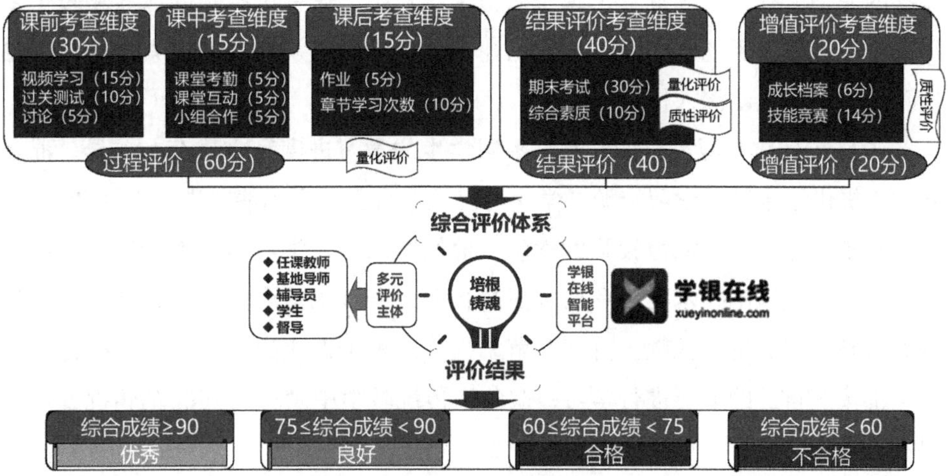

图 5–6　学生学习综合评价图

（六）教学效果

1. 学生的学习积极性、主动性有较大的提高

表 5–5　第 6、7 期学生学习数据统计表

期次	校内选课人数	视频观看人数	测验和作业次数	教师发帖篇数	参与互动人数	课堂活动		考试人数
						次数	参与人次	
6	548	540	78	2092	520	433	12054	540
7	536	534	84	1401	386	350	10087	534

究其原因，主要有：

（1）教学模式的创新魅力。传统的“建筑施工技术”课程往往侧重于理论讲授，形式多为教师主讲、学生聆听，这种模式显得较为单调乏味，导致学生常处于被动接收知识的境地，难以激发其主动性与积极性。而混合式教学模式则巧妙地融合了多种教学手段，尤其是线上教学资源的巧妙融入。这些资源不

仅丰富多样，涵盖视频、动画、虚拟实操平台等多种形式，而且能将原本抽象的建筑施工知识转化为直观、生动的呈现方式。例如，在阐述混凝土浇筑工艺时，通过线上动画视频，学生可以清晰地观察到从混凝土搅拌、运输直至浇筑、振捣的完整流程，仿佛置身于真实的施工场景中，这种沉浸式的体验相较于单纯的文字描述，更能牢牢吸引学生的注意力，进而激发他们的探索欲与学习热情，促使他们主动深入探究相关知识。

（2）个性化学习需求的满足。不同学生的学习进度和方式存在差异。混合式教学提供了丰富的学习资源，学生可以根据自己的实际情况进行选择和学习。对于基础较好、学习能力较强的学生，他们可以深入学习拓展性的知识，如一些前沿的建筑施工技术案例和研究成果；而对于基础薄弱的学生，则可以反复观看基础知识的讲解视频，直到理解掌握。这种个性化的学习模式能够让每个学生都按照自己的节奏进行学习，避免了传统教学中"一刀切"的情况，从而提高了学生的学习积极性和主动性。

2. 学生学习收效显著，教学目标达成良好

（1）知识掌握得更加牢固。学生平均成绩达到 70 多分，通过率达 100%，优良率达 45%以上，教学目标达成良好。

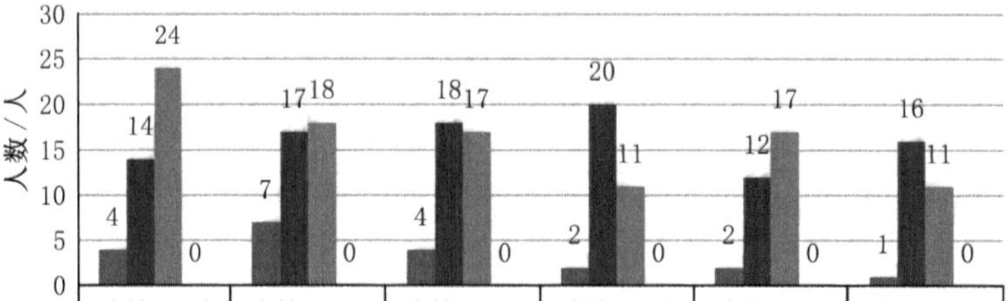

	建筑221班	建筑222班	建筑223班	建筑224班	建筑225班	建筑226班
优秀（≥90分）	4	7	4	2	2	1
良好（75～89分）	14	17	18	20	12	16
及格（60～75分）	24	18	17	11	17	11
不及格（<60分）	0	0	0	0	0	0

班级

图 5—7 建筑 221—226班 2023—2024学年第一学期成绩统计柱状图

混合式教学通过线上线下相结合的方式，使学生对知识的学习和巩固更加全面深入。线上教学资源可以提供丰富的知识讲解和案例分析，让学生对建筑

施工技术的理论知识有更系统的了解。例如，在线上课程中可以通过动画演示和详细的公式推导，使学生更好地理解建筑结构施工中的力学原理。而线下教学则注重实践操作和深入讨论，如在施工现场进行实地教学，让学生亲身体验建筑施工的各个环节，将线上所学的理论知识与实际操作相结合。这种理论与实践的双重强化，使得学生对知识的记忆更加深刻，知识体系更加完整，有助于达成良好的教学目标

（2）学生1+X证书考试成绩喜人。参加1+X建筑工程施工工艺实施与管理职业技能等级证书考试、建设领域关键岗位考试通过率达到100%。

（3）学生能力培养成效显著。在混合式教学模式的引领下，学生的综合能力实现了显著增强。通过虚拟仿真实训平台与案例分析等多元化学习模块，学生分析问题与解决问题的技能得到了充分锻炼。例如，在虚拟仿真实训室中模拟建筑施工中的安全事故，让学生分析事故原因并提出解决方案。线下的实践教学环节，如小组合作完成一个建筑模型的制作项目，能够提高学生的团队协作能力、动手实践能力和创新能力。这些能力的提升是教学目标的重要组成部分，表明混合式教学有助于实现全面的教学目标。学生也在各种技能竞赛中屡获佳绩。

3. 教师教学能力显著提升

（1）教学方法的创新与多样化。混合式教学要求教师采用多种教学方法，这促使教师不断学习和探索新的教学方式。教师需要掌握线上教学平台的使用，制作高质量的线上教学资源，如录制教学视频、设计在线测试等。在这个过程中，教师的教学设计能力得到了提升。例如，教师要学会如何将一个复杂的建筑施工技术知识点分解成适合线上教学的小模块，每个模块的教学内容、教学时长以及教学方式都需要精心设计。同时，线下教学中教师也需要创新教学方法，如采用项目式教学、案例式教学等，以更好地引导学生进行实践操作和深入思考。这种对教学方法的不断创新和多样化运用，是教师教学能力提升的重要体现。

（2）对学生学习情况的精准把握。混合式教学中，线上教学平台可以记录学生的学习数据，教师通过对这些数据的细致分析，能够精准描绘出每位学生

的学习风貌。基于这些数据洞察，教师可以灵活调整教学内容与进度，针对学生的知识薄弱点实施个性化的辅导策略。例如，如果发现大部分学生在线上学习某一建筑施工工艺知识点时存在困难，教师便可以在线下教学中增加相关的案例分析和实践操作，加强学生对该知识点的理解。这种对学生学习情况的精准把握能力的提升，有助于教师提高教学质量。

（3）教学资源整合能力增强。混合式教学需要教师整合多种教学资源，包括线上的优质课程资源、教学工具，以及线下的实践教学基地、教材等。教师要根据教学目标和学生的实际情况，合理筛选和整合这些资源。例如，教师可以从众多的线上“建筑施工技术”课程中挑选出适合本课程教学的视频资源，与线下编写的校本教材相结合，形成一套完整的教学资源体系。在这个过程中，教师的教学资源整合能力不断增强，这对于提高教学效果和教师自身的教学能力具有重要意义。

第六章 “双高”背景下高职院校推进“三教”改革的对策建议

第一节 政府层面的“三教”改革建议

在“双高”计划的宏观背景下，推进“三教”改革的深化，政府层面的策略支持与方向引领至关重要。为确保高职院校能够稳步前行于“三教”改革的征途，本书特提出以下建议：

一、教师队伍建设与能力提升方面

（一）明确并适时优化“双师型”教师认证基准

构建全国统一认证框架。为“双师型”教师设定清晰、统一的认证标准，涵盖企业实践经历、行业技能认证、项目参与经历及职业教育培训等多个维度，确保标准的全面性和权威性；建立动态调整机制。鉴于行业技术的日新月异，适时调整认证标准，确保其与职业需求的最新动态保持同步，保持标准的时效性和前瞻性；强化继续教育与专业发展。鼓励并支持“双师型”教师参与国内外研修、学术交流及企业实践，拓宽视野，提升专业技能与教育教学水平，同时，建立教师职业发展档案，记录其成长轨迹，作为晋升与奖励的重要依据；搭建校企合作平台。深化产教融合，通过共建实训基地、技术研发中心等形式，促进教师与企业技术人员的双向流动，实现资源共享、优势互补，为教师提供更多实践锻炼机会，增强教学的实践性和针对性。

（二）拓宽教师来源渠道，促进师资多元化

提高招聘标准。在高职院校教师招聘中，强化实践技能要求，如设定企业实践经历或行业资格证书作为入职门槛，提升教师队伍的实践导向性；鼓励企业人才跨界任教。出台专项政策，吸引企业高端技术人才和技能大师等兼职任教，明确其任职资格与待遇保障，丰富师资队伍的构成；构建校企人才流动桥梁。通过政策引导，促进企业与学校之间的人员交流，如企业提供教师实践岗位，同时鼓励企业专家定期进校园授课或举办讲座，促进人才双向流动。

（三）强化教师培训与能力发展

设立专项教师培训基金。为支持教师全方位提升能力，特设立专项基金，旨在资助教师参与多元化培训项目，内容覆盖教学方法的创新实践、新兴技术的应用掌握以及行业最新动态的深度了解等，全方位助力教师能力的飞跃式提升；推动跨界联合培养项目。积极鼓励高职院校与高等学府、科研机构建立深度合作，通过实施联合培养计划，如资助教师在职攻读博士学位，拓宽其学术视野，深度提升其科研能力与学术造诣，为教育事业的蓬勃发展注入强劲动力；实施绩效考核与激励举措。为充分调动教师自我提升的积极性，将教师培训参与情况与职称晋升、薪酬调整等切身利益紧密挂钩，通过科学合理的考核体系与激励机制，激发教师内在潜能，促进教师队伍整体素质的持续提升。

（四）完善教师激励机制与评价体系

实施绩效挂钩的薪酬制度。根据教师的教学质量、科研成果、社会服务贡献等多维度综合评价，设定差异化薪酬，激发教师的工作积极性和创造力；建立多元化评价体系。除了传统的学生评教、同行评审外，引入企业评价、社会评价等外部评价机制，全面客观反映教师的教学效果和职业能力，促进教师全面发展；设立“双师型”教师专项奖励基金。对在教育教学、技术创新、社会服务等方面表现突出的“双师型”教师给予物质与精神双重奖励，树立典型，发挥榜样引领作用。

二、教材创新与优化方面

（一）规范教材编写与审核流程

制定统一的教材编写标准。制定详尽的职业教育教材编写标准，确保内容的科学性、准确性和系统性，涵盖内容结构、知识点及难易程度等；构建多元化编写团队。鼓励编写团队由教育专家、企业技术人员和行业专家组成，确保教材内容既符合教育规律，又紧密贴合行业需求；实施严格的审核制度。建立多层级审核体系，包括学校初审、区域复审和终审，确保教材在知识内容、政治导向和编写质量等方面均符合要求。

（二）推动教材更新与区域特色发展

鼓励校企合作开发教材。出台政策鼓励高职院校与企业合作开发高质量教材，确保教材内容紧贴行业需求；建立教材更新审查机制。定期组织专家对现有教材进行评审，结合行业发展趋势和技术革新，及时剔除过时内容，引入新知，确保教材内容的前沿性和实用性；鼓励校企合作开发教材。引导高职院校与企业合作，共同开发基于工作过程的模块化、项目化教材，强化理论与实践的融合，提升教材的针对性和适用性；支持区域特色教材编写。提供专项编写资金和奖项支持，鼓励地方和职业院校根据区域产业结构和发展重点编写特色教材。

（三）推动教材数字化与国际化

制定数字化发展战略。引导高职院校和教材出版商加大数字化资源开发力度，建设教材数字资源库和数字化教材平台，提高教材的趣味性和实用性；提供资金和技术支持。设立专项基金，支持数字化制作技术和设备的引进，加速教材数字化进程；推动数字化教材的应用。通过政策鼓励职业院校采用数字化教材，提供教育资源倾斜和网络设备升级支持，开展示范校评选活动；加强国际交流与合作。推动国内高职院校与国外高水平教育机构合作开发教材，引进优质教育资源，提升教材国际化水平。

（四）完善教材遴选机制

优化遴选标准。在常规指标基础上，增加创新性、实践指导性、新技术融合度和区域产业需求契合度等标准，确保遴选出的教材知识准确且适应性强；建立反馈机制。将教材在教学中的实际使用效果纳入遴选依据，确保优质教材得到广泛选用。

（五）加强教材质量监管与评估

建立质量评估体系。制定完善的教材质量评估标准和方法，进行定期评估，确保教材质量达标；规范教材选用流程。明确高职院校教材的选用标准和流程，加强监管，防止低质量教材进入课堂。

三、教法改革与创新方面

（一）鼓励教法创新政策

制定创新激励政策。明确鼓励教师采用线上线下混合式教学、任务导向教学等新型教学方法，对积极探索并有效实施新教法的教师，给予实质性激励；规定新教法的应用比例。在教学管理规定中明确要求一定比例的课程采用新型教学方法，推动教学方法的整体变革；设立教法创新基金。设立专项基金，资助和奖励在教法创新方面有显著成果的高职院校和教师；搭建创新交流平台。构建全国性或区域性的教法创新案例分享平台，促进教师间的交流与合作。

（二）引导教法与行业需求对接政策

深化产教融合。出台具体政策，鼓励高职院校与企业深度合作，共同研发教学方法，对积极参与的企业给予优惠政策；建立需求反馈机制。由政府或行业协会牵头，定期调研行业技能需求和技术发展趋势，指导高职院校调整和改进教学方法；设立行业专家指导岗位。在高职院校设立行业专家指导岗位，由政府或企业给予资金支持，专家参与教学方法的设计、实施和评估；鼓励企业参与教法改革。给予积极参与教法改革的企业政策优惠，促使企业为学校提供教学方法改革的建议和实习实训资源；共建实训基地。出台政策支持高职院校与企业共建实训基地，为理实融合的教学方法提供硬件保障。

（三）支持信息化教学方法推广

提供信息化教学资源补贴。政府对购买和使用信息化教学资源（如在线课程平台、虚拟实验室软件等）的高职院校给予资金补贴，降低学校开展信息化教学的成本。这有助于更多的学校引进先进的信息化教学资源，从而为推广信息化教学方法提供物质基础；开展信息化教学培训。教育部门应定期组织信息化教学培训，邀请信息化教学专家为教师提供多媒体课件制作、在线教学平台使用、虚拟仿真教学技术等培训。同时，对参加培训并通过考核的教师给予学时认定、证书颁发等奖励；建设信息化教学示范校。开展信息化教学示范校建设项目，选拔若干所高职院校作为信息化教学示范校进行重点建设。给予这些示范校更多的政策支持和资金投入，要求它们在信息化教学方法推广方面发挥引领作用。

四、构建技能竞赛与优质教育资源评价体系

（一）多方参与组建技能竞赛题库

由教育部门牵头，联合行业协会、企业和高职院校共同组建省级以上技能竞赛题库。行业协会和企业提供行业最新的技能要求和实际操作案例，高职院校提供教学中的重点知识和技能点，多方合作确保题库内容既涵盖行业前沿知识，又符合教学实际。这样可以使技能竞赛的内容更加科学、合理，更能反映行业需求和教学目标。

（二）组建技能竞赛省级以上评委专家库，严格评委专家选拔标准

组建技能竞赛和优质教材评选省级以上评委专家库，并制定严格的选拔标准。要求评委专家不仅要有深厚的专业知识，还要有丰富的实践经验和良好的职业道德。选拔范围包括高校资深教师、企业技术骨干、资深教育专家等。同时，建立评委专家定期培训和考核机制，确保他们能够及时了解行业发展动态

和教育政策变化，保证评审工作的公正性和专业性。

（三）动态更新机制

建立技能竞赛题库和评委专家库的动态更新机制。随着行业技术的不断发展和教学内容的更新，定期对技能竞赛题库进行修订和补充，保证竞赛内容的时效性。根据专家的工作表现、行业发展需求等因素，及时调整专家队伍，保持评委专家库的权威性和先进性。技能竞赛、质量工程项目的评委在评选前两天从专家库中随机抽取，确保评选工作的专业性和独立性。同时，引入第三方机构进行全程监督，确保评选过程的公正性和规范性。

五、强化国家优质教材与精品课程评审机制

（一）组建国家优质教材与精品课程专家库

成员招募与审核。面向各省（区、市）公开招募专家，鼓励具有深厚学术造诣、丰富教学经验和广泛行业影响力的专家自愿申报。申报材料需经教育部职业教育与成人教育司严格审核，确保专家队伍的专业性和权威性；动态更新与管理。专家库实行动态更新机制，根据专家的工作表现、学术成就及行业贡献等因素，定期进行调整和优化，以保持专家库的活力和时效性。

（二）跨区域线上评审

确保公正透明。对于省级以上优质教材与精品课程的遴选，采用跨区域线上评审的方式，以有效避免地方保护主义，确保评审过程的公正性和透明度；随机抽取专家。各省教育厅依据评审办法，从专家库中随机抽取异地省份的专家组成评审专家小组，确保评审工作的专业性和独立性。同时，引入第三方机构进行全程监督，确保评审过程的公正性和规范性。采用跨区域线上评审方式，随机抽取异地省份的专家组成评审小组，确保评审过程的公正性和透明度，同时引入第三方机构监督。

（三）设立激励机制

对入选国家优质教材与精品课程的作者和所在单位给予荣誉和奖励，激发

广大教师和教育机构的积极性。

（四）推广优质资源

加大对入选资源的宣传力度，鼓励各教育机构积极采用，提升教学质量和效果。

（五）推动教育教学改革

通过优质教材与精品课程的建设和推广，引领教学理念、方法和手段的创新，提升职业教育的整体水平和质量。

第二节　学校层面的“三教”改革建议

在推进“三教”改革的征途上，高职院校作为实践主体，其策略布局与具体执行对改革效果起着决定性作用。遵循“双高”计划的指导精神，结合“三教”改革的实际需求，学校可从以下几个维度深入开展工作：

一、强化顶层设计与战略规划

（一）制定全面规划

学校需立足于高职教育的长远发展视角，综合考虑区域产业的实际需求与学校的自身定位，精心规划“三教”改革的整体蓝图与实施路径。明确改革的总体目标与阶段性任务，确保改革的系统性、连贯性与可持续性。例如，在规划中明确设定“双师型”教师占比的阶段性目标，以及教材更新迭代的明确时间表。

（二）成立专项工作小组

学校领导层应高度重视“三教”改革工作，成立由校领导挂帅的改革工作小组，负责协调各部门的协同合作，确保各项改革措施得到有效落实。同时，建立定期的工作推进与成效评估机制，及时发现并调整策略。

二、营造积极向上的校园文化氛围

（一）深入宣传引导

借助校园广播、宣传栏、网络平台等多种媒介，广泛传播“三教”改革的核心理念与深远意义，提升师生对改革的认知与认同感。举办“三教”改革主题文化节，展示改革成果与优秀案例，激发师生的参与热情与改革动力。

（二）培育职业价值观

在日常教育教学活动中融入与“三教”改革相契合的职业价值观，如工匠精神等，引导学生树立正确的职业观念，教师形成敬业的职业操守。通过举办讲座、研讨会等活动，深化师生对职业教育理念的理解与认同。

三、加强教师队伍建设与管理

（一）优化师资队伍结构

加大培养力度。采用“内外结合”的方式，加大对“双师型”教师的培养力度。通过校企合作、脱产培训、挂职锻炼等多种途径，提升教师的实践能力与专业水平。同时，积极引进具有企业工作经验的高端技术人才，充实教师队伍；完善聘任与激励机制。构建合理的教师职称评定与激励机制，对于在实践教学改革、科研创新等方面取得显著成果的教师，在职称评定、评优评先等方面给予倾斜与奖励。

（二）完善教师培养体系

制定个性化培养方案。建立分层分类的教师培养体系，针对不同教龄、不同专业背景的教师制定个性化的培养方案。通过国内外访学、参加高水平学术会议、企业实践进修等机会，拓宽教师视野，提升其教育教学与科研能力；创新培养模式。结合线上线下混合教学模式，开发数字化、网络化教育资源，为教师开辟更多元化的继续教育与培训途径。与此同时，积极搭建平台，助力教师前往职业培训机构、教育研究组织乃至海外进行进阶学习与研修，以期全方位提升教师的综合能力与专业水平。

（三）完善教师评价机制

重塑评价理念。在规划教师评价的内容、指标及方法时，需兼顾目标导向性、成果驱动性与业绩考量，同时深刻洞察教育与科研的内在规律，强调评价的灵活性与人文关怀。旨在构建一套既科学严谨又充满人性化的教师评价机制，以点燃教师的职业热情，激发他们的创新潜能与创造力，促进教师全面发展；引入多元化评价主体。除学校评价外，还应涵盖教师自评、学生评价、同行评价及企业评价等多元化评价主体。通过多维度的评价方式，使教师评价更加全面、客观，有助于教师根据多方反馈及时调整教学策略和自身发展方向，实现个人价值与教学质量的双重提升；构建多元化指标体系。建立一套包含教学、科研、社会服务等多维度的教师评价指标体系，不仅关注教学和科研成果，还应将教师参与企业技术研发、社会服务以及对学生职业素养的培养等纳入评价范畴。采用过程性评价与结果性评价相结合的方式，从多个角度对教师的工作进行全面评价，确保评价的公正性、准确性与全面性。

四、深化教材建设与改革

（一）重构教材编写体系

融入产业需求。鼓励教师打破传统教材编写模式，按照高职教育的职业性、实践性特点重新构建教材内容体系。以工作过程为导向，将企业实际工作任务、项目案例融入教材内容，使教材内容更贴近行业实际需求；推动新形态教材建设。与行业企业密切合作，共同编写符合产业需求的教材。通过引入企业案例、生产流程等内容，使教材更具实战性和可操作性。构建教材内容与产业动态的紧密对接机制，定期更新教材内容，确保教材的前瞻性和实用性。

（二）实施精品教材建设工程

设立专项基金。设立专门的精品教材建设基金，支持教师编写高质量、具有本校特色的教材。对于成功入选省级或国家级精品教材名录的编纂团队，将给予奖励和表彰；加强质量监控。学校要加强对精品教材编写过程的指导和质量监控，确保教材的先进性、科学性和实用性。同时，鼓励教师积极参与教材修订和更新工作，保持教材内容的与时俱进。

（三）完善教材选用机制

构建教材选用委员会。为确保教材的优质选用，需组建由学校教学管理人员、资深专业教师及企业实战专家共同组成的教材选用委员会。在教材甄选的过程中，教材选用委员会将充分听取并综合各方意见，细致考量教材的适用性、与专业课程的高度契合度以及内容的时效性与更新频率，力求所选教材既能贴合教学实际，又能引领专业发展前沿；实施动态评估与适时更新机制。定期对已选用教材进行全面评估，及时剔除内容陈旧、与实际脱节的教材，同时积极引入内容新颖、质量上乘的新教材。此外，应鼓励教师基于教学改革的需求，主动推荐并选用那些能够激发学生兴趣、提升教学效果的优秀教材，以此不断推动教学质量的稳步提升与教学成效的显著增强。

五、创新教学方法与模式

（一）构建现代化课堂教学生态

为推进“三教”改革，需加大对学校信息化教学设施的投入，建设智慧教室、虚拟仿真实训室等现代化教学场所。这些场所应配备先进的教学设备和技术，为教师开展线上线下混合式教学、虚拟仿真教学等新型教学模式提供坚实的硬件支持。例如，在虚拟仿真实训室中，教师可以利用虚拟仿真技术让学生在虚拟环境中进行操作练习，从而有效提升学生的实践操作技能。

（二）推动教学方法多元化

课堂革命。课堂是教学改革的主战场。学校应鼓励教师积极转变教学观念，以学生为中心，推动教学主体、教学目标、教学导向和教学方法的变革。具体而言，这意味着教学主体需由教师转变为学生，教学目标从单纯的知识掌握升华至知识的应用与实践，教学导向则由注重结果转变为重视过程，教学方法也应由传统的讲授模式迈向现代教学法的新篇章。此外，积极探索并实施项目引领教学、混合式学习以及理论与实践深度融合的新型教学模式，旨在进一步强化学生的实践操作能力与创新能力，让课堂焕发新的生机与活力；加强实训基地建设。实训基地乃锤炼学生实践能力之关键舞台。学校应致力于建立与企业真实施工场景相仿的实训基地，涵盖材料仓储区、机械装备泊位区、施工操作区等诸多功能区，让学生在实训之际，恍若置身于施工一线。与此同时，需装配 AR、VR 等尖端科技设施，研发贴近实际的实训项目，使学生在近乎真实的工作情境中锤炼技能，进而提升其实践本领与职业素养。

（三）秉持以学生为中心的教学理念

在教学改革中，应始终坚持以人为本的教学理念，将学生置于中心地位。借助信息技术手段，创设专业应用情境、模拟行业工作实际，采用翻转课堂、仿真实验室、情境体验式教学等多种教学方法，丰富学生的实践体验，培养他们的创造性和实践技能。

六、完善教学评价体系

（一）吸引多元评价主体

为全面、客观地评价教学质量和效果，应构建包含学校、企业、教师和学生等多元主体的评价体系。企业可以从学生岗位能力是否符合需求等方面进行评价；教师可以评价学生的学习过程和知识掌握程度；学生可以互相评价学习态度和合作能力等。这种多元评价体系有助于更全面地反映教学情况和学生的学习成果。

（二）构建多维度评价内容

评价内容应涵盖教学效果、学生职业素养提升、实践能力培养等多个维度。除了关注学生的课程成绩外，还应考查学生在实习实训中的表现、解决实际问题的能力以及职业素养的养成情况等。这种多维度评价内容体系有助于更准确地评估教学质量和学生的学习成果。

七、深化校企合作

鉴于高职教育的独特属性，校企合作的重要性不言而喻。学校应主动拓宽与行业企业的合作路径，构筑稳固而持久的合作关系。通过携手共创基于企业真实生产流程的教学项目、共筑实训基地、协同研发创新项目等多元合作形式，推动产教深度融合，实现互利共赢。例如，可与企业联合推行“现代师徒制”教学模式，邀请企业导师在学校与企业双场域内对学生进行悉心指导，使学生在亲身实践中精进专业技能，涵养职业素养。此种校企合作模式无疑能为学生提供更为丰富的实践契机与广阔的就业舞台。

八、构建持续改进机制

（一）建立反馈渠道

内部反馈机制。一是建立教师与学生的直接反馈渠道，如定期的教师座谈会、学生评教活动等，教师可以反馈教学过程中遇到的问题，学生可以反馈学习困难与期望；二是教学管理部门通过教学检查、课程评估等方式收集教学信息，并将信息反馈给相关部门和教师；外部反馈机制。这包括企业反馈和行业反馈。企业应积极配合学校的教学反馈策略，如定期的企业走访、毕业生跟踪调查等，反馈毕业生在工作岗位上的表现，为学校的教学改革提供参考。同时，学校应关注行业动态，与行业协会等建立紧密联系，获取行业反馈，如新技术应用趋势、行业发展报告等，帮助学校调整专业设置与课程内容。

（二）数据分析与诊断

数据收集。全面收集教学过程中的各类数据，包括教师的教学工作量、教学方法使用情况、学生的出勤率、课堂互动频次、作业完成情况以及教学结果数据等，为后续分析与诊断提供坚实基础；数据分析。采用描述性分析、相关性分析等方法对收集的数据进行深入剖析。通过描述性分析揭示教学过程与结果的基本特征，通过相关性分析找出影响教学质量的关键因素；教学诊断。根据数据分析结果，对教学过程进行精准诊断，识别存在的问题，如教学内容是否陈旧、教学方法是否有效等，并针对这些问题制定具体的改进措施。

（三）制定改进措施并实施监督

制定改进措施。基于问题和目标的诊断结果制定具体的改进措施。这些措施应涵盖教材修订、教学方法培训、实践教学比重增加等多个方面。同时，要考虑长期和短期的需求相结合制定改进措施；实施与监督改进过程。将制定好的改进措施付诸实践，并建立监督机制对改进过程进行全程监督。明确各部门和人员的职责确保改进措施得到有效执行并根据监督结果及时调整改进措施，确保改进过程朝着预期的方向发展。

（四）建立成效评估与激励机制

建立成效评估体系。为了衡量改进措施的有效性，需建立一套科学的成效评估体系。该体系应涵盖教学质量、学生满意度、毕业生就业质量等多个维度，采用定量与定性相结合的方式，全面评估改进措施的成效。通过定期发布评估报告，向全校师生展示改革成果，增强师生对改革的信心；建立激励机制。对于在“三教”改革中表现突出的教师团队和个人，应给予充分的表彰与奖励。这包括设立教学改革成果奖、优秀教学团队奖等，以物质与精神双重激励的方式，激发教师的改革热情与创新动力。同时，将改革成效与教师的职称评定、职务晋升等挂钩，形成正向激励循环。

（五）强化政策保障与资源支持

政策保障。学校应出台一系列配套政策，为“三教”改革提供坚实的政策保障。这包括制定教师参与企业实践、教材编写、教学方法创新等方面的激励政策，以及为校企合作项目提供政策支持和经费保障等。通过政策的引导与约束，确保改革措施的有效落地；资源支持。加大对“三教”改革的资源投入，包括经费、场地、设备等。学校应设立专项经费，用于支持教学改革项目的研发与实施，以及优秀教学成果的推广与应用。同时，优化教学场地与设备配置，为师生提供先进的教学环境与条件。

（六）推动改革成果的传播与共享

建立改革成果展示平台。利用学校网站、微信公众号等新媒体平台，建立"三教"改革成果展示专区，定期发布改革动态、优秀案例、教师风采等内容，增强改革的透明度与影响力；促进改革成果的校际交流。加强与兄弟院校的交流与合作，定期举办教学改革研讨会、交流会等活动，分享改革经验，探讨改革难题，共同推动高职教育的创新发展；推动改革成果应用于社会服务。鼓励教师将改革成果应用于社会服务领域，如为企业开展技术培训、参与行业标准的制定等，提升学校的社会服务能力与影响力。

综上所述，高职院校在推进"三教"改革的征途中，需从顶层设计、校园文化、教师队伍建设、教材建设与改革、教学方法与模式创新、教学评价体系完善、校企合作深化以及持续改进机制构建等多个维度入手，形成系统性、连贯性的改革方案。通过持续的努力与实践，不断提升高职教育的质量与水平，为社会培养更多高素质的技术技能人才。

第三节　教师层面的"三教"改革建议

在高职院校"三教"改革的浪潮迭起之际，教师不仅是引领变革的舵手，更是实践探索的先锋，其角色至关重要。为更有效地推进改革进程，本书聚焦于教师层面，提出以下优化策略：

一、教师自我提升路径的深化

（一）师德修养的升华

教师应坚守高尚的师德情操，增强职业荣誉感和责任感，不忘初心，牢记立德树人的神圣职责。从内心深处认同教育事业的崇高性，以实际行动践行师德规范，为学生树立光辉典范。通过参与师德研修班、学术交流及向杰出教育工作者学习等途径，不断提升自身的师德修养。此外，学校可设立"师德楷模”评选活动，提供榜样力量，激励全体教师不断提升师德境界。

（二）教学技艺的精进

教师应持续完善知识结构，深化专业知识体系，以更好地应对“三教”改革带来的挑战。同时，鼓励教师跨界学习，拓宽学术视野，提升综合素养；强化课程与教学设计能力。这是教师教学的核心要素。教师应结合学生实际及市场需求，科学规划课程内容与教学策略。通过精心策划教学计划、整合丰富教学资源、设计生动教学活动等，提升课堂教学的品质与效率。学校可举办教学设计竞赛，激发教师的创新思维，提升教学设计水平；激发教学创新潜能。教师应勇于尝试新型教学方法与手段，如项目式学习等，以激发学生的学习兴趣与成效。同时，注重培养学生的创新意识与实践能力，鼓励学生在实践中探索、解决问题。学校可设立教学创新项目基金，为教师提供资金支持和实践舞台；树立并践行教学反思的习惯。教师应积极进行教学反思，回顾教学历程，总结经验教训，以持续改进教学方法。同时，对新兴教学理念与教学实践进行深入思考，不断提升教学能力，促进自身专业化成长。以课程思政为例，教师在授课后应反思思政元素是否自然融入教学内容，若效果不佳，则需调整教学策略。学校可组织教学反思沙龙，为教师提供交流分享的平台。

（三）实践智慧的积累

教师应主动寻求企业实践机会，深入行业一线，增强实践教学能力。对于缺乏企业经验的教师，可通过企业实习、挂职锻炼等方式，了解企业生产流程、岗位技能要求等，将真实企业情境融入教学实践。如中职电子商务专业教师可深入电商企业，了解电商运营模式、客户服务技巧、物流配送流程等，将这些实战经验转化为教学内容，使学生所学知识更加贴近实际工作需求。学校可与企业合作建立教师实践工作站，为教师提供稳定的实践平台。

（四）信息技术应用能力的提升

教师应熟练掌握多媒体课件制作、在线教学平台运用等技能，以信息技术赋能教学，提升教学效率与质量。同时，鼓励教师探索信息技术在教学中的应用方式，如虚拟现实、人工智能等，为学生提供更加丰富多样的学习体验。学校可组织信息技术应用能力提升培训，提升教师的信息技术素养。

（五）国际视野的拓展与融合

在全球化的浪潮中，拥有国际视野已成为教师不可或缺的一项素质要求。高职院校应鼓励并支持教师参与国际交流与合作，通过访问学者、海外研修、国际学术会议等形式，拓宽教师的国际视野，了解国外先进的教育理念、教学方法和技术趋势。教师应积极吸纳并融合国际先进的教学经验，结合自身教学实践，探索适合中国国情的高职教育模式。通过与国际同行的交流，教师可以领略不同文化背景下的教育差异，从而丰富自己的教学思路和方法。

（六）团队协作与领导力的培育

在高职院校中，团队协作与领导力是教师不可或缺的能力。教师应积极参与教学团队、科研项目团队及学校管理团队的建设，通过团队协作提升整体教学水平。教师应树立良好的团队合作意识，积极与同事沟通交流，共同解决教学中遇到的问题。通过团队协作，教师可以相互学习、相互借鉴，共同提升教学能力；参与教学团队研讨会、团队建设拓展活动等，增强教师之间的凝聚力和协作能力；参与跨学科的科研项目团队，促进不同学科之间的交叉融合，提升学校的整体科研实力。

二、教学法创新策略的探索

（一）践行以学生为中心的教学理念，激发内在潜能

教师应转变教学观念，积极践行以学生为中心的教学方法。如项目式教学法，教师精心设计项目任务，学生则以小组为单位，从项目的规划、实施到评估，全程深度参与。在这一过程中，教师化身为引导者，鼓励学生主动思考、积极解决问题，从而培养他们的团队协作能力、问题解决能力和自主学习能力。同时，推行情境体验式教学，让学生置身于仿真的职业场景中，如旅游管理专业通过模拟导游工作场景，让学生分别扮演导游和游客角色，这种沉浸式的体

验极大地提升了学生的实战应对能力。

（二）积极探索跨学科综合教学模式

教师应积极探索跨学科的综合教学模式，打破传统学科壁垒，实现多学科知识的有机融合。以环境设计专业为例，我们可以将艺术学、生态学、建筑学等多学科的知识融入实际教学案例中，如城市公园设计项目，让学生在实践中综合运用各学科知识，进行方案的设计与优化。这种教学模式不仅能够培养学生的创新思维和综合能力，还能够拓宽他们的知识视野，为他们未来的职业发展奠定坚实的基础。

（三）积极构建多元化评价体系，全面评估学生能力

传统的评价体系往往侧重于对学生知识掌握程度的考察，而忽视了对学生能力、素质等方面的全面评估。因此，教师需要构建多元化的评价体系，不仅关注学生的学业成绩，更要重视他们的实践操作能力、团队协作能力、创新思维能力以及社会责任感等方面的表现，激发学生的潜能，促进他们的全面发展。

三、积极参与教材开发与运用

（一）积极参与教材编撰过程

课程建设是教师提升能力的重要途径，教师要深入参与教材编撰工作。结合自己的教学实践和对本专业知识体系的理解，从实际教学需求出发，精心编写教材内容。例如，在职业本科教育教材编撰中，教师根据自己所教课程在人才培养方案中的地位，以及课程对应的岗位技能要求，撰写教材章节内容。在编撰过程中，还应邀请企业专家参与，确保教材能够反映最新的行业标准和实践技术，如电子商务教材编撰要结合电商企业运营中的实际规则和最新技术手段（如移动支付、智能物流等）的应用来进行。

（二）教材内容实时更新

教师应保持对教材内容的实时更新。时刻关注行业发展的最新趋势、新技

术的应用等情况，及时更新教材中的知识点和案例。如计算机相关专业教材要随着计算机技术的飞速发展，不断更新编程语言、软件开发工具等内容。教材更新还可以结合区域经济特色和校本实际情况，将地方特色产业相关知识纳入教材，提高教材对本地学生的针对性和适用性。

（三）教材资源多元化利用

教师要学会多元化利用教材资源。除了传统的纸质教材，还应充分挖掘电子教材、在线教材平台等资源的优势。例如，电子教材的超链接功能，可以方便学生随时查阅相关扩展知识；在线教材平台可能包含配套的教学视频、互动测验等资源，可以引导学生利用这些资源进行自主学习和强化练习。同时，教师可以结合教材内容开发校本课程资源，如制作与教材配套的校本练习册、教学课件等。

（四）强化教材与实践的深度融合

教师应致力于推动教材与实践的紧密结合，确保教材内容能够直接指导学生的实践操作。一方面，可以在教材中穿插丰富的实践案例，这些案例应来源于真实的行业环境，能够反映当前行业的最新动态和技术要求。通过案例分析，学生可以更好地理解理论知识在实际工作中的应用，提升他们的实践应用能力。

另一方面，教师应主动寻求与企业合作，共同开发实践导向的教材。这种教材不仅包含理论知识，还融入了企业的实际操作流程和技能要求。通过与企业专家的紧密合作，教师可以确保教材内容与企业的实际需求保持高度一致。此外，还可以邀请企业专家参与教材的编写和审核工作，进一步提升教材的实用性和针对性。

四、积极参与教学竞赛，以赛促教

教学竞赛不仅是教师展示个人教学风采的舞台，更是促进教学改革、提升教学质量的重要途径。高职院校应鼓励教师积极参与各类教学竞赛，通过竞赛来检验教学成果，激发教学创新，实现以赛促教的目的。教师应充分认识到教学竞赛的重要性，以饱满的热情参与其中。在筹备阶段，教师应深入研究竞赛规则和要求，结合自身的教学特色和专业优势，精心设计和打磨参赛课程。通过反复试讲、同行点评和自我反思，不断完善教学方案，提升教学效果。同时，学校可以组织校内选拔赛，为教师提供展示和锻炼的机会，选拔出优秀选手代表学校参加更高层次的教学竞赛。

结　论

本书植根于“双高”计划的宏观背景之下，深入剖析了高职院校有效推进“三教”改革的路径，并以建筑工程类专业的教学改革实践为具体案例，展开了详尽的实践探索与理论分析。通过综合运用文献资料搜集、实证调研及深度访谈等多种研究方法，本书系统地构建了“三教”改革的理论框架，并提出了具有可操作性的实践路径。

一、理论深化与实践探索

本书首先对“三教”改革的内涵与特性进行了全面而深刻的界定。教师作为高职教育的核心要素，不仅是教学改革的推动者与实践者，其专业素养与教学能力更是直接关乎教学改革的成效。教材作为知识传授与技能培养的重要载体，其内容的科学性与实用性对教学质量具有关键影响。而教学方法则是联结教师、学生与教学内容的桥梁，对实现教育目标、提升教学质量具有至关重要的作用。在职业教育供给侧结构性改革的大背景下，教学方法的创新成为驱动教育创新与提升教育效能的关键途径。

二、问题剖析与策略创新

基于对“三教”改革理论根基的深入理解，本书对当前职业教育中教师队伍建设、教材编写及教学方法应用等方面存在的问题进行了深入剖析。针对这些问题，本书创新性地提出了“三教”改革的新视角与新策略。在“双元驱动”模式下，通过深化校企合作与产教融合，本书构建了“三教”改革的实践蓝图，提出了“双师型”师资队伍的培育、教材内容与产业需求的紧密对接，以及教学方法的持续革新等一系列举措。同时，本书还提出了优化教师聘任与激励机制、提升教师实践能力、探索新型教材开发流程与策略、应用新型教学模式等方法，以激发学生的学习兴趣与主动性。此外，本书还倡导构建智能化学习环境，推动教学评价体系的多元化与现代化转型。

三、政策建议与未来导向

从政府政策导向、学校管理层面以及教师职业发展等多个维度出发，本书提出了一系列具有针对性的对策建议与政策倡议，旨在推动“三教”改革的深入实施，为高职教育的持续发展提供坚实支撑。这些建议不仅有助于提升高职教育的整体水平和竞争力，还有助于为社会培养更多高素质技术技能人才。同时，本书也展望了未来高职教育的发展方向，强调了持续创新与实践探索的重要性。

四、研究价值与影响

综上所述，本书不仅丰富了“双高”计划与“三教”改革的理论研究体系，还为建筑工程类专业的教育实践提供了宝贵的参考与启示。研究成果具有较强的实践指导价值与理论贡献，对于推动高职教育的革新与发展具有重要的现实意义和深远影响。通过本书的出版，我们期望能够为高职教育的持续健康发展贡献一份力量。

参考文献

一、专著类

[1] 张华．课程与教学论［M］．上海：上海教育出版社，2000.

[2] 曾天山．教材论［M］．南昌：江西教育出版社，1997.

[3] 伍新春，张军．儿童发展与教育心理学（第3版）［M］．北京：高等教育出版社，2020.

[4] 崔允漷．有效教学［M］．上海：华东师范大学出版社，2009.

[5]［美］迈克尔·霍恩，［美］希瑟·斯特克．混合式学习：用颠覆式创新推动教育革命［M］．聂风华，徐铁英，译，北京：机械工业出版社，2015.

[6] 邓泽民．职业教育教材设计［M］．北京：中国铁道出版社，2006.

[7]［美］B. S. 布卢姆．教育评价［M］．邱渊，王钢，等，译．上海：华东师范大学出版社，1987.

[8] 陈玉琨．教育评价学［M］．北京：人民教育出版社，2019.

[9] 王知非，贾宗福．现代教育技术基础（第二版）［M］．北京：高等教育出版社，2005.

[10] 钟启泉．现代课程论（新版）［M］．上海：上海教育出版社，2015.

[11] 钟启泉，汪霞，王文静．课程与教学论［M］．上海：华东师范大学出版社，2008.

二、期刊类

[1] 何克抗．新型建构主义理论——中国学者对西方建构主义的批判吸收与创

新发展［J］. 中国教育科学（中英文），2021，4（01）：14-29.
［2］张建伟，孙燕青. 从“做中学”到建构主义——探究学习的理论轨迹［J］. 教育理论与实践，2006（07）：35-39.
［3］秦华伟，陈光. “双高计划”实施背景下“三教”改革［J］. 中国职业技术教育，2019（33）：35-38.
［4］曾凡远. 高职院校深化“三教”改革探究［J］. 教育与职业，2020（24）：62-65.
［5］杨国良. 基于成果导向推进职业院校“三教”改革的博弈分析［J］. 职教论坛，2020（05）：57-62.
［6］姜大源. 跨界、整合和重构：职业教育作为类型教育的三大特征——学习《国家职业教育改革实施方案》的体会［J］. 中国职业技术教育，2019（07）：9-12.
［7］张越. 百万扩招背景下高职院校“三教”改革探析［J］. 职业教育（下旬刊），2020，19（20）：11-15.
［8］徐桠楠，徐兴林，徐道平. 新时代应用型高校“三教”存在的问题及改革路径［J］. 教育与职业，2021（05）：55-59.
［9］丁金昌，童卫军. “三个合一”校内实训基地培养高技能人才的研究与实践［J］. 中国大学教学，2008（01）：78-80.
［10］白玉婷，李中国. 职业教育科教融汇：为何与何为［J］. 职业技术教育，2023，44（13）：6-11.
［11］任君庆，胡晓霞. 打造高水平双师队伍高质量实施“双高”建设［J］. 职教论坛，2019（04）：30-32.
［12］吴秀杰，张蕴启. “双高计划”背景下高职“三教”改革的价值、问题与路径［J］. 教育与职业，2021（09）：11-18.
［13］韦晓阳. 深化“三教”改革新时代教材建设的实践与探索［J］. 中国职业技术教育，2020（05）：84-87.
［14］丁才成. 深化“三教”改革赋能百万扩招的思考与实践［J］. 中国职业技术教育，2020（02）：10-14.
［15］谢峰. 教与学的辩证统一：高职院校“三教”改革路径研究［J］. 中国

职业技术教育，2021（08）：32-36.
[16] 周建松，陈正江．高职院校“三教”改革：背景、内涵与路径［J］．中国大学教学，2019（09）：86-91.
[17] 吴宝明．产教融合视野下高职院校“三教”改革［J］．教育与职业，2021（06）：51-54.
[18] 王志凤．“双高计划”院校实施“三教”改革的基本逻辑与行动策略［J］．教育与职业，2021（16）：61-64.
[19] 李国成，徐国庆．高职院校高水平结构化教师教学创新团队建设研究［J］．职教论坛，2021，37（03）：86-89+94.
[20] 杜德昌．教材改革：新时代职业院校高质量发展的基本保障［J］．中国职业技术教育，2019（29）：11-14.
[21] 宋以华，钱堃，陈勇平．基于《职业院校教材管理办法》的职业教育教材改革探析［J］．教育与职业，2020（14）：108-112.
[22] 张晓磊，张洪旭．“三教”改革背景下高职院校活页教材开发与资源建设——以石油加工生产技术课程为例［J］．山西青年，2024（05）：72-74.
[23] 王竹立．在线开放课程：内涵、模式、设计与建设——兼及智能时代在线开放课程建设的思考［J］．远程教育杂志，2018，36（04）：69-78.
[24] 曾凡远．高职院校深化“三教”改革探究［J］．教育与职业，2020（24）：62-65.
[25] 窦芳．“岗课赛证”融通的职业教育新形态教材开发逻辑与路径［J］．中国职业技术教育，2022（26）：65-71.
[26] 李霄琳，朱珊，王伯昕，等．新工科背景下“五位一体”土木工程创新型人才培养模式的探索与实践［J］．高等建筑教育，2022，31（06）：42-50.
[27] 丁翠娟．职业教育教师生涯发展的价值、表征及路向选择［J］．教育与职业，2022（17）：68-73.
[28] 何子钦，殷锋社，贾应炜．高职院校“双师型”教师分层分类培养研究［J］．知识窗（教师版），2023（08）：99-101.
[29] 周远清．我的教学改革情结［J］．中国高教研究，2015（09）：1-3.
[30] 付艳芳，杨浩，李小霞．职业教育新形态教材开发的必要性、基本要求与

实施路径［J］. 职业技术教育，2022，43（08）：23-27.
［31］石中和. 对行动学习的研究［D］. 北京：北京交通大学硕士论文，2007.
［32］贾会彦. 论教育学视野中的教师职业幸福感［D］. 桂林：广西师范大学硕士论文，2006.
［33］姜大源. 课程开发关键：结构问题［J］. 世界教育信息，2018，31（21）：53-54.

三、网络文献类

［1］教育部. 2024年全国教育事业发展统计公报［EB/OL］. http：//www. moe. gov. cn/jyb_ sjzl/sjzl_ fztjgb/202506/t20250611_ 1193760. html.
［2］教育部 . 2023年全国教育事业发展基本情况［EB/OL］. http：//www. moe. gov. cn/fbh/live/2024/55831/sfcl/202403/t20240301_ 1117517. html.
［3］教育部 . 2022年全国教育事业发展基本情况［EB/OL］. http：//www. moe. gov. cn/fbh/live/2023/55167/sfcl/202303/t20230323_ 1052203. html.